Effizient schreiben
Leitfaden zum Verfassen
von Qualifizierungsarbeiten
und wissenschaftlichen Texten

von
Thomas Plümper
University of Essex

3., vollständig überarbeitete Auflage

Oldenbourg Verlag München

Bibliografische Information der Deutschen Nationalbibliothek

Die Deutsche Nationalbibliothek verzeichnet diese Publikation in der Deutschen
Nationalbibliografie; detaillierte bibliografische Daten sind im Internet über
http://dnb.d-nb.de abrufbar.

© 2012 Oldenbourg Wissenschaftsverlag GmbH
Rosenheimer Straße 145, D-81671 München
Telefon: (089) 45051-0
www.oldenbourg-verlag.de

Das Werk einschließlich aller Abbildungen ist urheberrechtlich geschützt. Jede Verwertung
außerhalb der Grenzen des Urheberrechtsgesetzes ist ohne Zustimmung des Verlages unzulässig
und strafbar. Das gilt insbesondere für Vervielfältigungen, Übersetzungen, Mikroverfilmungen
und die Einspeicherung und Bearbeitung in elektronischen Systemen.

Lektorat: Christiane Engel-Haas
Herstellung: Constanze Müller
Titelbild: thinkstockphotos.de
Einbandgestaltung: hauser lacour
Gesamtherstellung: Grafik & Druck GmbH, München

Dieses Papier ist alterungsbeständig nach DIN/ISO 9706.

ISBN 978-3-486-71365-7
eISBN 978-3-486-71615-3

Vorwort zur 3. Auflage

Dieses Buch wendet sich an diejenigen, die in Kürze ihre Diplomarbeit oder Dissertation schreiben wollen (oder – im ersteren Fall – vielleicht müssen). Anders als andere Promotionsberater zielt dieses Buch nicht primär darauf ab, den Benutzern das Verfassen ihrer Dissertationsschrift zu erleichtern und über etwaige Schreibblockaden hinwegzuhelfen. Es geht hier nicht um Blumen auf dem Schreibtisch oder das Entwickeln und Einhalten einer täglichen Schreibroutine.

Dieses Buch will seinen Lesern vielmehr dabei helfen,

a) ein zentrales Argument inklusive konsistenter Argumentation zu entwickeln,

b) den wissenschaftlichen Beitrag ihres Textes zu einer wissenschaftlichen Debatte oder einem wissenschaftlichen Problem zu verdeutlichen,

c) ein leicht verständliches, interessant zu lesendes und gut strukturiertes Manuskript zu verfassen, welches

d) der standardisierten Form wissenschaftlicher Texte entspricht.

Jeder dieser Punkte leistet einen wesentlichen Beitrag zur Aufnahme Ihrer wissenschaftlichen Arbeit durch Ihre Betreuer, Ihre Gutachter, und später eventuell die Gutachter der wissenschaftlichen Fachzeitschrift in der Sie Ihre Arbeit veröffentlichen wollen.

Die ersten beiden Punkte sollten einleuchtend sein. Wissenschaft argumentiert – oder genauer: Wissenschaftler argumentieren miteinander. Und diese Argumente sollten überzeugend, innovativ und in sich schlüssig sein.

Der dritte Punkt mag umstritten sein, aber ich denke es besteht kein Zweifel: Sprache sollte präzise und verständlich sein – auch wenn manche Wissenschaftler exakt so schreiben, dass man beim besten Willen den Inhalt der Sätze nicht versteht. Hauptsacht es klingt intellektuell und kompliziert. Glauben Sie mir bitte trotzdem: Gute Wissenschaft ist immer auch gut geschrieben und verständlich.

Der vierte Punkt dagegen leuchtet vielleicht nicht unmittelbar ein. Kann man Texte nicht verfassen wie man möchte?

Meine Antwort lautet: nein. Wissenschaft bedient sich heute weitgehend standardisierter Argumentationsmuster. Die Standardisierung erlaubt Ihnen, sich auf das Wesentliche, die Argumentation, zu konzentrieren. Wenn Sie sich an diesen Standard halten, erlauben Sie

Ihren Lesern sich den Inhalt Ihres Textes zu erschließen ohne ihn in Gänze und sorgfältig lesen zu müssen.

Dieser Aspekt mag Ihnen unbedeutend erscheinen.

Doch er ist zentral.

Im Jahr 2010 wurden ausschließlich in den vom *Web of Science* erfassten Zeitschriften 1.860.188 Texte veröffentlicht. Etwa 1,4 Millionen dieser Texte sind Artikel, der Rest entfällt auf Literaturreviews, Briefe, Korrekturen. Etwas mehr als 10 Prozent der Artikel, exakt 152.430, erschienen in sozialwissenschaftlichen Zeitschriften: 15.000 in VWL-Zeitschriften, 13.000 in BWL-Zeitschriften, 5000 in politikwissenschaftlichen, und 4000 in soziologischen Zeitschriften. Selbst in einem populären, aber keineswegs zentralen Gebiet wie der Terrorismusforschung, wurden im Jahr 2010 allein 575 Artikel veröffentlicht.

Studierende behaupten gerne, dass sie für einen Artikel, den sie für einen Kurs lesen müssen, im Schnitt 2-3 Stunden verbrauchen. Für die 575 Terrorismusartikel ergäbe sich eine reine Lesedauer von 1437.5 Stunden – bei angenommen 220 Arbeitstagen entspräche das etwa 6,5 Stunden am Tag. Und dann hat man noch nicht geforscht, kein Wort geschrieben, kein Examen verfasst, geschweige denn benotet, keinen Doktoranden promoviert, kein Gutachten verfasst.

Mit anderen Worten: Wissenschaftler lesen so nicht.

Weder lesen sie so viel, noch lesen sie so langsam.

Und genau diese „schludrige" Art des Lesens müssen Sie als Autor wissenschaftlicher Texte antizipieren und letztlich ermöglichen. Sie müssen so schreiben, dass möglichst wenig relevante Informationen verloren gehen, wenn Ihre Gutachter querlesen. Dazu bedarf es präziser Formulieren, einer exakten Struktur, strategischer Redundanzen und einer möglichst einfachen, aber lebendigen Sprache.

Wenn Sie diesem Buch folgen, werden Sie all dies erreichen. Und zwar, ohne dass Sie dieses lernen müssen sondern einfach in dem Sie der Struktur des Buches folgen. Es geht also nicht primär ums Schreiben, sondern vor allem ums Überarbeiten, ums Umschreiben, wenn Sie so wollen. Und darum, in deutlich weniger Zeit eine deutlich bessere Arbeit anzufertigen.

Dieses Buch basiert auf der Annahme, dass das Fertigstellen einer Qualifizierungsarbeit umso einfacher und effizienter wird, je eher und je mehr die Autoren grundsätzliche Arbeitsschritte in der richtigen Reihenfolge und getrennt voneinander abarbeiten. Das schließt ein, den Denkprozess vom Schreibprozess und den Schreibprozess vom Überarbeitungsprozess zu lösen. Zwei nicht einfach zu erreichende, aber wichtige Strategien.

Anders ausgedrückt: Dieses Buch ist ein Arbeitsprogramm.

Selbstverständlich kann man alles auch anders machen als ich hier empfehle und trotzdem zum Ziel gelangen. Aber es geht nicht darum, ob das hier vorgeschlagene Programm das einzige ist. Es geht schlichtweg darum, dass das hier vorgeschlagene Programm funktioniert und dass es eine höhere Erfolgsaussicht besitzt als jede bekannte Alternative.

Inhalt

1	**Einleitung**	**5**
1.1	Vorbemerkungen	6
1.2	Ziele	7
1.3	Inhalt und Aufbau des Buches	9
1.4	*Effizient Schreiben* als Unterrichtsgrundlage	11
2	**Vor dem Schreiben: Denken und Theorieentwicklung**	**15**
2.1	Thema, Argument, Beitrag	16
2.2	Auswahl des Themas	18
2.3	Vom Thema zur Argumentation	22
2.3.1	Thema und These	22
2.3.2	Kriterien einer geeigneten These	24
2.3.3	Ambitionen	25
2.3.4	Eingrenzung des zentralen Argumentes	26
2.3.5	Machbarkeitsprüfung	28
2.4	Begründung der Leithypothese: Die Theorie	30
2.4.1	Theorieelemente	31
2.4.2	Pfaddiagramme	34
2.4.3	Colemans Badewanne	37
2.4.4	Kriterien einer guten Theorie	40
2.5	Check-Liste Kapitel 2	42
3	**Erhebung, Sichtung und Kategorisierung der relevanten Literatur**	**43**
3.1	Welche Literatur ist ‚relevant'?	44
3.2	Literaturerhebung mittels Literaturdatenbanken	45
3.3	Kategorisierung der relevanten Literatur	50
3.4	Ein notwendiger Exkurs: Effizient Lesen	51
3.5	Check-Liste Kapitel 3	53
4	**Disposition und Zeitplan**	**55**
4.1	Kriterien einer hilfreichen Disposition	55
4.2	Aufbau einer Disposition	56
4.3	Der Zeitplan einer Diplomarbeit	60
4.4	Der Zeitplan einer Dissertation	62
4.5	Check-Liste Kapitel 4	64

5	**Forschungsdesign und Analyse**	**67**
5.1	Analysen aus Sicht der Wissenschaftstheorie	68
5.2	Empirische Implikationen theoretischer Modelle	69
5.3	Exkurs: Fünf Methoden	72
5.4	Kriterien der Methodenwahl	75
5.5	Konsequenzen der Methodenwahl	78
5.6	Spezifikation des Forschungsdesigns	79
5.7	Robustheit der Analyseergebnisse	82
5.8	Dokumentation und Replizierbarkeit der Analyse	84
5.9	Check-Liste Kapitel 5	86
6	**Der Schreibprozess**	**89**
6.1	Vorüberlegungen	89
6.1.1	Die Reihenfolge	90
6.1.2	Der ‚rote Faden'	91
6.1.3	Leser-orientiertes Schreiben: Was kann, was muss vorausgesetzt werden?	93
6.2	Die Formulierung der eigenen Theorie	94
6.2.1	Die Pragmatik eines guten Theorieteiles	95
6.2.2	Aufgaben und Ziele des Theorieteiles	97
6.2.3	Inhalt und Aufbau des Theorieteils	98
6.2.4	Tipps und Tricks für die Formulierung des Theorieteiles	100
6.3	Die Formulierung des Analyseteiles	102
6.3.1	Kriterien eines guten Analyseteiles	103
6.3.2	Inhalt und Aufbau des Analyseteiles	103
6.3.3	Tipps und Tricks für die Formulierung des Analyseteils	110
6.4	Die Formulierung der ‚Literaturdiskussion'	110
6.4.1	Beurteilungskriterien der Literaturdiskussion	111
6.4.2	Typische Fehler	112
6.4.3	Inhalt und Aufbau der Literaturdiskussion	115
6.4.4	Tipps zur Erstellung der Literaturdiskussion	117
6.5	Einleitung und Schluss	118
6.5.1	Einleitung	118
6.5.2	Schluss	120
6.6	Check-Liste Kapitel 6	121
7	**Die sprachliche Gestaltung**	**125**
7.1	Das Ziel: Sprachliche Eleganz	125
7.2	Korrekturen an der Grobstruktur der Arbeit	127
7.3	Der Aufbau der Absätze	129
7.3.1	Kriterien gelungener Absätze	129
7.3.2	Überarbeitungsschritte	130
7.4	Sätze	132
7.4.1	Kriterien stilistisch gelungener Sätze	132
7.4.2	Überarbeitungshinweise	134

7.5	Worte (und Unworte)	135
7.5.1	Kriterien der Wortwahl	135
7.5.2	Eine computergestützte Lösung für das Finden und Ersetzen sprachlich unschöner Wörter und Sätze	139
7.6	Endkontrolle	140
7.7	Check-Liste Kapitel 7	141

8	**Publizieren in begutachteten Fachzeitschriften**	**143**
8.1	Änderungen am Manuskript vor der Ersteinreichung	143
8.2	Vor dem Einreichen	146
8.3	Die Auswahl des Journals	147
8.4	Kommunikation mit dem Herausgeber	153
8.4.1	Einreichen	153
8.4.2	Mahnen	153
8.4.3	Der Umgang mit einer Ablehnung	154
8.4.4	Der Umgang mit einem *Revise and Resubmit*	155
8.5	Nach der Annahme	157

9	**Anhänge**	**159**
9.1	Fachbegriffe der Wissenschaftstheorie	159
9.2	Illustrierte Einführung in das Web of Science	161
9.3	Umgang mit dem Betreuer	162
9.4	Wissenschaftliche Ethik	163
9.5	Plagiate	164
9.6	Formale Standards wissenschaftlicher Texte	166
9.6.1	Zitieren	166
9.6.2	Tabellen	168
9.6.3	Abbildungen	171
9.6.4	Literaturlisten	174
9.6.5	Gliederung	176
9.6.6	Formatierung	177
9.7	Der Umgang mit dem Schreibprogramm	178
9.7.1	Hervorheben wichtiger Textstellen	178
9.7.2	Anzeigen von Lesbarkeitsstatistiken	179
9.7.3	Definition von Formatvorlagen	179
9.7.4	Anlegen von Inhalts- und Abbildungsverzeichnissen	179

10	**Literatur**	**181**

1 Einleitung

Im mitunter tristen Alltag an deutschen Universitäten droht die Vermittlung berufsrelevanter Fähigkeiten verloren zu gehen. Angesichts des Massengeschäftes mit den Studierenden greifen immer mehr Hochschuldozenten auf die reine Vermittlung von Wissen zurück. Studierende sitzen in überlaufenen Vorlesungen und lernen Informationen auswendig, die sich in Multiple Choice Tests abfragen lassen. Die Berufsrelevanz dieser Informationen muss man mit der Lupe suchen und wird dennoch nicht fündig.

Die Einführung von Bachelor-Programmen verstärkt die Tendenzen zu standardisierten Studieninhalten. Gefragt ist nicht die Ausbildung zu selbständigem, innovativem Denken und Problemlösen, sondern das Abarbeiten vorgegebener Curricula. Auf diese Weise lassen sich Studierende weder an den Forschungsstand heranführen, noch lernen sie den Anforderungen des Berufsalltages gerecht zu werden. Universitäten werden zu Institutionen, die Zertifikate für die mehrjährige Anwesenheit ihrer Kunden ausstellen. Dürfen Dozierende ihre Studierenden heutzutage noch durchfallen lassen? Dürfen sie überhaupt noch Klausuren stellen, bei denen jemand durchfallen kann?

Durch diese Art der Wissensvermittlung kommen zweifellos Noten zustande und es lassen sich Diplome ausstellen. Doch je stärker die Universitäten ihre Studierenden zur reinen Reproduktion von Wissen anhalten, desto weniger gute Wissenschaftler und problemlösungsfähige Manager stellen sie dem Arbeitsmarkt zur Verfügung. Die Klagen der Unternehmen über die geringe Qualifikation der Hochschulabsolventen zeugen ebenso von den Folgen wie die im Durchschnitt niedrige Reputation der deutschen Wissenschaft im Ausland.

Da auf dem Arbeitsmarkt für hochqualifiziertes Führungspersonal kein Faktenwissen, sondern Intelligenz, Kreativität, die Fähigkeit zur Selbstorganisation sowie soziale Kompetenzen nachgefragt werden, besitzen Studierende ein Eigeninteresse, diese Fähigkeiten zu erlangen. Einigen Studierenden gelingt dies. Sie engagieren sich in sozialen Einrichtungen und absolvieren Praktika in öffentlichen Verwaltungen, internationalen Organisationen und privaten Unternehmen. Auch die Bereitschaft der Studierenden, einige Semester im Ausland zu verbringen, nahm stetig zu – solange bis der Bolognaprozess, der vornehmlich zur Förderung der Mobilität von Studierenden geschaffen wurde, die Mobilität der Studierenden drastisch einschränkte.

Die Zeit, die eine Universität ihren Studierenden zur Selbstqualifikation lässt, gerät letztlich zum Qualitätsausweis. Je weniger Anforderungen die Universität ihren Studierenden stellt, desto mehr Zeit bleibt für den Erwerb ‚studienbegleitender' Qualifikationen und desto besser finden sich diese auf dem Arbeitsmarkt zurecht. Auch das ist eine Logik.

1.1 Vorbemerkungen

Die Vermittlung des Umgangs mit Informationen stellt eines der bedeutsamsten Ausbildungsziele einer Universität dar. Darunter fallen die Vermittlung einer verbalen Präsentationsfähigkeit und vor allem die Fähigkeit, aussagefähige und verständliche Texte zu verfassen. Für nahezu jeden akademischen Beruf gehört Schreiben zum Anforderungsprofil. Schreiben ist und bleibt eine Kernkompetenz. Wer aber jemals eine studentische Abschlussarbeit oder gar eine unter Zeitdruck geschriebene Klausur gelesen hat, der weiß, wie selten die Fähigkeit ist, prägnante und verständliche Aussagen schriftlich zu formulieren. Einige wenige Glückliche verfügen über das Vermögen, lesbare Texte ohne erkennbare Anstrengung gleichsam aus dem Ärmel zu schütteln. Für alle anderen nicht so Glücklichen gilt: was man nicht kann, aber benötigt, muss man lernen, lernen, lernen...

Kann man Schreiben lernen?

Kann man verständliches Schreiben lernen?

Kann man lernen, in einer effizienten Weise verständlich zu schreiben?

Jede einzelne dieser Fragen beantwortet dieses Buch eindeutig positiv.

Anders als an angelsächsischen Universitäten, wo *Essay-Writing* zum unverzichtbaren Repertoire der Hochschulausbildung gehört, nehmen deutsche Universitäten kaum Schreibkurse in ihr Lehrprogramm auf. Das lässt sich leicht verstehen: Schreibseminare bringen sowohl für Studierende als auch für Lehrende enorm viel Arbeit mit sich. Den Studierenden wird abverlangt, von Woche zu Woche ein Kapitel einer Seminararbeit zu formulieren. Der Dozent muss diese Texte korrigieren, die wichtigsten Lernziele im Plenum zur Diskussion stellen und die Lehrinhalte vermitteln. Vergleicht man das Arbeitspensum einer Vorlesung für 200 Studierende mit dem Aufwand, einen Schreibkurs für 20 Studierende durchzuführen, erhält man eine Vorstellung, warum Universitäten trotz der in den letzten 250 Jahren drastisch gesunkenen Buchpreise so hartnäckig an Vorlesungen festhalten und Schreibkurse eine Seltenheit darstellen.

Hierin allein die Schuld der Professoren zu sehen, wäre sicherlich falsch. Um eine hochwertige Ausbildung von 1500-2000 Studenten zu gewährleisten, benötigt ein Fachbereich nicht nur die tatsächlich vorhandenen 6 Professoren, 3 Assistenten und 2 wissenschaftliche Mitarbeiter, sondern mindestens die fünffache Zahl an Dozenten. Aufgrund der angespannten Lage der öffentlichen Haushalte und der stillschweigenden großen Koalition derjenigen, die Wettbewerb zwischen und an deutschen Hochschulen sozial unerwünscht finden, sollte man keine baldige Verbesserung der Ausbildungssituation erwarten. Freilich dürfen die Hochschullehrer nicht aus der Mitschuld und der Verantwortung für diese Reformblockade entlassen werden, da viele von ihnen Wettbewerb und Leistungskriterien scheuen. Immerhin stellt der Beamtenstatus für sie eine bequeme soziale Hängematte dar, die ein Leben in der Toskanafraktion erlaubt.

1.2 Ziele

Dieses Buch behandelt das Verfassen wissenschaftlicher Texte im Allgemeinen und wissenschaftlicher Qualifizierungsarbeiten im Besonderen. Die Diskussion der Vorgehensweisen bleibt stets pragmatisch und orientiert sich an typischen Problemen des Schreibprozesses. Die einzelnen Kapitel erläutern mögliche Lösungswege und bieten Hilfestellungen für die einzelnen Arbeitsschritte.

Ein Buch mit einem vergleichbaren didaktischen Programm liegt im deutschen Sprachraum nicht vor. In Deutschland dominieren einerseits stilistische Ratgeber den Markt. Wolf Schneiders exzellentes Buch „Deutsch für Profis" (Schneider 1999) mag als herausragendes Beispiel für diese Literatur dienen. Derartige stilistische Ratgeber leisten viel, weil sie die Bedeutung der Verständlichkeit geschriebener Texte unterstreichen und die Logik und Grundlagen verständlichen Ausdrucks vermitteln. Doch diese sehr sinnvollen Bücher strukturieren weder den Schreibprozess noch helfen sie bei der Sicherstellung wissenschaftlicher Anspruchskriterien.

Andererseits existiert eine Vielzahl von Büchern zu ‚Techniken des wissenschaftlichen Arbeitens', welche die Frage ‚Wie erstelle ich eine Diplomarbeit (resp. Dissertation)' zu beantworten suchen. Diese Bücher diskutieren Allerlei – vom Anlegen von Karteikarten (macht das noch jemand?) bis hin zu Zitationsregeln für Wikipedia-Artikel, die in wissenschaftlichen Abschlussarbeiten weder rezipiert noch zitiert oder gar plagiiert werden sollten. Manchmal weisen sie auch darauf hin, dass ein frischer Strauß Blumen auf dem Schreibtisch Denk- und Schreibblockaden überwinden hilft. Diese Ratgeber versuchen in der Regel nicht, den Schreibprozess zu organisieren und strukturieren, und sie wollen und können die Wissenschaftlichkeit der Qualifizierungsarbeiten nicht erhöhen.

Man verstehe mich nicht falsch: Sowohl stilistische Ratgeber als auch Diplomratgeber erfüllen einen Zweck und sind gelegentlich sogar empfehlenswert. Doch zwischen der einen, den Stilfibeln, und der anderen Sorte Bücher (den Diplomratgebern) klafft eine Lücke. Und diese Bücher haben entweder nicht den Anspruch (Stilratgeber) oder die Qualität, das Verfassen von Texten so zu organisieren, dass a) die Wissenschaftlichkeit ansteigt und b) die benötigte Zeit bis zur Fertigstellung des Textes sinkt.

Diese Lücke will *Effizient Schreiben* schließen: Dieses Buch versteht das Verfassen wissenschaftlicher Texte als Arbeitsprozess, der im Schreibprozess lediglich kulminiert. Aber der Schreibprozess *verkauft* die wissenschaftliche Leistung an diejenigen, welche Ihre eigenen Arbeiten lesen, zitieren und weiterentwickeln sollen. Ohne wissenschaftliche Qualität sind gut geschriebene akademische Texte nur heiße Luft, aber ohne einen guten Schreibstil wird sich wissenschaftliche Qualität nicht unbedingt durchsetzen. Sie benötigen beides.

Dieses Buch vermittelt nicht allein die Kriterien der Formulierung verständlicher und gut strukturierter wissenschaftlicher Texte. Seine Hauptfunktion besteht vielmehr darin, Ihnen Tricks und Hilfestellungen an die Hand zu geben, mit denen Sie Ihren eigenen Zielen und Vorstellungen, den Ansprüchen Ihrer Betreuer, und den Kriterien der ‚wissenschaftlichen Community' gleichermaßen gerecht werden.

Wahrscheinlich wurde bislang niemals eine Diplomarbeit oder Dissertation verfasst, ohne dass im Forschungsprozess und während der Niederschrift Probleme auftraten. Dieser Ratgeber kann und will das Auftreten von Problemen während der Niederschrift der Diplomarbeit oder der Promotionsschrift nicht verhindern. Er will und kann Ihnen aber bei der eigenständigen Lösung dieser Probleme helfen. Angefangen bei der Auswahl eines geeigneten Themas über die Organisation des Forschungsprozesses und die Strukturierung Ihres Textes bis hin zu stilistischen Verbesserungsvorschlägen kann Sie dieses Buch durch alle Arbeitsphasen begleiten.

Natürlich kann ein Buch kein Erfahrungslernen – oder, wie es Neudeutsch heißt, kein ‚learning by doing' – ersetzen. An seine Grenzen stößt das Medium Buch immer dann, wenn allein Übung den Meister macht. Wie alle praktischen Fähigkeiten, erfordert Schreiben praktische Erfahrung. Man darf von jemandem, der alle Lehrbücher über Schlagtechniken und Strategien im Tennis gelesen hat, aber niemals einen Schläger in der Hand hatte, kein perfektes Spiel erwarten. Ebenso wie im Tennis eine geeignete Kombination aus praktischen und theoretischen Übungen den Lernerfolg erhöhen, vermögen die hier zusammengefassten Tipps und Ratschläge Studierenden, Diplomanden oder Doktoranden über die Hürden des universitären Alltags hinweg zu helfen – hinein hoffentlich in den erfolgreichen beruflichen Alltag nach der Universität oder in die aktiv betriebene Wissenschaft. Ohne Praxis und Übung aber bleibt alle Theorie grau.

Dieses Buches verfolgt einen doppelten Zweck: Einerseits leitet es den Schreibprozess an und versetzt den Leser in die Lage, qualitativ hochwertige, inhaltlich und stilistisch gelungene wissenschaftliche Texte zu verfassen. Typische Probleme wissenschaftlicher Qualifizierungsarbeiten wie das Fehlen eines ‚roten Fadens', eine stark mäandernde[1] Argumentationskette, das Fehlen eines Zusammenhangs zwischen dem eigenen Argument und der besprochenen Literatur und ähnliche Schwachstellen treten weniger häufig auf und spielen günstigstenfalls keine Rolle mehr, wenn Sie die Empfehlungen des Buches berücksichtigen. Andererseits gibt das Buch Hilfestellung bei der Beseitigung stilistischer Probleme, die während des Schreibens entstehen. Diese Anregungen und Kniffe helfen, Texte zu strukturieren und leicht lesbar zu gestalteten, ohne dass diese wichtigen stilistischen Erwägungen während der Niederschrift Zeit verschlingen.

Insgesamt zielt dieses Buch nicht vorrangig auf die Beschleunigung des Schreibvorgangs ab, sondern auf die Optimierung des Input-Output-Verhältnisses: Viel Qualität in möglichst wenig Zeit. Wenn das Buch sein Ziel erreicht, fällt Ihre wissenschaftliche Qualifizierungsarbeit mit gleich viel oder geringfügig weniger Zeitaufwand deutlich besser aus, wobei ‚besser' vor allem ‚wissenschaftlicher', ‚verständlicher' und ‚strukturierter' bedeutet. Mit anderen Worten: Die Note der Qualifizierungsarbeit verbessert sich signifikant, ohne dass Sie wesentlich mehr und manchmal vielleicht sogar weniger Zeit investieren müssen.

Dieses Buch sollte seine Nützlichkeit für alle Disziplinen – also für Natur- und Sozialwissenschaften gleichermaßen – erweisen. Obwohl ich Sozialwissenschaftler (oder präziser: Poli-

---

[1] Mäander sind kurvenreiche Flussläufe – mäandernde Argumentationsketten fallen folglich nicht gradlinig aus.

tikwissenschaftler) bin und gelegentliche Beispiele aus meinen eigenen Forschungsgebieten wähle, befassen sich die einzelnen Kapitel nicht eigentlich mit dem Verfassen sozialwissenschaftlicher Qualifizierungsarbeiten. Ich bin von der Übertragbarkeit der Empfehlungen und Hilfestellungen dieses Buches auf die Naturwissenschaften überzeugt – so wie ich auch davon ausgehe, dass keinerlei systematische Unterschiede zwischen ‚harten' Naturwissenschaften und ‚weichen' Sozialwissenschaften existieren: Wissenschaft ist Wissenschaft und gut geschriebene Texte sind gut geschriebene Texte.

Selbst wenn ich als Sozialwissenschaftler außerstande bin, den Analyseprozess beispielsweise eines physikalischen Experimentes zu schildern, so sehe ich keinen prinzipiellen Unterschied zwischen den Qualitätskriterien, die für den schriftlichen Bericht eines physikalischen Experimentes gelten und denjenigen für die Niederschrift einer sozialwissenschaftlichen Analyse. In beiden Fällen muss der Text die Reproduzierbarkeit der Ergebnisse gewährleisten. Noch weniger Unterschiede vermag ich zwischen den Inhalten einer naturwissenschaftlichen und einer sozialwissenschaftlichen Einleitung zu erkennen. Forschungsergebnisse müssen unabhängig von der Art der Inhalte an den Leser gebracht werden.

1.3 Inhalt und Aufbau des Buches

Das Verfassen wissenschaftlicher Texte setzt mehr als die Kenntnisse des Untersuchungsgegenstandes voraus. Sie sollten darüber hinaus die Techniken wissenschaftlichen Arbeitens in mindestens ausreichendem Maße beherrschen und Sie müssen ‚gut schreiben können'. Ohne diese Fähigkeiten werden Sie den Ansprüchen an einen *guten wissenschaftlichen Text* nicht gerecht, die darin bestehen, wissenschaftliche Erkenntnisse überzeugend zu vermitteln um somit am kollektiven Prozess der Wissensakkumulation teilzunehmen.

Welche Kriterien zeichnen einen guten und vor allem gut geschriebenen wissenschaftlichen Text aus? Die Meinungen über die Kriterien guten Schreibens gehen weit auseinander. Natürlich: Solange Geschmäcker unterschiedlich ausfallen, lässt sich trefflich über Kriterien streiten. Doch Kriterien sind objektivierbar (man kann sich auf einheitliche Kriterien verständigen) wenn auch nicht objektiv (man kann die Existenz einheitlicher Kriterien keineswegs voraussetzen).

Zieht man die Bücher heran, die auf die Vermittlung von „professionellem Deutsch" abzielen, kristallisieren sich drei weitgehend geteilte Kriterien heraus: Gut geschriebene Texte sind verständlich formuliert, gradlinig und konsistent in der Argumentation, und klar im Aufbau. Kurz: Der Leser muss die Inhalte und den Aufbau eines Textes verstehen, ohne über den Sinn und Zweck einzelner Passagen nachzudenken. Wenn Ihr Leser sich fragt, warum er das, was er gerade liest, lesen muss, dann haben Sie Ihr wichtigstes Ziel bereits verfehlt.

Weniger Konsens kann man in Bezug auf die Kriterien von ‚Wissenschaftlichkeit' voraussetzen. Dennoch darf man zwei Ansprüche hervorheben, die von Wissenschaftlern öffentlich nicht bezweifelt werden: Erstens müssen die Ergebnisse reproduzierbar und die Grundlagen der Ergebnisse nachprüfbar sein. Und zweitens muss die These falsch sein können. Arbeiten, die sich zum Ziel setzen, nachzuweisen, dass der Zweite Weltkrieg mit der Kapitulation Deutschlands und Japans endete, verfehlen dieses zweite Kriterium ebenso wie Arbeiten, die argumentieren, dass die CDU und die FDP die Wahlen 2002 gegen die SPD und die Grünen verloren, weil sie weniger Sitze im Bundestag gewannen.

Dieses Buch will helfen, Lesbarkeit und Wissenschaftlichkeit gleichermaßen zu erreichen.

Der folgende Text behandelt im Wesentlichen den Schreibprozess, geht aber (wenn es mir notwendig erschien) darüber hinaus. Er unterscheidet sich von den bekannten Schreib- und Studierhilfen dadurch, dass er die eher trivialen Probleme der Informationssammlung und -verarbeitung weitgehend ignoriert.[2] Stattdessen liefert dieses Buch eine Einführung in das wissenschaftliche Arbeiten und die Vorgehensweise, die dem Schreibenden die Einhaltung dieser Standards leicht macht. Zugleich hilft es, den Denkprozess zu strukturieren und die kleineren und größeren Probleme der Ausarbeitung und Formulierung wissenschaftlicher Texte zu umgehen.

Drei wesentliche Arbeitsschritte werden in unterschiedlicher Ausführlichkeit vorgestellt: Erstens die Vorarbeiten, zweitens die in den einzelnen Kapiteln einer Qualifizierungsarbeit notwendigerweise zu vermittelnden Inhalte, und drittens Tricks und Kniffe zur Verbesserung der Verständlichkeit und des Schreibstils des Textes. So unterschiedlich diese Inhalte klingen mögen, sie bauen in hohem Maße aufeinander auf. Man kann dieses Buch aus diesem Grunde wie eine Anleitung zum Erstellen eines wissenschaftlichen Textes lesen und die einzelnen Kapitel schrittweise der Reihe nach abarbeiten. Man kann die einzelnen Teile und Kapitel aber ebenso als Handbuchinhalte auffassen und einzelne Abschnitte oder einzelne Kapitel zu Rate ziehen, falls während des Schreibprozesses ein bestimmtes Problem auftritt.

Das Buch besteht aus drei wesentlichen Teilen und einigen Zugaben. Die inhaltlich bedeutsamsten Kapitel thematisieren die Vorarbeiten, die Inhalte der Kapitel einer wissenschaftlichen Arbeit sowie Hilfen und Anregungen des sprachlichen Feinschliffs. Die Kapitel 2 bis 4 beschreiben den Forschungs- und Analyseprozess, Kapitel 5 den Schreibprozess und Kapitel 6 den sprachlichen Überarbeitungsprozess. Keiner der Arbeitsgänge dominiert den anderen. Jeder einzelne Schritt stellt eine notwendige Bedingung für das inhaltliche und sprachliche Gelingen eines wissenschaftlichen Textes dar.

Der Zugang zu diesem Manuskript ist denkbar einfach. Dieses Buch schildert die Erstellung und Perfektionierung eines wissenschaftlichen Textes und kann arbeitsbegleitend eingesetzt werden. „Effizient Schreiben" erlaubt, wissenschaftliches Arbeiten und Schreiben so zu betreiben, wie man ansonsten vielleicht ein IKEA-Regal aufbaut (in der Hoffnung, dass die Beschreibungen der Arbeitsschritte präziser ausfallen). Leider oder vielleicht zum Glück für diejenigen, die mit dem Schreiben Geld verdienen, bleibt die schriftliche Niederlegung von Gedanken schwieriger als das Zusammenschrauben zweier Bretter. Dennoch lassen sich hilfreiche Arbeitstechniken erlernen. Man muss sie nur kennen. Dieses Buch stellt die bedeutsamsten vor.

---

[2] Die formalen Kriterien einer wissenschaftlichen Arbeit werden in Anhang 9.6 knapp zusammengefasst.

Falls Sie dieses Buch in dieser sequentiellen Weise nutzen, sollten Sie jeden Arbeitsschritt wirklich abschließen, bevor Sie sich dem nächsten Problem zuwenden. Sie finden in jedem inhaltlichen Kapitel eine Prüfliste, die Ihnen erlaubt festzustellen, ob Sie jeden Arbeitsschritt wirklich abgeschlossen haben. Haken Sie diese Kontrollfragen nach Erledigung der beschriebenen Tätigkeit einfach ab und beginnen Sie nicht mit dem nächsten Kapitel, bevor Sie das vorherige Kapitel vollständig durchgearbeitet haben.

Gleichwohl macht es Sinn, sich bereits vor der Verfassung einer Diplomarbeit mit diesem Buch zu befassen. Wissenschaft kann man lernen und besser man lernt ihre Techniken früher als später.

Sie können dieses Buch auch als Ratgeber benutzen, den Sie konsultieren, wenn Sie ein während der Niederschrift Ihrer Qualifizierungsarbeit auf ein Problem stoßen, welches Sie allein nicht oder nicht schnell genug lösen können. Wenn Sie das Buch auf diese Weise benutzen, kann es Sie nicht vor Problemen bewahren, doch es kann durch die Vermittlung erprobter Lösungen Ihren Arbeitsprozess beschleunigen.

1.4 *Effizient Schreiben* als Unterrichtsgrundlage

Dieses Buch kann problemlos als Grundlage eines Schreibseminars dienen. Ich gehe dabei so vor, dass die Studierenden die Hausarbeit eines anderen Seminars als Ausgangspunkt nehmen, da die Anfertigung einer Hausarbeit im Seminar selbst zu arbeitsintensiv wäre. Während der Vorlesungszeit schreiben die Studierenden die Arbeit entsprechend der in diesem Buch diskutierten Kriterien und Ratschläge um. Am Ende des Seminars sind die Studierenden in der Lage, einen eigenen, wahrscheinlich eher unbewusst geschriebenen Text mit einem bewusst formulierten Text zu vergleichen. Durch den Vergleich wird der Lernerfolg des Seminars eindrücklich verdeutlicht.

Der Vorteil des Seminars besteht zudem darin, einen hohen Anteil an Diskussionen zwischen allen Studierenden oder innerhalb kleiner Arbeitsgruppen zu erlauben. Die Studierenden sollen zunächst eigenständig erarbeiten, welche Inhalte der jeweils zu bearbeitende Abschnitt aufweisen muss und welche Kriterien erfüllt sein müssen. Dabei beginne ich mit wissenschaftlichen Texten im Allgemeinen.

Selbst für Studierende im Hauptstudium scheint es nicht einfach zu sein, die Frage nach den Unterschieden zwischen einem wissenschaftlichen Text und einem nicht-wissenschaftlichen Text zu beantworten. Vorwissen (beispielsweise aus einem Kurs über Forschungsdesign oder Wissenschaftsphilosophie) wäre hilfreich und nützlich, muss jedoch nicht zwingend vorausgesetzt werden. Die Diskussion zielt darauf ab, Kriterien eines guten wissenschaftlichen Textes zu entwickeln – Kriterien, welche die Studierenden in ihren eigenen Texten einhalten sollen.

Später wiederholt sich diese Diskussion über die Kriterien eines guten Literaturteils, eine geglückte Formulierung der Theorie, die Herstellung der Reproduzierbarkeit der Analysen sowie der Einleitung und des Schlusses. Auch hier lassen sich problemlos Qualitätskriterien entwickeln, die sich bewusst nutzen lassen, um eigene Texte qualitativ zu verbessern.

Das Seminar erlaubt ebenfalls, den Studierenden den Umgang mit der Bibliothek nahe zu bringen. Die Teilnehmer des Seminars nehmen nicht nur eine datenbankgestützte Literaturrecherche vor. Ich bilde darüber hinaus bereits in der zweiten Veranstaltung zwei Gruppen: Eine Gruppe bekommt die Aufgabe, für die dritte Sitzung einen *guten wissenschaftlichen Text* aus der Bibliothek zu kopieren, während die andere Gruppe einen *misslungenen Text* finden soll. Diese Gruppenarbeit veranlasst die Studierenden hoffentlich, die Kriterien eines wissenschaftlichen Textes untereinander noch einmal zu diskutieren. Die bibliographischen Angaben der beiden ausgewählten Artikel werden an alle Teilnehmer verschickt. In der dritten Sitzung werden die beiden Texte diskutiert. Die Studierenden sollen argumentieren, warum sie den von ihnen ausgewählten Text als gelungen beziehungsweise misslungen einschätzen.

Nachdem die Studierenden den generelle Zweck von wissenschaftlichen Texten und die Kriterien derselben von Wissenschaftlichkeit in ausreichendem Maße diskutiert haben, stelle ich die typische Gliederung von wissenschaftlichen Texten entsprechend Kapitel 6 vor. Für die folgende Sitzung sollen die Studierenden ihre Hausarbeiten, die sie umschreiben wollen, auf Abweichungen von dem im Unterricht skizzierten Modellaufbau durchsehen und überlegen, ob und wie sie die Abweichungen begründen können. Damit wird erreicht, dass die Studierenden später nicht an meinem Modellaufbau kleben, sondern die Gründe benennen können, die eine Abweichung von dem Aufbau angeraten erscheinen lassen.

Anschließend thematisiere ich den Zweck, Inhalt und Aufbau des Literaturteiles. Als Überarbeitungsaufgabe sollen die Studierenden den Literaturteil ihrer Hausarbeiten so umformulieren, dass eine ‚Lücke' in der Literatur identifiziert wird. Für die meisten Studierenden bedeutet das, Literatur zum ersten Mal systematisch zu erheben, zu kategorisieren und zu bewerten. Die überarbeiteten Fassungen werden über einen Email-Verteiler an alle Seminarteilnehmer verschickt. In der anschließenden Sitzung diskutiert und kritisiert jeweils ein Teilnehmer den Literaturteil eines anderen Studierenden. Dies setzt eine große Disziplin und Ernsthaftigkeit der Seminarteilnehmer im Umgang miteinander voraus.

Der Dozent muss alle eingeschickten Arbeiten lesen und (schriftlich) kommentieren. Diese Kommentare referiere ich nicht öffentlich. Stattdessen gebe ich den Studierenden kurze schriftliche Anmerkungen zu ihren Texten und fasse die Kritikpunkte im Seminar nur allgemein zusammen.

Analog dazu verfahre ich auch mit dem Theorieteil und mit Einleitung und Schluss. Der Analyseteil hingegen erzwingt eine abweichende Vorgehensweise, da Studierende während des Studiums selten eigene empirische Analysen anfertigen. Ich greife hier wieder auf die Bibliothek zurück: Die Studierenden sollen den Analyseteil einer bereits veröffentlichten Arbeit diskutieren und kommentieren. Dabei geht es nicht um die inhaltliche Richtigkeit der Analyse, sondern darum, wie Forschungsergebnisse kommuniziert werden.

Die Überarbeitung der eigenen Hausarbeit nimmt den größten Teil des Semesters in Anspruch. Dennoch sollten am Ende des Semesters weitere zwei bis drei Wochen zur Verfügung stehen, die zur sprachlichen Überarbeitung der Texte entsprechend des Kapitels 7 genutzt werden können. Für diesen Zeitraum sollte ein Computer-Pool zur Verfügung stehen.

Insgesamt basiert das Seminar auf einer hohen Eigenleistung der Studierenden und fällt – gemessen an den typischen Seminaren deutscher Universitäten – überdurchschnittlich verschult aus. Mit dem Aufbau habe ich trotzdem (oder gerade deswegen?) gute Erfahrungen gemacht. Am Ende des Seminars wissen die Teilnehmer, dass sich die Qualität eigener Texte durch bewusstes Schreiben signifikant verbessert.

2 Vor dem Schreiben: Denken und Theorieentwicklung

Am Anfang steht – wenigstens dieses eine Mal – nicht das Wort. Denn wenn der Schreibprozess zu früh beginnt, dann verläuft die Arbeit später zäh und wird mit einem unbefriedigenden Ergebnis abgeschlossen. Um dies zu vermeiden, steht am Anfang der Denkprozess, die Idee, am besten selbstverständlich die gute Idee. Erst wenn Sie die Grundzüge der Literatur kennen und kategorisieren können, Ihr eigenes Argument überzeugend steht und Sie eine Anwendung ausgewählt sowie die Analyse größtenteils vorgenommen haben, beginnt der Schreibprozess. Erst dann stellt die Niederschrift von Gedanken keine Verschwendung der knappsten Ressource dar: der Zeit.

Zum Glück existiert ein einfaches Kriterium für die richtige Wahl des Zeitpunktes, an dem die Niederschrift beginnt: Wenn Sie Ihr zentrales Argument gleichermaßen gut in drei Sätzen, auf zwei Seiten und in einem viertelstündigen Monolog vermitteln können, dann aber erst dann können Sie sich langsam an den Computer setzen und das Schreibprogramm aufrufen. Dann, erst dann und nicht etwa früher.

Je sorgfältiger Sie die in diesem Kapitel beschriebenen Vorarbeiten durchführen, desto leichter gelingt Ihnen die Formulierung Ihrer Arbeit. Auch wenn Sie das vielleicht glauben: Sie schließen Ihre Arbeit auf keinen Fall umso früher ab, je eher Sie die Niederschrift beginnen. Frühestens wenn Sie Ihre Thematik und Argumentation gut kennen und alle Analysen durchgeführt haben, ist es an der Zeit, Textpassagen zu verfassen. Beginnen Sie dann mit dem Schreiben, wenn Sie Ihren Denkprozess zwar nicht vollständig, aber doch weitgehend abgeschlossen haben. Schreiben wirkt als Denkverstärker, oder – wie Tucholsky meinte – als „Gedankenklavier".[3] Einiges werden Sie deshalb während der Niederschrift noch lernen und ändern.

Dieses Kapitel hilft Ihnen, das Grundthema Ihres Musikstückes (um im Bild zu bleiben) zu finden. Es behandelt drei unverzichtbare, meistens zu unbewusst ablaufende Arbeitsschritte: Die Auswahl der Thematik (Abschnitt 2.2), die Entwicklung des Themas zum Argument und einer Leithypothese (Abschnitt 2.3), sowie die Verbesserung der Argumentation sowie die Ausformulierung der Theorie (Abschnitt 2.4). Zuvor aber erkläre ich kurz die Unterschiede zwischen Thema, Argument, und Beitrag.

---

[3] Es existieren unzählige ähnliche Aussagen. E.M. Foster fragt beispielsweise: „How do I know what I think until I see what I say?"

2.1 Thema, Argument, Beitrag

Der einfachste, weitverbreitetste und zugleich verhängnisvollste Fehler, den viele Verfasser einer Qualifizierungsarbeit machen, besteht darin, sich „ein Thema zu suchen" und sich auf dieses zu versteifen. Und dann mit dem Lesen der relevanten Literatur anzufangen.

Selbstverständlich geht es nicht ohne Thema, aber zu denken, ein Thema sei bereits eine ausreichende Arbeitsgrundlage und sei es auch nur, um die Literatur zu sichten, ist schlicht falsch und häufig der Beginn einer unnötigen Leidenszeit. An deren Ende steht dann eine Qualifizierungsarbeit ohne ausreichenden Fokus und ohne Argumentation.

Jedes Projekt basiert auf drei Elementen und jedes dieser Elemente stellt eine notwendige Voraussetzung dar. Notwendig, um das Projekt an die Forschungsgemeinschaft, die *peers*, oder an die Gutachter verkaufen zu können und notwendig, um die ersten Arbeitsschritte durchzuführen. Diese drei Elemente sind:

a) das Thema,
b) das Argument,
c) der Beitrag (oder vielleicht besser in Denglisch: die Kontribution).

Das *Thema* grenzt den Inhalt der Arbeit lose ab. Wählt man *Arbeitslosigkeit* als Thema, kann man ebenso über den Einfluss der Arbeitslosigkeit auf die Entwicklung von Jugendbewegungen, auf die Selbstmordrate, auf Ehescheidungen, auf Unternehmensgewinne arbeiten wie auch über den Einfluss von Kündigungsschutzregeln, Bankinsolvenzen, Investitionen in Humankapital auf die Arbeitslosenquote. Mit anderen Worten: Der Begriff ‚Arbeitslosigkeit' allein schränkt das Thema nicht hinreichend ein. Wenn Sie nur ein Wort als Thema haben, haben Sie noch kein Projekt.

Dies gilt, wenngleich natürlich in variierendem Ausmaße, für alle Themen, die aus lediglich einem Begriff bestehen. Gewöhnen Sie also frühzeitig an, Ihr Thema als Kombination aus zwei, drei oder mehreren Kernbegriffen zu verstehen. „Jugendarbeitslosigkeit und Selbstmordrate unter Jugendlichen" beschreibt ein Thema weit besser als „Arbeitslosigkeit" oder „Selbstmord unter Jugendlichen" dies allein tun. Besser noch, Sie nennen in Ihrem Thema bereits die Richtung des Einflusses, der Sie interessiert: „Der Einfluss der Jugendarbeitslosigkeit auf Suizid unter 16-22jährigen in OECD-Ländern". Jede weitere Einengung verbessert die Trennschärfe des Projektes weiter. Zum Beispiel könnten Sie den „Jugendarbeitslosigkeit und der Einfluss von aktiver Arbeitsmarktpolitik auf Suizid unter 16-22jährigen in OECD-Staaten" untersuchen. Der Vorteil besteht darin, nicht nur ein Problem zu analysieren, sondern mit aktiver Arbeitsmarktpolitik zugleich eine mögliche Lösung zu untersuchen.

Diese Methode der Entwicklung eines Themas lässt sich auf jeden Ausgangsbegriff anwenden. Wenn ein einzelner Begriff ihr Projekt noch nicht ausreichend einengt, ergänzen Sie einen zweiten Kernbegriff, falls das nicht reicht, ergänzen Sie einen dritten. Wenn Sie drei Kernbegriffe wählen, dürfen Sie das integrierende Element des Projektes nicht aus den Augen verlieren. Sie müssen beispielsweise die Wechselwirkung zwischen zwei der drei Faktoren auf den dritten Faktor untersuchen. Logischerweise werden auch Ihre Theorien komplexer, wenn Sie thematisch über zwei Kernbegriffe hinausgehen. Seien Sie also vorsichtig: nicht jeder kann komplexe Theorien konsistent formulieren.

Je enger Sie Ihr Projekt durch Kombination aus Kernbegriffen fassen, desto leichter wird es Ihnen fallen, die Grenzen Ihrer Arbeit abzustecken. Während „Eine Theorie der Arbeitslosigkeit" nach einem ungefähr 1200 Seiten langen Schinken klingt, kann man den „Einfluss aktiver Arbeitsmarktpolitik auf die Suizidrate unter 16-22jährigen in OECD-Ländern" problemlos auf 30-60 und wenn es sein muss auch auf 200 Seiten abhandeln.

Viele Neulinge im Geschäft der Wissenschaft fassen ihr Thema deswegen weit, weil sie glauben, dass ihre Universität Mindestansprüche an den Umfang einer Qualifizierungsarbeit besitzt. Diese Annahme und die Schlussfolgerungen stehen häufig auf dünnem Eis und halten einer näheren Überprüfung nicht stand. Die Annahme ist meist fragwürdig, weil Universitäten zwar Obergrenzen für die Länge von Qualifizierungsarbeiten definieren, nicht aber Untergrenzen.

Nun werden Sie einwerfen, dass Ihre Universität keine Dissertation im Umfang von 50 Seiten annehmen wird. Das stimmt vielleicht. Obwohl das faktisch bedeutet, dass Ihre Universität einen gewissen Herrn Einstein nicht promoviert hätte. Aber wenn die Qualität stimmt, werden Ihre Universität und Ihre Gutachter mit 140 oder 160 Seiten zufrieden sein – zufriedener jedenfalls als mit 250 bis 300 Seiten, auf denen die Qualität nicht stimmt.

Wichtiger erscheint mir jedoch ein zweiter Einwand. Sie im zweifellos im Laufe Ihrer Arbeit lernen, dass Ihre Erwartungen über das Verhältnis von Thema und Länge falsch sind. Sie denken, zu einem eng definierten Thema kann man fast nichts schreiben, weil Sie am Anfang Ihrer Arbeit sehr wenige Informationen besitzen. In Wirklichkeit aber ist jedes noch so enge Thema vielschichtiger als Sie am Anfang denken. Sie werden sehen, dass Ihr Thema nicht auf den 30 Seiten diskutiert werden kann, von denen Sie ursprünglich ausgingen.

Wenn aber die Länge Ihrer Qualifikationsarbeit tatsächlich nicht ausreicht, um Ihre Gutachter glücklich zu machen, werden Sie kein Problem haben, Ihren Text zu strecken. Wenn Ihre Gutachter sich nicht mit 150 theoretisch und analytisch bedeutenden Seiten zufrieden geben, ergänzen Sie Ihren Text um 50-80 Seiten Datenbeschreibung und streuen Sie einige Geschichten ein, die Ihre Fälle plastisch werden lassen. Um die zu beschreiben, produzieren Sie schnell viele nette Abbildungen, die Geschichten holen Sie sich aus einer Zeitungsdatenbank wie Lexis-Nexis.

Generell gelangen Sie von einem Thema zu einer *Theorie*, indem Sie einen kausalen Zusammenhang zwischen den Kernbegriffen herstellen und begründen. Dazu genügt es, eine einfache Warum-Frage zu beantworten: Warum reduziert aktive Arbeitsmarktpolitik die Suizidrate unter Jugendlichen? Wie (fast?) immer gibt es mehrere Antworten. Zum Beispiel, weil die Langeweile und der Alkoholkonsum sinken wenn Jugendliche in einem Arbeitsbeschaffungsprogramm beschäftigt werden. Oder weil Jugendliche in Arbeitsbeschaffungsmaßnahmen etwas lernen und so eine Perspektive für ihr Leben entwickeln. Oder vielleicht sinkt die Suizidrate auch gar nicht, weil a) Arbeitslosigkeit kein dominantes Motiv für

Selbstmord darstellt oder weil b) Arbeitsmarktprogramme von den Jugendlichen als Zwangsarbeit und nicht als Option wahrgenommen werden.

Seien Sie ergebnisoffen wenn Sie Ihre Theorie formulieren. Versuchen Sie sich in das Problem der Akteure hereinzudenken und lernen Sie, Ihren ideologischen Vorstellungen zu misstrauen. Häufig stellen Projekte, die auch dann interessante Ergebnisse liefern, wenn Ihre Lieblingshypothese sich als unrichtig erweist, das beste Material für Qualifizierungsarbeiten dar.

Wenn Sie Ihr Argument kennen, sind Sie nicht weit davon entfernt, Ihren Beitrag zur wissenschaftlichen Debatte benennen zu können. Ihr *Beitrag* besteht darin, ein neues Argument zu formulieren, ältere Argumente zusammenzuführen, neue empirische Ergebnisse basierend auf einer überlegenen Fallauswahl oder Methode vorzustellen oder vielleicht auch nur existierende, aber ungesicherte Ergebnisse zu überprüfen und zu bestätigen. Im optimalen Fall beeinflusst Ihr Beitrag eine wissenschaftliche Debatte oder Kontroverse in eine bestimmte Richtung. Selbst wenn schon Forschung zu Ihrem Argument existiert und der theoretische Beitrag Ihrer Arbeit gering bleibt, können Sie einen substantiellen Beitrag liefern, wenn Ihre Forschung einen Argumentationsstrang in einer Debatte plausibler erscheinen lässt und den anderen weniger plausibel.

Wie auch immer: Um Ihren Beitrag einzuschätzen, müssen Sie die Literatur zum Thema zur Kenntnis nehmen. Allerdings sollten Sie sich erst dann mit der Literatur befassen. Lesen Sie zu früh, werden Sie sich zu stark von der herrschenden Meinung beeinflussen lassen. So seltsam es klingt: Das zu frühe Lesen stellt eines der bedeutsamsten Hürden auf dem Weg zu einem eigenständigen wissenschaftlichen Beitrag dar.

Und seien Sie sicher: Sie können nicht auf einen eigenständigen Beitrag verzichten, wenn Sie Ihre Qualifikation zum wissenschaftlichen Arbeiten nachweisen wollen. Wissenschaftler sind keine Berichterstatter, ein wissenschaftlicher Beitrag fasst nicht lediglich zusammen, was andere Autoren vor Ihnen bereits geschrieben haben.

2.2 Auswahl des Themas

Von Archimedes heißt es, sein bester Einfall sei ihm im Bad gekommen. Natürlich : Wenn das Erkenntnisinteresse darin besteht, den Werkstoff eines Körpers über das spezifische Gewicht präzise zu bestimmen, zugleich aber lediglich das Gesamtgewicht des Körpers bekannt und das Volumen unbekannt ist, liegt die Lösung nahe, das Volumen des Körpers durch das Volumen des verdrängten Wassers zu messen. Kein Wunder also, dass Archimedes seine Eingebung während des Badens hatte.

Leider lässt sich die Idee, die zwischen der Anonymität und dem ewigen Ruhm liegt, nicht immer so leicht finden.

Albert Einstein hatte die Idee, die ihn weit aus der anonymen Masse der Physiker hinauskatapultierte, angeblich 1905 als „Experte dritter Klasse" im Berner Patentamt. Vielleicht langweilte er sich und suchte nach Ablenkung. Immerhin, Einstein war von der neuen Entdeckung fasziniert, dass sich Licht mit einer bestimmten maximalen Geschwindigkeit ausbreitet. Und von da ist es nur ein kleiner Schritt zur speziellen Relativitätstheorie und den Gedanken, dass Zeit und Raum zumindest für Beobachter schwer zu trennen sind.

Ronald Coase schrieb 1932 als zweiundzwanzigjähriger Student an der *London School of Economics* eine studentische Hausarbeit, die 1937 in der renommierten Zeitschrift *Economica* veröffentlicht wurde und ihm mehr als fünf Jahrzehnte später, 1991, den Nobelpreis für Ökonomie einbrachte. Coase benötigte diese Hausarbeit nicht, um sein Studium abschließen zu können, er hatte alle seine ‚Scheine' bereits beisammen. Dabei absolvierte Coase sein Studium erst nach einigen Anfangshürden. Er begann 1929 an der London School of Economics wie es viele Studierende tun: Nach dem Ausschlussprinzip. Eigentlich wollte Coase Geschichte studieren, doch seine Lateinkenntnisse fielen dafür zu schwach aus. Er wandte sich der Chemie zu, um zu erkennen, dass hierfür seine mathematischen Kenntnisse nicht ausreichten. Die einzige Option, die ihm zu bleiben schien, war das Studium der Wirtschaftswissenschaft. Nachdem Coase seine Probleme der Studienfachwahl überwunden hatte, sammelte er die Scheine für die Beendigung seines Studiums innerhalb zweier Jahre. Doch die Anforderungen für ein Diplom an der *London School of Economics* verzögerten seinen Abschluss: Gefordert waren schlicht drei Jahre Studium.[4] Um die Wartezeit nicht mit Nichtstun verbringen zu müssen, bewarb sich Coase für ein Reise-Stipendium in die USA. Dort besuchte er die Produktionsstätten großer amerikanischer Unternehmen, um Aufschluss über die Organisation verschiedener Industrien zu erlangen. Das weithin bekannte Resultat dieser Studienfahrt stellt die Formulierung des Konzeptes der Transaktionskosten dar, welches weniger die sektor-spezifischen Unterschiede der Unternehmen als vielmehr deren schiere Existenz erklärt. Für Unternehmen besaß die neoklassische Ökonomie perfekter Märkte keinen Platz – eine etwas befremdliche Annahme, die vor Coase wenig Aufmerksamkeit auf sich zog und offenbar keine Irritationen hervorrief. Umso einfacher fiel Coase die Formulierung seiner Antwort: Er sprach den Märkten lediglich etwas Effizienz ab (Transaktionen wie beispielsweise die Suche nach geeigneten Arbeitnehmern verursachen Kosten, die Anbieter von Arbeitsplätzen reduzieren, indem sie dauerhafte Verträge abschließen) und schon vermochte er die Existenz der Unternehmen zu erklären.

Coase, Einstein und Archimedes fanden jeweils eine aus heutiger Sicht recht einfache Antwort für ein offenkundiges wissenschaftliches Problem. Mehr, aber auch nicht weniger als eine einfache Antwort auf eine interessante Frage trennt auch Sie nicht vom Ruhm oder zumindest von einer verwertbaren Diplomarbeit oder Promotion. Aus diesen wenigen Beobachtungen lässt sich bereits eine gültige Regel ableiten: Je einfacher eine Theorie formuliert ist, und je relevanter das Problem, welches sie lösen will, desto besser.

---

[4] Ähnlich seltsame Regelungen finden sich an vielen deutschen Universitäten. In Coases Fall machte sich die Verzögerung aber glücklicherweise bezahlt.

Worin die Unterschiede zwischen Archimedes, Einstein und Coase auch bestehen mögen, eines eint die drei Koryphäen ihres jeweiligen Gebietes: Sie hatten die Idee, die sie berühmt macht, auf keinen Fall am Computer. Diese Aussage kann man allein schon deshalb für wahr befinden, weil leistungsfähige Computer erst Jahrzehnte nach Coase und Einsteins bahnbrechenden Ideen und mehr als zwei Jahrtausende nach Archimedes Tod (287-212 v. 0) erfunden wurde. Trivialerweise gilt: Auch Konrad Zuse hat den Computer keineswegs am Computer erfunden.

Was stellt ein geeignetes Umfeld für ‚Ideen' dar?

Die „Lösungen" Archimedes', Einsteins und Coase' entstanden – wie vermutlich die meisten guten Ideen – auf der Suche nach der Lösung für ein relevantes praktisches oder wissenschaftliches Problem. Leider formulieren Studierende heute selten wissenschaftliche *Probleme*, die sie lösen wollen. Vielmehr wollen sie *Themen* bearbeiten – und oftmals orientieren sie ihre Auswahl an ihren eigenen Interessen. Studierende, die ein Praktikum bei einem Goethe-Institut absolvierten, schreiben über die Standortwahl der Goethe-Institute, Studierende, die ihren letzten Urlaub in Indonesien verbrachten, schreiben über Korruption in Indonesien, Studierende, die ihr Praktikum in der Personalabteilung von Daimler-Benz absolvierten, schreiben über multikulturelle Personalpolitik.

Diese Vorgehensweise mag verständlich sein. Sie beschwört jedoch Gefahren herauf, die ein Scheitern des Projektes fördern.

Der erste und vermutlich schwerwiegendste Fehler besteht darin, lediglich ein allgemeines, vage formuliertes Thema festzulegen. Wegen der dann unzureichenden Eingrenzung des Argumentes treten im eigentlichen Schreibprozess mit großer Zwangsläufigkeit Folgeprobleme auf, die sich während des Schreibens leicht als unlösbar erweisen. Grundsätzlich gilt: Je weiter man sein Thema fasst und je mehr man es ausufern lässt, desto mehr Passagen muss man später streichen, um eine kohärente Arbeit einzureichen. Man kann sich nicht darauf verlassen, dass im Zuge des Forschungsprozesses interessante Ergebnisse hervortreten, die man dann leicht ausbeuten kann. Wer am Anfang zu wenig denkt, muss später weit mehr arbeiten, um die gleiche Leistung zu erzielen. Wer am Anfang sein Thema nicht eingegrenzt und eine Argumentation entwickelt, der wird später weite Teile seines Manuskripts löschen, umarbeiten, umstellen und umformulieren müssen.

Der zweite Fehler resultiert daraus, dass Diplomanden oder Doktoranden das Interesse an einer Thematik und nicht die Bearbeitbarkeit zum maßgeblichen Auswahlkriterium machen. Auf diese Weise wollen sie ihren inneren Schweinehund überwinden. Doch nicht selten entsteht die Frustration überhaupt erst durch die theoretische Bedeutungslosigkeit des Themas und die Unmöglichkeit, geeignete Literatur zu finden. Die optimale Vorgehensweise besteht sicherlich darin, das individuell interessanteste aus der Gruppe der *bearbeitbaren* Themen auszuwählen.

Der dritte Fehler besteht darin anzunehmen, dass die Wissenschaft Ihr Interesse an einem Thema teilen muss. Muss sie nicht. Vielmehr kann das Thema, das Sie am meisten interessiert, für die Wissenschaft völlig uninteressant sein. Vielleicht ist es zu trivial, vielleicht zu speziell, vielleicht nicht generalisierbar. In jedem Fall müssten Sie Ihre Kollegen davon überzeugen, dass dieses Projekt weniger trivial, weniger speziell und viel generalisierbarer ist. Ein mitunter hoffnungsloses Unterfangen.

Wie kommen diese Unterschiede zwischen dem Erkenntnisinteresse Einsteins und Coase' und demjenigen vieler Studierender zustande? Vieles resultiert aus dem Studium, das ihnen allzu häufig die Existenz allgemein gültiger Lösungen vorgaukelt. Welcher Student, welche Studentin kennt nicht die unsagbar langweiligen Vorlesungen, in denen der Professor beinahe wörtlich aus einem Lehrbuch vorträgt, das er auswendig kennt?[5] Selbstverständlich fallen die Klausurnoten umso besser aus, je besser die Studierenden dasselbe Lehrbuch ebenso wörtlich wie der Professor reproduzieren und quasi auf Kommando die richtigen Stichworte abrufen. Diese Vorlesungen sprechen wissenschaftliche Probleme nur am Rande an; sie sind an einfachen Lösungen und an Wahrheiten interessiert, welche die Studierenden auswendig lernen und reproduzieren können. Sie vermitteln den Studierenden aber nicht den aktuellen Stand der Wissenschaft.

Für ihre mangelhafte Heranführung an die aktuelle wissenschaftliche Debatte tragen Studierende demnach nicht allein die Verantwortung. Diese teilen sich die Professoren mit ihren Arbeitgebern, den Hochschulen und natürlich den zuständigen Politikern und Ministerialbeamten. Das universitäre Lehrpersonal bietet nicht nur jedes Semester dieselben alten Vorlesungen (die „Zwänge der Prüfungsordnung"), sondern auch gleiche Seminare und Diplomandenkolloquien an. Die Universitäten selbst verzichten auf effiziente Anreizstrukturen, welche die Leistung der Wissenschaftler in Forschung und Lehre belohnen. Die Politiker betrachten das Wissenschaftsressort als Profilierungsoption und experimentieren bestenfalls mit Reformen, von denen sie hoffen, dass sie einmal ihren Namen tragen werden. Ansonsten werden Hochschulen gerne als Instrumente der Arbeitsmarktpolitik instrumentalisiert (Plümper und Schneider 2007). Die Ministerialbeamten schließlich betrachten Universitäten als Verwaltungsproblem, welches ohne Lehrpersonal und Studierende einfacher zu verwalten wäre. Jaja, dies sind Stereotype, aber von nichts kommt vermutlich nichts.

Allerdings stellt die mangelnde Kenntnis der aktuellen Diskussion den wissenschaftlichen Nachwuchs vor grundsätzliche Probleme. Wie soll man einen relevanten Beitrag zur aktuellen Diskussion in einem Bereich leisten, wenn die eigene Ausbildung sich an den Lehrinhalten eines 1987 veröffentlichten Lehrbuches orientiert? Wie soll man es schaffen, in einem angesehenen internationalen Journal zu veröffentlichen, wenn der eigene Betreuer nicht über irrelevante Beiträge in obskuren Sammelbänden hinauskommt?

Diese Fragen besitzen eine unstrittige Berechtigung. Wenn Sie aber kurz vor dem Verfassen Ihrer Diplomarbeit oder Promotion stehen, lohnt sich keine Schuldzuweisung mehr, nicht einmal die berechtigtste. Denn eines ist sicher: Selbst wenn Sie diese Probleme lediglich zu einem verschwindend geringen Teil selbst verantworten: lösen müssen Sie die daraus entstehenden Schwierigkeiten allemal alleine.

---

[5] Wenn Ihr Studium bislang so oder ähnlich aussah, und wenn Sie jetzt plötzlich eine Diplomarbeit schreiben sollen, dann besitzen Sie ein Problem – mindestens eins, aber dieses Problem nutzt Ihnen nichts beim Schreiben der Diplomarbeit, es sei denn, Sie wollen eine Abschlussarbeit über das Versagen der Institution Universität schreiben.

Und genau deshalb sollten Sie sich von der Schuldfrage ab- und der Arbeit zuwenden. Finden Sie zunächst ein wissenschaftliches Problem und danach eine mögliche Lösung für dieses Problem. Und finden Sie ein Problem, dessen Lösung die akademische Debatte befruchtet. Suchen Sie nicht nach einem Thema. Suchen Sie nach Thema, Argument, und Beitrag. Dies klingt ambitioniert, und ist doch mit einer geeigneten Vorgehensweise keineswegs unmöglich.

2.3 Vom Thema zur Argumentation

Woran erkennt man ein geeignetes wissenschaftliches Problem?

Zunächst einmal findet ein geeignetes wissenschaftliches Problem nicht ausschließlich das Interesse des bearbeitenden Wissenschaftlers, sondern interessiert zugleich (möglichst viele) andere Wissenschaftler und vielleicht sogar die Öffentlichkeit. Darüber hinaus ermöglicht das Problem die Formulierung verallgemeinerungsfähiger theoretischer Argumente. Ohne diesen angestrebten Beitrag zur Theorie fällt der wissenschaftliche Mehrwert einer Untersuchung gering aus, selbst wenn das analysierte Problem eine zentrale Bedeutung besitzt. Somit existiert durchaus ein Spannungsfeld zwischen dem, was Diplomanden und Doktoranden als bedeutsames Problem der Menschheit erachten, und dem, was in der aktuellen akademischen Diskussion einen Stellenwert besitzt und was einen Beitrag für die aktuelle akademische Debatte leistet. Sie müssen wissen, was sie erreichen wollen: ihr Überleben im akademischen Arbeitsmarkt sicherstellen oder sich einen Arbeitsplatz außerhalb des akademischen Elfenbeinturmes suchen.

2.3.1 Thema und These

Auf einer abstrakten Ebene lassen sich grundsätzlich drei Forschungsinteressen unterscheiden: y-basierte, x-basierte, und y=f(x) basierte Forschungsdesigns, wobei alle Forschungsdesigns gleichermaßen an einem kausalen Einfluss der unabhängigen auf die abhängige Variable interessiert sind. Doch dazu kommen wir später.

y-basierte Forschungsdesigns versuchen ein Phänomen möglichst vollständig zu ‚verstehen' und alle Ursachen zu identifizieren, die dieses Phänomen hervorrufen können oder die Varianz des Phänomens über unterschiedliche Beobachtungen oder Zeitpunkte (oder beides) hinweg beeinflussen. Dieses Design hält die abhängige Variable konstant und sucht nach ihren Determinanten.

x-basierte Forschungsdesigns interessieren sich für unterschiedliche, mitunter gar für alle Konsequenzen eines bestimmten Phänomens. Dieses Design hält die interessierende unabhängige Variable konstant und sucht nach den Folgen der Varianz dieser unabhängigen Variable. Zum Beispiel diskutiert George Tsebelis (2002) verschiedene Folgen der Existenz von Veto-Spielern.

$y=f(x)$ basierte Designs bilden die Schnittmenge von y- und x-basierten Designs. Sie stellen einen Zusammenhang zwischen einer (oder mehreren kausal verbundenen) unabhängigen und einer (oder sehr ähnlichen) abhängigen Variablen her. Beispiele für diese Art Forschungsdesign finden Sie in allen guten Journalen unabhängig von der Fachrichtung.

Offensichtlich gibt es (mindestens?) zwei Arten und Weisen, über die relativen Vorteile der verschiedenen Designs nachzudenken. Eine eher von Traditionalisten vertretene Position argumentiert, dass x- und y-basierte Designs notwendig sind, wenn man Bücher oder eine Dissertation schreiben will, während sich $y=f(x)$ basierte Designs bestenfalls für Artikel eignen. ‚Modernere' Vertreter der Sozialwissenschaften halten $y=f(x)$ basierte Designs für zwingend erforderlich, wenn man einen Artikel oder eine Diplomarbeit schreiben will, und für grundsätzlich überlegen, selbst wenn das Produkt als Buch veröffentlicht werden soll.

Es wird unschwer zu erraten sein, dass ich der zweiten Position zuneige. Drei Gründe scheinen mir eindeutig für diese Position zu sprechen:

Erstens reduzieren $y=f(x)$ basierte Designs die Wahrscheinlichkeit drastisch, dass Diplomanden und Doktoranden über ein Thema nachdenken und ihre These und Argumentation vernachlässigen. Damit handeln sie sich Probleme ein, die sich während der eigentlichen Arbeit schwer lösen lassen.

Zweitens können sowohl y- als auch x-basierte Designs sehr schwer eingegrenzt werden, da mittelbar oder unmittelbar alles mit allem zusammenhängt. Während Qualifizierungsarbeiten tritt jedoch mit großer Regelmäßigkeit das Problem der Abgrenzung auf. Wird es nicht überzeugend gelöst, geraten Diplomanden und Doktoranden nicht nur unter erheblichen Zeitdruck, sie finden darüber hinaus sehr schwer einen roten Faden – eine Argumentation, die ihre Arbeit erst lesenswert macht.

Und drittens lassen sich $y=f(x)$ basierte Designs wesentlich leichter in einen Artikel umarbeiten und in einem Fachjournal veröffentlichen. Natürlich will nicht jeder später an der Universität bleiben und wissenschaftlichen arbeiten, doch eine Publikation wirkt sich positiv auf allen akademischen Arbeitsmärkten aus – nicht nur auf diejenigen für Wissenschaftler, aber auf die besonders.

Selbst wenn Sie sich gegen ein $y=f(x)$ basiertes Design entscheiden: Denken Sie über eine These, ihre Argumentation und Ihren Beitrag zur wissenschaftlichen Diskussion in Ihrem Bereich nach. Beginnen Sie keinesfalls mit der Niederschrift Ihrer Arbeit bevor Sie diese Punkte verstehen.

2.3.2 Kriterien einer geeigneten These

Ein Argument mündet in (mindestens) einer These. Diese These sollte falsifizierbar sein[6] (d.h. sie sollte falsch sein können), und – falls sie abstrakt formuliert ist – auf Anwendungsfälle übertragbar sein. Die wichtigsten Kriterien sind:

Erstens muss das zentrale Argument thematisch interessant sein. Dies kann zweierlei bedeuten: Zum einen muss die Forschungsfrage, das Problem, bedeutend sein. Ihre Antwort sollte Anregungen, Argumente oder Lösungen vermitteln. Zum anderen sollte die Forschungsfrage einen konkreten Beitrag zu einer wissenschaftlichen Debatte leisten. Selbst wenn Ihre Arbeit eine herausragende Lösung findet, nützt Ihnen die Lösung nichts, solange Ihr akademisches Umfeld das analysierte Problem als irrelevant erachtet (King, Keohane und Verba 1994: 15).

Zweitens muss die These falsch sein können. Selbst aus einer falschen, das heißt einer in der empirischen Forschung abgelehnten Hypothese kann man mehr lernen, als aus einem Argument, das in einer Weise formuliert wurde, die eine Falsifizierung prinzipiell verhindert. Auf den Physiker Wolfgang Pauli wird die Aussage „not even wrong" zurückgeführt. Heutzutage wird dieser Satz benutzt, um Pseudowissenschaftlichkeit und mangelnde Falsifizierbarkeit in der gebotenen Knappheit zu kritisieren.

Achten Sie *drittens* auf die Machbarkeit der gewählten Problematik. Gerade Studierenden fällt es schwer, diese einzuschätzen. Als Anhaltspunkt gelten die folgenden beiden Fragen: Liegen zu dem gewählten Problem bereits Lösungsvorschläge in der Fachliteratur vor? Können Sie über die notwendigen Daten und Informationen frei verfügen? Wenn Sie diese beiden Fragen nicht eindeutig positiv beantworten, überheben Sie sich mit großer Wahrscheinlichkeit an dem Forschungsgegenstand. Suchen Sie sich eine andere Thematik. Im Zweifelsfall hilft gute Beratung durch den Betreuer weiter.

Viertens muss sich der Arbeitsaufwand in einem vernünftigen Rahmen bewegen. Man kann in einer Qualifizierungsarbeit entweder eigene Daten erheben oder Fälle analysieren, um auf diese Weise eine vorhandene Theorie zu überprüfen, oder man kann eine eigene Theorie ausarbeiten, die man an existierenden Daten oder vorliegenden Fallstudien prüft. Wer beides will, muss ein gut ausgestattetes Forschungsprojekt mit einer Laufzeit von mindestens zwei Jahren beantragen und über eine qualifizierte und wohlwollende Betreuung über die gesamte Projektlaufzeit hinweg verfügen. Solche Fragestellungen eignen sich vielleicht als Dissertationsthema herausragender Studierender. Insbesondere, wenn Sie eine wissenschaftliche Karriere anstreben, analysieren Sie besser eine Thematik, die bei gegebener Bearbeitbarkeit so ambitioniert wie möglich ausfällt. Sie dürfen dann bei Erfolg Ihrer Untersuchung hinreichend sicher davon ausgehen, mit der Promotion und ersten Veröffentlichungen in angesehenen Fachzeitschriften einen leichten Weg zu einem Post Doc Stipendium oder der Junior Professur an einer Universität zu finden.

---

[6] Beispiele für unbefriedigende Erklärungen sind Tautologien: Die Erklärung der Wahlniederlage einer Partei durch den Hinweis darauf, dass sie zuwenig Stimmen erhielt, ist in diesem Sinne unbefriedigend.

Die genannten vier Kriterien helfen, die Verkaufbarkeit Ihres Argumentes und die Machbarkeit des Projektes einzuschätzen. Wie bereits gesagt: Alternative Kriterien wie Interesse am Forschungsgegenstand sollten aus Eigeninteresse hinter den Machbarkeitskriterien zurücktreten. ‚Interesse' darf zweifellos die Auswahl beeinflussen, aber nur die Auswahl aus mehreren gleichermaßen bearbeitbaren Studien, nicht die Auswahl zwischen durchführbaren und zum Scheitern verurteilten Studien. Seien Sie versichert: Es gibt keine langweilen Themen, man muss lediglich genug Ehrgeiz und Anstrengung in ein Forschungsprojekt hineinstecken.

Nun wissen wir, woran man eine geeignete These erkennt, wenn man sie sieht. Doch wie findet man eine geeignete These?

King, Keohane und Verba (1994: 16-17) bieten sechs Lösungen an:

1. Wählen Sie eine Fragestellung, die viele Wissenschaftler als relevant erachten, für die dennoch keine systematische Studie vorliegt.

2. Wählen Sie eine allgemein akzeptierte Hypothese, von der Sie glauben zeigen zu können, dass sie falsch oder zumindest nur eingeschränkt gültig ist.

3. Versuchen Sie eine Lösung für eine wissenschaftliche Kontroverse anzubieten. Eine Lösung muss keineswegs einer der beiden Seiten Recht geben, sie kann auch die Bedingungen identifizieren, unter denen jeweils eine Seite besser liegt.

4. Wählen Sie ein Forschungsdesign, welches Ihnen erlaubt, bislang unbegründet getroffene Annahmen zu begründen oder abzulehnen.

5. Argumentieren Sie, dass eine wichtige Fragestellung übersehen wurde und analysieren Sie die Thematik dann umfassend.

6. Zeigen Sie, dass die Lösung in einem wissenschaftlichen Literaturstrang auch Lösungen für andere wissenschaftliche Bereiche beinhaltet.

2.3.3 Ambitionen

Für diejenigen, die eine akademische Karriere anstreben, bietet die bayesianische Wissenschaftsphilosophie Kriterien an, mittels derer sich Erfolg versprechende von weniger ambitionierten Projekten unterscheiden lassen. Bayesianische Wissenschaftstheorie basiert auf der Logik bedingter Wahrscheinlichkeiten von Thomas Bayes. Diese Logik lässt sich in mehr oder weniger komplizierten Varianten diskutieren, im Grunde aber geht es darum, dass Menschen und damit auch Akademiker *priors* besitzen, welche sich aus theoretischen Überlegungen und empirische Evidenz ergeben und durch neue (theoretische und empirische) Informationen verändert werden können. Ergebnisse dieser Veränderung heißen *posteriors*. Der Einfluss von Beobachtungen auf die Veränderung der priors fällt in gegeben bedingte Wahrscheinlichkeit umso größer aus, je unerwarteter die Verteilung der Beobachtungen ausfällt.

Die bayesianische Wissenschaftsphilosophie lässt sich unschwer nutzen, um Kriterien für erfolgreiche wissenschaftliche Projekte abzuleiten. Danach sind Projekte erfolgreich, wenn sie entweder

- die Anzahl der Wissenschaftler erhöhen, die *priors* über einen theoretischen Zusammenhang besitzen, oder

- die *priors* einer gegebenen Anzahl von Wissenschaftlern maßgeblich verändern.

Diesen Ansprüchen können sowohl theoretische als auch empirische Projekte gerecht werden. Theoretische Projekte müssen eine Innovation zu einem relevanten Phänomen formulieren. Die Innovation sollte entweder mehr Phänomene als bestehende Theorien erklären oder einfacher sein als bestehende Theorien, die eine identische Erklärungskraft aufweisen. Empirische Projekte sollten Unterstützung für eine nicht triviale Theorie bereitstellen oder Zweifel an einer plausiblen, überwiegend geglaubten Theorie formulieren. Bedenken Sie, dass ein einziges Gegenbeispiel nicht ausreicht, um feste *priors* grundsätzlich in Frage zu stellen.

Diese Logik erlaubt uns auch begründete Aussagen darüber zu formulieren, unter welchen Bedingungen ein bislang unerforschtes Phänomen auch ein gutes Thema für eine Dissertation abgibt. Leider denken viele Promovierende, dass ein bislang unbearbeitetes Forschungsgebiet immer und uneingeschränkt bedeutsam ist. Doch bleibt dieser Glaube wenig überzeugend, da es viele Gründe gibt wegen denen andere Wissenschaftler ein Phänomen nicht thematisieren und analysieren. Vor allem: Das Phänomen könnte irrelevant für die Theorieentwicklung sein, zu atypisch um Generalisierungen zu erlauben, die Datenlage schlichtweg zu schlecht, und ähnliches mehr.

Vieles spricht deshalb dafür, dass unbetretenes Terrain problematisch ist und dass ein innovativer Beitrag zu einem alten Problem Ihnen eine größere Aufmerksamkeit sichert. Dies sollte nicht als Plädoyer verstanden werden, den 138sten Beitrag zum demokratischen Frieden zu verfassen. Ganz im Gegenteil möchte ich anregen, die ausgetretenen Pfade der Normalwissenschaft zu verlassen. Allerdings sollten Sie neue Pfade nicht naiv betreten, sondern wissen, dass Sie sich auf einem Markt für Ideen befinden. Sie werden danach bezahlt, wieweit Ihre Ideen anschlussfähig sind und wie interessant Ihre Ideen für die Mehrzahl Ihrer Kollegen ausfällt. Mehr als alles andere aber gilt: Lassen Sie sich nicht abschrecken. Wenn Sie akademische Karriereinteressen hegen, sollten Sie Ambitionen besitzen. Mittelmäßige Wissenschaftler gibt es schon genug.

Howard S. Becker (1986/2007: 141) beschreibt das Problem folgendermaßen: „Autoren müssen etwas Neues sagen und doch dieses Neue gleichzeitig mit dem verbinden, was andere Autoren bereits gesagt haben. (...) Wenn Sie etwas grundlegen Neues sagen, interessieren sich nicht genug Menschen dafür."

2.3.4 Eingrenzung des zentralen Argumentes

Die Entwicklung eines bearbeitbaren und zugleich wissenschaftlich verwertbaren eigenen Argumentationsstranges stellt für die überwältigende Mehrheit der Studierenden und Doktoranden eine oftmals unüberwindbare Hürde dar selbst wenn sie ein geeignetes Problem und eine Erfolg versprechende Thematik gefunden haben. Die Ursache dieser Probleme ergibt sich aus der Vorgehensweise der Studierenden: Sie beginnen ihre Arbeit mit einem Thema und verwenden nicht genügend Zeit und Anstrengungen darauf, dieses Thema einzugrenzen und aus der Thematik eine These zu entwickeln.

Ich möchte dies an einem Beispiel verdeutlichen:

Gehen wir davon aus, dass sich ein Studierender für das Thema der Staatsausgaben interessiert. Vielleicht hat er in der Zeitung gelesen, die Regierung wolle das Haushaltsdefizit bis zum Jahr 2008 abbauen. Aus diesem Grund wird eine Subvention gestrichen, von der unser Student direkt profitiert. Vielleicht ist er auch Mitglied der Jungliberalen und möchte verstehen, warum seine Partei für Ausgabenkürzungen eintritt. Aus welchem Grund sich der Student auch für sein Thema interessieren mag: ‚Staatsausgaben' mag ein geeigneter Titel für ein Lehrbuch sein, als Ausgangspunkt einer Diplomarbeit oder Dissertation bleibt es ungeeignet, da es die Arbeit nicht ausreichend fokussiert.

Also muss man das Thema einschränken.

Man schränkt Themen am einfachsten ein, indem man entweder eine unabhängige oder eine abhängige Variable ergänzt. Beispielsweise kann der Student untersuchen, ob Kürzungen der Staatsausgaben die nationale Einkommensgleichheit senken. Der Arbeitstitel der Untersuchung könnte folglich *Der Einfluss von Haushaltskürzungen auf die Einkommensgleichheit* heißen. In dieser Fragestellung werden die Kürzungen der Staatsausgaben offenkundig zur unabhängigen Variablen, welche die abhängige Variable Einkommensgleichheit erklärt. Aber natürlich kann man auch eine unabhängige Variable ergänzen. So kann der Student fragen, ob der Abbau der Kapitalverkehrskontrollen zu einer Reduzierung der Staatsausgaben führt oder welchen Einfluss die Demokratisierung der Entwicklungsländer auf deren Staatsquote besitzt. In diesen beiden Fragestellungen stellen die Staatsausgaben die abhängige Variable dar, die zum einen durch die Außenwirtschaftspolitik der Staaten und zum anderen durch das politische System beeinflusst wird.

Es sollte niemandem schwer fallen, von einem Thema zu einer These zu gelangen. Schließlich muss man lediglich eine zweite Variable zur selbst gewählten ‚Thematik' hinzufügen.

Ein Problem könnte nur dadurch auftreten, dass die Kombination aus zwei Variablen nicht beliebig sein darf. Die durchschnittliche Rocklänge und das Wirtschaftswachstum mögen miteinander korrelieren, aber ein kausaler Mechanismus lässt sich entweder nicht begründen oder – falls er sich doch irgendwie begründen lässt – nicht direkt prüfen.

Kurz (und ich weiß, dass ich mich hier wiederhole): Der behauptete Zusammenhang zwischen unabhängiger und abhängiger Variable sollte a) kausal begründbar, b) falsch sein können, c) auf der Grundlage der zugänglichen Informationen bearbeitbar und d) für das akademische Publikum interessant sein.

2.3.5 Machbarkeitsprüfung

Die Bearbeitbarkeit einer Leithypothese hängt von einigen Faktoren ab, primär natürlich von der Zeit, die man für die Anfertigung einer Diplomarbeit oder Dissertation besitzt. Je kürzer der Bearbeitungszeitraum, desto leichter zugänglich müssen die notwendigen Informationen sein. Darüber hinaus lassen sie zusätzliche Einflussfaktoren auf die Bearbeitbarkeit identifizieren:

1. Theorieentwicklung: Meistens stellt die Entwicklung einer eigenen Theorie die größte Hürde dar. Wenn Sie eine bestehende Theorie lediglich verändern oder erweitern wollen, sollten Sie 4 bis 8 Wochen kalkulieren, wenn Sie eine grundlegend neue Theorie formulieren wollen oder müssen, dauert es erheblich länger. Wie lange lässt sich schlecht sagen. Je mehr Probleme Sie lösen müssen, je mehr Ideen Sie benötigen, desto länger dauert es.

2. Datenverfügbarkeit: Man sollte einige Zeit auf die Prüfung verwenden, ob alle die notwendigen Daten und Informationen vorhanden und allgemein zugänglich sind. Wenn das nicht der Fall zu sein scheint, muss man prüfen, ob die notwendigen Daten und Informationen im Rahmen einer Diplomarbeit oder Dissertation eigenständig erhoben werden können. Da die Relevanz der Daten nicht nur von der Leithypothese sondern auch von der Methodenwahl abhängt, verschaffen Sie sich zunächst Klarheit darüber, ob Sie eine Einzelfallstudie, eine vergleichende Fallstudienuntersuchung oder eine statistische Analyse durchführen wollen. Die Kriterien der Methodenwahl erläutert Kapitel 5. Es genügt deshalb, an dieser Stelle darauf zu verweisen, dass die Methodenwahl stark von der Leithypothese beeinflusst wird und sich aus der Kombination von Leithypothese und Methode Auswirkungen auf die Generalisierbarkeit der Ergebnisse ergeben.

Falls nicht alle notwendigen Informationen vorliegen, muss der Student entscheiden, ob er die fehlenden Informationen in der vorhandenen Zeit sammeln kann und will. Fehlende Informationen können erstens per Zeitschriften- oder Internetrecherche erhoben werden. Beides mag zeitintensiv sein, doch in der Regel fallen zumindest keine nennenswerten Kosten an. Wenn Sie die Informationen dagegen durch Interviews erheben wollen oder müssen,[7] entstehen meist Reise- und Übernachtungskosten und es kann teuer werden. Einige Universitäten bezuschussen diese Ausgaben bis zu einer bestimmten Höhe. Machen Sie sich eine Vorstellung der zu erwartenden Kosten und prüfen Sie die Politik Ihres Fachbereiches, bevor Sie sich für die Durchführung von Interviews entscheiden. Manchmal verfügt auch einer der Gutachter über ein Budget. Findet er die Themenstellung interessant, übernimmt er vielleicht die anfallenden Kosten.

Eine Alternative zu direkten Interviews stellt die Versendung von Fragebögen dar. Leider fällt die Rücklaufquote oft erschreckend gering aus. Man kann die Rücklaufquote erhöhen, indem man vor der Versendung ein Telefonat mit der zu befragenden Institution führt, den geeigneten Ansprechpartner ermittelt, diesem die Fragestellung erläutert und sich seiner Kooperation versichert. Unter diesen Bedingungen steigt die Rücklaufquote an, aber sie wird

---

[7] Ein Symposium zu Interviewtechniken finden Sie beispielsweise in Leech 2002.

trotzdem bestenfalls ausreichend gut und kaum einmal perfekt ausfallen. Wenn Sie nie ein Seminar zur empirischen Sozialforschung besucht haben, lesen Sie zunächst einige Bücher zum Fragebogendesign, bevor Sie eine Fragebogenaktion starten. Sie besitzen nur eine Chance und die sollten Sie nicht leichtfertig vergeben.

Schließlich kann es sein, dass Ihnen quantifizierte Informationen fehlen. Datensätze finden sich im Internet in großer Zahl, nicht allen Quellen kann man trauen. Auch internationale und nationale Organisationen sammeln statistische Informationen. Diese Daten sind unstrittig hochwertig, doch leider stellen die Organisationen diese Informationen nicht immer kostenlos zur Verfügung. Ermitteln Sie diese Kosten und überlegen Sie gut, ob Sie diese Investitionen aufbringen können, bevor Sie sich für eine Fragestellung entscheiden, die auf einer Datenanalyse basiert. Die Kosten von Datensätzen betragen schnell einige tausend Euro.

3. Methodenkenntnisse: Das Erkenntnisinteresse und die Datenstruktur determinieren die Methodenwahl. Wenn Sie nicht über die notwendigen Methodenkenntnisse verfügen, müssen Sie sich aneignen. Wie lange das dauert, hängt von Ihnen, von den Methoden, die Sie bereits kennen, und der Komplexität der zu erlernenden Methode ab.

Entscheiden Sie nicht erst 4 Wochen vor dem Beginn Ihrer Diplomarbeit, dass Sie Ihre Daten am besten mit quantitativen Methoden analysieren. Sprechen Sie mit Ihrem Betreuer, welche Methodenkenntnisse eine bestimmte Fragestellung und eine gegebene Datenstruktur voraussetzen. Wenn Sie diese Methoden nicht bereits kennen, müssen Sie sich selbst aneignen (was sehr mühselig sein kann) oder Sie müssen einen entsprechenden Kurs besuchen, was nicht nur Kosten verursacht sondern auch Zeit dauert.

Abschließend noch ein sicherlich hilfreicher, wenn auch vielleicht etwas unredlicher Tipp:

Forschungsfragen, die alle Machbarkeitskriterien erfüllen, erkennt man am einfachsten daran, dass bereits irgendjemand eine sehr ähnliche Fragestellung bearbeitet und die Ergebnisse seiner Forschung in angesehenen Fachzeitschriften veröffentlicht hat.[8] Je regelmäßiger Sie wissenschaftliche Zeitschriften lesen, desto mehr wissen Sie über den Stand der Forschung und desto geschickter vermögen Sie sich selbst zu positionieren. Darüber hinaus sollten Sie in Ihrem Studium mindestens einen Kurs belegt haben, dessen DozentIn die Ambition hatte, Sie an den Forschungsstand in einem eng umrissenen Gebiet heranzuführen. Wenn Sie über eine Promotion und eine anschließende Hochschulkarriere nachdenken, lohnt ein Besuch auf den Internetseiten der amerikanischen Wissenschaftlervereinigungen. Dort finden Sie in aller Regel die Vorträge, die auf der letzten Jahrestagung der Assoziation gehalten worden. Deren Manuskripte stellen neue, unveröffentlichte Forschungsergebnisse zur Diskussion. Bis zur

---

[8] Studierende sollten, um einen Eindruck vom wissenschaftlichen Alltag zu gewinnen, möglichst frühzeitig und möglichst regelmäßig wissenschaftliche Artikel lesen, die in *begutachteten internationalen Fachzeitschriften* veröffentlicht wurden. Auf diese Weise gewöhnen sie sich an einen kritischen, abwägenden Umgang mit wissenschaftlichen Aussagen. Sobald eine Theorie in einem Lehrbuch auftaucht, verliert sie den Status eines Denkmodells und bekommt selbst dann einen Wahrheitsgehalt zugewiesen, wenn die Theorie noch keineswegs ausreichend getestet wurde. Doch Wissenschaft hat fast nichts mit Wahrheit und sehr viel mit der Auswahl geeigneter Vereinfachungen komplizierter Zusammenhänge zu tun. Nur gute wissenschaftliche Artikel liefern und testen mehr oder weniger plausible Erklärungen.

breiten Rezeption in der akademischen Öffentlichkeit vergehen mehrere Jahre; bis auch die zuständigen deutschen akademischen Zirkel diese neuen Forschungsthemen diskutieren, verstreicht meist noch etwas mehr Zeit. Sie benötigen nur ein wenig Glück, damit die neue Thematik etwa gleichzeitig mit der Fertigstellung Ihrer Promotion in Europa an akademischer Aufmerksamkeit gewinnt. Dieses ‚Reiten auf der Welle' verschafft Ihnen einen hervorragenden Start in eine wissenschaftliche Karriere.

Für eine Diplomarbeit bietet sich diese Strategie dagegen nicht uneingeschränkt an. Das muss aber auch nicht sein, da Diplomarbeiten die aktuelle Grenze des wissenschaftlichen Fortschritts nicht verändern sollen. Stattdessen besitzt die Bearbeitungszeit eine überragende Bedeutung. Wird die Diplomarbeit nicht in der von der Prüfungsordnung gesetzten Frist beendet, droht das Studium noch kurz vor seinem Ende zu scheitern. Dies gilt es in jedem Fall zu vermeiden.

Ein weiterer Trick hilft Ihnen, dieses Auswahlproblem zu lösen: Wenn Sie eine quantitative Diplomarbeit oder Dissertation schreiben wollen, gehen Sie auf die Homepages derjenigen Wissenschaftler, die unlängst einen empirischen Artikel zu der Fragestellung veröffentlichten, die Sie interessiert. Vielfach veröffentlichen Wissenschaftler Datensätze im Internet, um eine Überprüfung ihrer Ergebnisse zu ermöglichen. Ist das nicht der Fall, schicken Sie dem Wissenschaftler eine Mail, in der Sie um die Überlassung der Daten bitten und weisen Sie darauf hin, dass Sie keine Publikation anstreben und die Daten lediglich für eine Diplomarbeit (master thesis) benötigen. In mindestens der Hälfte der Fälle erhalten Sie die Daten, zumal Zeitschriften mehr und mehr dazu übergehen, Autoren vor dem Abdruck der Artikel zur Freigabe der benutzten Daten zu verpflichten.

Auch wenn Sie einen dieser Wege beschreiten, dürfen Sie sich nicht zu einem Plagiat verleiten lassen. Übernehmen Sie keinesfalls die Theorie, die Fallstudienbeschreibung oder den Schätzansatz eines bereits publizierten Projektes vollständig. Betrachten Sie vorliegende Analysen lediglich als Inspiration und nehmen Sie zumindest eine Veränderung, Erweiterung oder Verbesserung der zu Rate gezogenen Ausgangsuntersuchung vor. Verbinden Sie die vorliegenden Studien mit einer anderen Theorie. Lösen Sie sich von den Vorlagen und gehen Sie kreativ mit Ihnen um.

2.4   Begründung der Leithypothese: Die Theorie

Wenn Sie Ihre Leithypothese ausreichend eingegrenzt haben, entwickeln Sie Ihr Argument, indem Sie die Hypothese kausal begründen. Im Ergebnis erhalten Sie eine mehr oder weniger ausformulierte Theorie, wobei unter Theorie eine begründete und verbundene Kausalbeziehung in einem System von Variablen verstanden wird. Logischerweise begründen Theorien mindestens eine, meistens aber mehrere Hypothesen.

Wenn Sie sich das Leben leichter machen wollen, denken Sie *nicht* darüber nach, welches Phänomen Sie erklären wollen. Denken Sie gleich darüber nach, welche Varianz Sie theoretisch begründen wollen. Varianz ist das Maß, mit dem angegeben wird, wie sehr ein Sachverhalt streut. Die Mathematik definiert Varianz als das Quadrat der mittleren Abweichung vom Stichproben-Durchschnitt. Wenn ich Ihnen nahelege Varianz erklären zu wollen, meine ich damit folglich, dass Sie sich zum Ziel setzen sollen, über Abweichungen von durchschnittlichen Beobachtungen anstatt über die durchschnittliche Beobachtung selbst nachzudenken und Theorien über die Varianz zu entwickeln.

Fragen Sie sich, welche Varianz die beobachtete Varianz erklärt, also: durch welche Unterschiede zwischen den Fällen werden die beobachteten Unterschiede der anhängigen Variable erklärt.

Diese Vorgehensweise besitzt mindestens vier bedeutsame Vorteile:

Erstens halten sie sich nicht lange mit dem Nachdenken über einen Einzelfall auf. Zwar mag Sie lediglich ein einzelner Fall interessieren, aber das Nachdenken über die Varianz zwingt Sie, sich mit den Unterschieden zwischen ‚Ihrem' Fall und einem durchschnittlichen Fall zu befassen.

Zweitens müssen Sie später nicht mühselig die Lücke zwischen Theorie und Empirie überbrücken, wenn Ihre Theorie bereits das erklärt, was Ihre empirische Studie später analytisch nutzt: eine Varianz.

Drittens wird es Ihnen leichter fallen, die Varianz ihrer abhängigen Variablen durch die Varianz einer oder mehreren unabhängigen Variable zu erklären, anstatt begründen zu müssen, warum eine Beobachtung gerade den Wert ‚42' angenommen hat.

Viertens gewinnen Sie Anschlussfähigkeit an die Theoriedebatte, die sich ebenfalls der Analyse von Varianzen bedient, um Schlussfolgerungen über Kausalmechanismen zu ziehen.

2.4.1 Theorieelemente

Theorien bestehen aus Annahmen, Kausalmechanismen, logischen Ableitungen und Hypothesen. Die Hypothesen müssen sich zwingend aus den Annahmen ergeben, wobei eine Theorie besser wird, je stärker sich Hypothesen und Annahmen unterscheiden. Wenn Annahmen und Hypothesen identisch sind, haben wir es mit einer Tautologie zu tun.

Welche Annahmen als plausibel gelten, entscheiden das Forschungsgebiet und der aktuelle Forschungsstand. Wenn sich Annahmen zu sehr von den im Forschungsgebiet üblichen Annahmen unterscheiden, sollten Sie bereits die Annahmen begründen. Wenn Ihre Annahmen im Rahmen des Normalen liegen, müssen sie dagegen nicht begründet werden.

Annahmen müssen vereinfachen. Sie sind deshalb grundsätzlich teilweise falsch und entziehen sich einer gehaltvollen empirischen Überprüfung. Man kann sie zwar überprüfen, nur lernt man daraus nichts über die Qualität der Theorie. Eine teilweise Falsifikation stellt die Eignung der Annahme nicht per se in Zweifel. Schließlich soll die Annahme ja vereinfachen. Erst wenn eine andere, ebenso stark vereinfachende Annahme richtiger ist, sollten Sie darüber nachdenken, Ihre Annahme gegen diese konkurrierende Annahme zu ersetzen.

Betrachten wir als Beispiel eine der umstrittensten Annahmen, welche die Sozialwissenschaften zu bieten haben:

Akteure maximieren ihren individuellen Erwartungsnutzen.

Experimentelle, auf Spieltheorie aufbauende Forschung zeigt, dass diese Annahme leicht falsifiziert werden kann. Nicht alle Akteure maximieren ihren individuellen Nutzen – viele Individuen maximieren den aggregierten Nutzen aller Beteiligten, einige Akteure scheinen gar den Nutzen ihrer Interaktionspartner selbst auf eigene Kosten erhöhen zu wollen. Diese experimentelle Evidenz macht die Annahme trotzdem nicht ungeeignet, da weder die Annahme der sozialen Nutzenmaximierung noch die Annahme altruistischen Verhalten im Experiment im Schnitt besser abschneidet. Die Annahme individueller Nutzenmaximierung stellt insgesamt die beste *einfache* Annahme dar. Kompliziertere Annahmen mögen soziales Verhalten besser abbilden, ob sie sich aber in bessere Prognosen überführen lassen, hängt sowohl vom Forschungsgegenstand als auch der Theorie ab.

Gleichwohl lassen sich Annahmen formulieren, die richtigere Prognosen erlauben. Zum Beispiel könnte man annehmen, dass 60% der Akteure ihren individuellen Nutzen, 30% den aggregierten Nutzen aller Akteure und 10% den Nutzen ihres Interaktionspartners erhöhen. Allerdings ist diese Annahme nicht per se besser, da sie wesentlich komplizierter ausfällt. Realitätsnähere, aber zugleich kompliziertere Annahmen sind nicht grundsätzlich überlegen. Eher im Gegenteil.

In vielen Forschungsgebieten erscheinen mehrere Annahmen gleichermaßen möglich und zulässig. Ob Parteien ideologisch oder opportunistisch handeln, ob Wähler prospektiv oder retrospektiv kalkulieren, ob Kunden vollständig oder unvollständig informiert sind, bleibt dabei zunächst nachrangig: Da Theorien vereinfachen sollen, müssen alle Annahmen partiell falsch sein. Man kann nicht gleichzeitig durchgängig richtige und vereinfachende Annahmen treffen. Deshalb sollte die Entscheidung über die jeweilige Annahme forschungspragmatisch und in Abhängigkeit von dem zu entwickelnden Argument formuliert werden. In den meisten Fällen ist eine Annäherung der Annahmen an die Realität sogar unerwünscht, da sie die Theorie verkomplizieren würde ohne dass ihre Vorhersagen notwendigerweise richtiger würden. Die Annahme, dass Parteien sowohl opportunistisch als auch ideologisch agieren, mag ja wahr sein, doch sie führt kaum zu bahnbrechenden neuen Einsichten in die Logik des Parteienwettbewerbs.

Die Anzahl der Annahmen sollte ebenso begrenzt sein wie ihre Komplexität. Stephen Hawking (1988) meint, dass eine Theorie dann gut ist, wenn sie zwei Bedingungen erfüllt: Erstens sollte sie eine möglichst große Anzahl von Beobachtungen (oder Klassen von Beobachtungen) möglichst angemessen mit einer möglichst kleinen Anzahl arbiträrer Annahmen beschreiben. Und zweitens sollte sie die Ableitungen von Vorhersagen über bislang unbekannte künftige Beobachtungen erlauben.

Annahmen müssen konsistent sein. Das bedeutet beispielsweise, dass, wenn man einem Akteur ein bestimmtes Verhalten unterstellt, man nicht ohne Begründung für einen anderen Akteur ein grundsätzlich anderes Kalkül annehmen sollte. Damit meine ich nicht, dass die Annahme von Akteursheterogenität grundsätzlich keinen Sinn macht. Aber man sollte nicht für einen Akteur rationale Erwartungen und für andere Akteure adaptives Lernen annehmen – was beispielsweise in frühen Theorien des politischen Konjunkturzyklus passiert.

Die Vorhersagen der Theorie (die Hypothesen) müssen sich logisch zwingend aus den Annahmen ergeben. Mathematische Modelle erlauben eine einfache Überprüfung der Ableitungen, wenngleich natürlich nicht jede Theorie formaltheoretisch formuliert werden muss. Ich habe aber immerhin festgestellt, dass sich eine innere Logik der Argumentation leichter gewährleisten lässt, wenn man Theorien quasi formal durchdenkt.

Vorhersagen kommen in zwei Typen. Der erste Typus macht Vorhersagen die in etwa ‚je mehr x, desto…' lauten. Die Vorhersage des zweiten Typus lautet dagegen ‚wenn x, dann…'. Man kann nicht sagen, dass ein Typus grundsätzlich überlegen ist, aber Hypothesen des ersten Typus sind statistischen Tests leichter zugänglich.

Kausalmechanismen begründen die Logik der Theorie. Sie motivieren das Verhalten der Akteure, ihre Optionen und Interaktionen und erklären, wie Akteure auf einen Anreiz, einen äußeren Stimulus reagieren. Sie mögen auch begründen, welche Mechanismen eine Veränderung der Anreizstruktur auslösen, welcher Strukturwandel diese Mechanismen in Gang setzt und so weiter. Jede Theorie lässt sich als infiniter Regress auf der Suche nach dem letzten Grund denken. Dies mag unter Umständen begrenzt sinnvoll sein, aber letztlich wird man nicht umhin kommen, irgendetwas als gegeben zu betrachten.

Je mehr Kausalmechanismen Sie in Ihre Theorie aufnehmen, desto komplexer wird sie und desto mehr Hypothesen lassen sich aus ihr ableiten. Falls Sie diesen Weg beschreiten sollten Sie sicherstellen, dass die Kausalmechanismen sich gegenseitig bedingen oder beeinflussen. Formulieren Sie keine Wäschelisten mit Einflussfaktoren, die alle irgendwie mit Ihrer abhängigen Variable zusammenhängen. Solche Versuche existieren in der Literatur, aber sie fallen nahezu nie konsistent aus. Folgen Sie diesen Beispielen nicht.

Integrierte Theorien lassen sich grundsätzlich in zwei Richtungen entwickeln: Entweder man beginnt mit der Hypothese, die man formulieren möchte, und wählt das entsprechende Kausalmodell und die Annahmen, welche die gewünschte Hypothese generieren. Oder man wählt plausible Annahmen und deduziert die Hypothesen, ohne dass man sich auf bestimmte Hypothesen versteift.

In der Regel greift der Prozess der Theorieformulierung auf beide Verfahren zurück. Selbst der große Einstein, der die Relativitätstheorie zu einem erstaunlich großen Teil von wenigen beobachteten Phänomenen (wie die Beobachtung, dass die Geschwindigkeit von Licht konstant ist) ausgehend ableitete, wollte die Prognose eines statischen Universums erzielen, und führte aus diesem Grund die kosmologische Konstante ein – die nach angeblicher Selbstaussage „größte Eselei" seines Lebens. Seine ursprünglichen Feldgleichungen der speziellen Relativitätstheorie hatte ein expandierendes Universum nahe gelegt – eine These, die Edwin Hubble 10 Jahre später bestätigte. Einstein vertraute offensichtlich seinem Glauben an ein konstantes Universum mehr als an die Logik seines Modells und an das Prinzip von Ockham's Razor[9] (das Parsimonitätsprinzip), das ihm nahe gelegt hätte, auf die kosmologische Konstante zu verzichten. Ironischerweise wissen wir heute, dass eine Art kosmologischer Konstante existiert, doch sie ist nicht stark genug, um ein konstantes Universum zu garantieren. Das Universum expandiert weiter und wenn die Kosmologen nicht irren, dann wächst es mit wachsender Geschwindigkeit.

2.4.2 Pfaddiagramme

Theorien müssen entwickelt werden. Sie fallen einem nicht einfach ein. Ideen zu Theorien mögen so entstehen, aber der Schritt von der Idee zur fertigen Theorie basiert auf Arbeit. Die wenigsten Studenten lernen, wie diese Arbeit von statten geht. Dieses Ausbildungsdefizit hat einen einfachen Grund: Es gibt keine fertigen, kommunizierbaren Strategien. Lediglich einige Heuristiken können vermittelt werden.

Nehmen wir an, Sie besitzen bereits die Leithypothese Ihrer Arbeit: x beeinflusst y (gegebenenfalls unter der Bedingung, dass z gilt). Warum denken Sie, dass x y beeinflusst? Gilt der von Ihnen behauptete Einfluss unter allen Umständen? Wenn Ihre Antwort negativ ausfällt: Welche Bedingungen müssen gegeben sein, damit der von Ihnen behauptete Zusammenhang gültig wird? Ist der Zusammenhang deterministisch oder probabilistisch, das heißt erhöht x die Wahrscheinlichkeit von y (probabilistisch) oder gilt, wenn x, dann *immer* y (deterministisch)?

Unterschätzen Sie diese letzte Frage nicht; sie besitzt erhebliche Konsequenzen. Wenn Sie keinen deterministischen Zusammenhang unterstellen, führen Fallstudien nicht sehr weit – zumindest solange unklar bleibt, ob der von Ihnen ausgewählte Fall einen Ausreißer darstellt oder nicht. Wenn eine Ursache in 98% der Fälle eine bestimmte Wirkung aufweist, in 2% der Fälle nicht, und wenn Sie Ihren Fall ohne besondere Vorkenntnisse festlegen, dann besitzen Sie logischerweise eine 2-prozentige Wahrscheinlichkeit, einen Ausreißer zu erwischen. Dieser Ausreißer verleitet Sie dann zu der fälschlichen Schlussfolgerung, zwischen x und y bestünde kein Zusammenhang. Die Antwort auf die Frage nach der Determiniertheit eines Zusammenhanges beeinflusst also im wesentlichen Ausmaß Forschungsdesign und die Methode.

Schauen wir uns eine einfache Kausalkette an:

$$x \to a \to y \qquad (1)$$

---

[9] Nach William von Ockham (oder Occam). Das Prinzip besagt, dass eine Erklärung eines Phänomens sowenig Annahmen wie möglich machen soll, und dass Forscher diejenigen Annahmen eliminieren soll, die keine Auswirkungen auf die Prognosen der Theorie besitzen. Diese Logik gilt natürlich nocht nur für die Anzahl der Annahmen, sondern auch für deren Komplexität.

Begründung der Leithypothese: Die Theorie

In diesem einfachen Fall beeinflusst x a und von dort geht eine Wirkung auf y aus. Möglicherweise ist der Einfluss von a auf y aber nicht unkonditional, sondern die Höhe des Effektes hängt ebenfalls von b ab, von dem wiederum eine direkte Wirkung auf y ausgeht? Nun, in diesem Fall erhalten wir das folgende Modell:

$$\left.\begin{array}{r} a \to \\ x \to a \cdot b \to \\ b \to \end{array}\right\} y \qquad (2)$$

Modell 2 unterscheidet sich von Modell 1 lediglich durch die Ergänzung um einen zweiten Wirkungsfaktor, der neben seiner eigenen Wirkung auch die Wirkung unserer vermittelnden Variable a auf y beeinflusst. Diese bereits vergleichsweise komplizierte Beziehung zwischen a, b und y lässt sich in quantitativen Designs unschwer in die folgende Schätzgleichung überführen:

$$y_i = \alpha + \beta_1 a_i + \beta_2 b_i + \beta_3 a_i b_i + \varepsilon_i \qquad (3)$$

wobei der Einfluss von b die Wirkung von a verstärkt, wenn $\beta_3 > 0$ und abschwächt wenn $\beta_3 < 0$. Von b muss dabei keineswegs ein eigener Einfluss auf y ausgehen. Wenn gilt:

$$x \to a \to y \quad wenn \quad b = 1 \qquad (4)$$

wobei b entweder den Wert 0 (nicht vorhanden) oder den Wert 1 (vorhanden) annehmen kann, dann können Sie diesen Zusammenhang ebenfalls mit Schätzgleichung 3 prüfen. In diesem Fall erwarten Sie $\beta_1 = 0$ und $\beta_2 = 0$, während β_3 einen Wert ungleich Null annimmt. Das bedeutet, dass a dann und nur dann den Einfluss in der Stärke des gemessenen Wertes von β_3 auf y ausübt, wenn $b=1$, also gegeben ist.

Ein mögliches Beispiel für eine solche Theorie stellt der Einfluss der Lufttemperatur (a) auf die Anzahl der Pflanzenarten (y) dar, wobei dieser Einfluss konditional zum Vorhandensein von Wasser (b) wirkt. In der Theorie erhöht die Durchschnittstemperatur die Anzahl der Arten, wenn den Pflanzen ausreichend Wasser zur Verfügung steht.

Um eine exakte Schätzung zu erhalten, müssen in der Regel einige Kontrollvariablen berücksichtigt werden, wie im vorliegenden Fall beispielsweise die Varianz der Temperatur, die

Varianz der Niederschlagsmenge und die Wasserspeicherfähigkeit des Bodens. In diesem Fall nehmen Sie Variablen in den Schätzansatz auf, die nicht in im Kausalmodell enthalten sind und da auch nicht reingehören. Diese nennen wir in deren aufsummierten Wirkung Z (wir sagen Z ist der Vektor der Kontrollvariablen):

$$y_i = \alpha + \beta_1 a_i + \beta_2 b_i + \beta_3 a_i b_i + \beta_4 z_i + \varepsilon_i \tag{5}$$

Wenn Sie diese Theorie anhand qualitativer Fallstudien überprüfen, müssen Sie mindestens drei Fälle so wählen, dass einmal $a=0$ und $y=0$ gelten. In den beiden anderen Fällen muss $a>0$ sein und in einem dieser beiden Fälle muss $b=0$ und einmal $b=1$ sein. Selbst unter diesen Umständen sind Sie außerstande, weitere Variablen zu kontrollieren. Das heißt, Ihre Fälle müssen außer in a, b und y identisch sein. Die Qualität des Projektes und der Ergebnisse hängt eindeutig davon ab, dass die möglichen unkontrollierten Einflussfaktoren *nicht* variieren. Zugleich müssen die Fälle hinsichtlich der von Ihnen überprüften Beziehung wie beschrieben voneinander abweichen.

Diese Theorien testen Sie nicht notwendigerweise allein dadurch, dass Sie einen Einfluss von a auf y nachweisen (oder eben auch nicht nachweisen). Sie sollten zudem eine Auswirkung von x auf a zeigen können. Erst in diesem Fall haben Sie Ihre Theorie in jedem Kausalschritt geprüft.

Das vordringliche Problem der Formulierung einer eigenen Theorie stellt die richtige Auswahl einer *optimalen* Theorie aus einem bunten Straus *möglicher* Theorien dar. Sie können sich der optimalen Theorie in einem lebendigen Forschungsgebiet annähern, indem Sie einige Vorstudien durchführen:

1. Befassen Sie sich mit den Ausreißern der bisherigen Forschung. Welche Begründung finden Sie für das abweichende Verhalten einer Beobachtung? Kann diese Erklärung zu einer Theorie verallgemeinert werden?
2. Analysieren Sie Fälle, welche die vorliegenden Theorien als ‚ähnlich' wahrnehmen, bei denen sich jedoch die Ausprägung der abhängigen Variable unterscheidet. Welche bislang von der Theorie nicht berücksichtigten Faktoren könnten diesen Effekt hervorrufen?
3. Vergleichen Sie die beiden Fälle, welche die jeweils extremste Ausprägung auf der abhängigen Variable aufweisen. Könnten bislang unberücksichtigte Faktoren diese extremen Werte hervorrufen? Was müsste sich in den Extremfällen ändern, damit sich die extreme Ausprägung der abhängigen Variable ändert?
4. Lesen Sie die Tageszeitung im Hinblick auf Aussagen von Praktikern. Lassen sich deren Positionen zu einer überprüfbaren Theorie verallgemeinern?
5. Konsultieren Sie Lehrbücher anderer, benachbarter Disziplinen. Können deren Lieblingserklärungen eine Auswirkung auf Ihre abhängige Variable aufweisen?

Wenn Sie in der Lage sind, die Platzhalter x und y in dem folgenden Satz zu ersetzen, haben Sie die erste Phase Ihrer Diplomarbeit oder Promotion zu einem erfolgreichen Abschluss gebracht:

Hauptargument:

x beeinflusst y (positiv/ negativ) [ggf.: unter der Bedingung, dass zugleich z], weil ...

Ein einziger, möglichst präziser Satz genügt an dieser Stelle. Im nächsten Kapitel, in dem es um die Formulierung einer Disposition geht, wird dieser Satz dann eine zentrale Rolle spielen und zu einem vollständigeren Argument ausgebaut.

Der schwierigste Teil des Hauptargumentes stellt nicht die Formulierung der These, sondern ihre Begründung dar. Wenn Sie die These so klar wie möglich formulieren, dann können Sie einige Bausteine Ihrer Argumentation sicherlich sofort identifizieren, andere hingegen trotzdem nicht. Fast immer bereitet es Diplomanden und Doktoranden Schwierigkeiten, die Annahmen so auszudrücken, dass sich die gewünschte These daraus ableiten lässt und ohne dass die Annahmen erkennbar unsinnig ausfallen. Natürlich kann man eine Reform wie die Einführung einer unabhängigen Notenbank durch eine Regierung damit erklären, dass das entsprechende Land zuvor schlechte Erfahrungen mit hohen Inflationsraten gemacht hat. Allerdings möchte man dann vielleicht auch wissen, wieso eine Regierung die Geldwertstabilität ruiniert, und eine andere zur Vermeidung hoher Inflationsraten nicht nur eine solide Geldpolitik betreibt, sondern die Entscheidung über die Geldpolitik ganz aus der Hand gibt. Kurz: Man möchte das Problem der zeitlichen Inkonsistenz politischer Entscheidungen verstehen, ohne welches die Gründung einer unabhängigen Zentralbank nicht zwingend zu sein scheint.

2.4.3 Colemans Badewanne

Sozialwissenschaftliche Theorien zielen darauf ab, soziales Verhalten auf exogene Faktoren zurückzuführen. Als ‚exogen' werden in der Regel Strukturen betrachtet. Gleichwohl weisen die Sozialwissenschaften erhebliche Probleme mit dem Endogenitätsproblem und potentiell umgekehrter Kausalität auf. Reduziert eine unabhängige Zentralbank die Inflationsrate, oder fällt es Ländern mit einer niedrigen Inflationsrate einfacher, die Zentralbankunabhängigkeit zu erhöhen? Wahrscheinlich eher ersteres, aber daraus folgt nicht, dass eine Regierung die Zentralbankunabhängigkeit völlig unabhängig von der Inflationsgeschichte des Landes erhöht.

Trotz dieser (nicht unlösbaren, doch auch nicht leicht zu lösenden) Probleme, zielen Sozialwissenschaften darauf ab, die Varianz sozialer Phänomene durch die Varianz struktureller Faktoren zu erklären. James Coleman (1990) weist darauf hin, dass die Rückbindung eines Makrophänomens an die Varianz einer Struktur eine unbefriedigende weil funktionalistische Theorie ergibt. Hier fehlt die Mikrologik, das ist die Begründung des Einflusses der Struktur auf das analysierte soziale Phänomen durch individuelle Motivationen, Handlungsoptionen, Handlungen und Interaktionen. Nach Coleman setzt eine vollständige sozialwissenschaftliche Theorie eine Mikroperspektive voraus, die den behaupteten Zusammenhang auf der

Makroebene erklärt und begründet. Mit anderen Worten: Eine vollständige sozialwissenschaftliche Theorie weist eine Makroebene und eine Mikroebene auf, so dass die Struktur zunächst das Kalkül und das Verhalten der Akteure beeinflusst, und dieses Verhalten dann ein Makrophänomen generiert. Abstrakt betrachtet besitzt das Schema folgendes Muster, welches den Begriff ‚Colemans Badewanne' nahelegt:

Abbildung 1: Das Prinzip von Colemans Badewanne

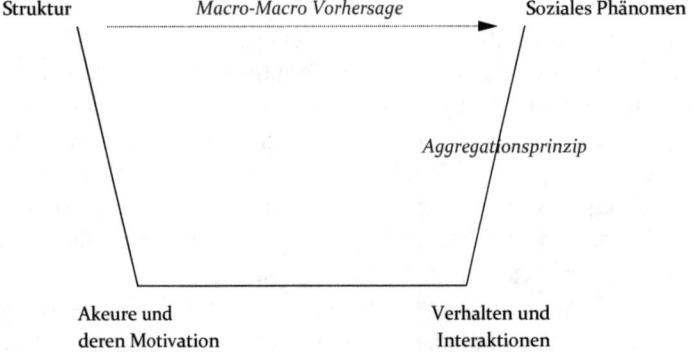

Abbildung 1 verdeutlicht den Zusammenhang zwischen Makroebene (oben) und Mikroebene (unten). Letztlich wird das soziale Phänomen durch die Struktur erklärt – oder besser: die Varianz des sozialen Phänomens wird durch die Varianz der Struktur erklärt. Dazu aber steigt man auf die Mikroebene hinab und begründet den Einfluss der Struktur durch die Motivation, die Handlungsoptionen, das Kalkül der Akteure sowie durch deren Individualverhalten und die sozialen Interaktionen.

Grundsätzlich sind Sozialwissenschaften an der Erklärung sozialer Phänomene durch eine Varianz auf der strukturellen Ebene interessiert. Lediglich die Erklärung bemüht individuelle Interessen, Interessenkonstellationen, und gegebenenfalls soziale Interaktion.

Natürlich existieren auch sozialwissenschaftliche Theorien, die sich nicht so ohne weiteres durch Colemans Badewanne wiedergeben lassen. Zum Beispiel existieren Theorien, die eine Varianz auf der Ebene des interessierenden sozialen Phänomens durch Unterschiede zwischen den Akteuren erklärt. Viele dieser Theorien (aber keineswegs alle) sind tautologisch. Nehmen wir das Beispiel der Risikoaversion. Es ist bekannt, dass unterschiedliche Anleger verschiedene Portfolios wählen. Ein Teil dieser Unterschiede geht auf Strukturunterschiede auf. Anleger weisen verschiedenes Alter auf, sie haben unterschiedlich viel Zeit, sich Informationen zu beschaffen, sie besitzen unterschiedliche Informationen, sie mögen abweichende Sekundärziele durch ihre Investition erzielen wollen (Verbesserung der Wettbewerbsfähigkeit inländischer Unternehmen, Schutz der Umwelt, soziales Engagement, und ähnliches), unterschiedlich hohes Einkommen, und so weiter. Doch Individuen weisen selbst dann ein unterschiedliches Investitionsverhalten, wenn man alle bekannten strukturellen Einflussfaktoren berücksichtigt. Diese Restabweichung könnte man Zufall nennen, genetische Prädisposition, Erziehung oder eben Risikoaversion. Fakt ist, Risikoaversion lässt sich nicht unabhängig von risikoaversem Verhalten beobachten. Die Erkenntnis, dass sich risikoscheue Individuen risikoscheu verhalten, scheint mir, gelinde gesagt, nur mäßig interessant und nicht gerade nobelpreisverdächtig.

Die Spieltheorie liefert ein anderes Beispiel für eine Theorie, die sich nur begrenzt durch Colemans Badewanne wiedergeben lässt. Die Spieltheorie erklärt das Ergebnis sozialer Interaktion durch eine optimale Strategiewahl der Akteure bei gegebener Interessenkonstellation. Die Interessenkonstellation lässt sich zweifellos als Struktur denken, doch vielfach zielen spieltheoretische Modelle nicht darauf, eine Varianz durch eine Varianz zu erklären, sondern ein eindeutiges Interaktionsergebnis durch eine ebenso eindeutige Präferenzkonstellation. So verstanden ist die Spieltheorie inhärent deterministisch, und kann erst durch mitunter recht willkürliche Zusatzannahmen über die Wahrscheinlichkeitsverteilung von Annahmen über Spielertypen, über Präferenzkonstellationen, oder über Informationsasymmetrien in die Lage versetzt, variierende Interaktionsergebnisse zu erklären. Ich persönlich denke, dass eine vollständige spieltheoretische Erklärung begründen sollte, warum Präferenzen, und Informationen unterschiedlich sind. Dann könnten unterschiedliche Outcomes durch unterschiedliche Konstellationen erklärt werden.

Das folgende Beispiel erklärt ein soziales Phänomen, nämlich ob sich Wähler von den Parteien im Parlament repräsentiert fühlen, durch Varianz auf der institutionellen Ebene, nämlich der Existenz eines Verhältnis- oder Mehrheitswahlsystems.

Abbildung 2: Colemans Badewanne und die Repräsentation von Wählerinteressen

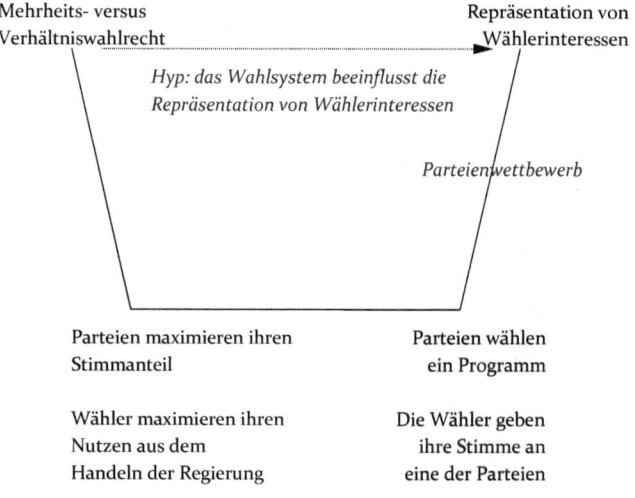

Natürlich geht es hier nicht darum, ob die stilisierte Theorie aus Abbildung 2 plausibel oder gar wahr ist (was immer das bedeutet). Die Theorie kann politische Repräsentation zumindest partiell erklären, da das Wahlsystem einen großen Einfluss auf die Anzahl der Parteien im Parlament und die Wahrscheinlichkeit der Entstehung neuer erfolgreicher Parteien ausübt. Mit mehr Parteien im Parlament steigen zugleich die Zentrifugalkräfte des Parteienwettbewerbs an: das Parteienspektrum beinhaltet mehr radikale Parteien und mehr Nischenparteien, wodurch die Repräsentation der Wähler zunimmt. Dies bedeutet nicht, dass andere Faktoren die von Wählern wahrgenommene Repräsentation nicht ebenfalls erklären. Grundsätzlich gilt: der Tatbestand, dass eine Theorie durch empirische Evidenz gestützt wird, macht andere Theorien nicht falsch – dies gilt selbst wenn diese andere Theorie einen exakt gegenteiligen Wirkungszusammenhang vorhersagt. Schließlich kann jeder Erklärungsfaktor das zu erklärende Phänomen über unterschiedliche und durchaus auch entgegen gesetzt wirkende Kausalprozesse beeinflussen.

Ich habe Colemans Badewanne hier vorgestellt, weil ich sie für ein geeignetes Instrument halte, um Schwachpunkte von Theorien im Frühstadium zu erkennen. In vielen Fällen resultieren die Probleme der Formulierung einer plausiblen und überzeugenden Theorie aus der Vernachlässigung der Mikroebene: Die Akteure sind unzureichend oder inkonsistent charakterisiert, sie verfügen über keine ausreichenden Handlungsalternativen, um das theoretische Modell mit Leben zu füllen, sie interagieren hölzern und mechanisch miteinander. In anderen Fällen resultieren die Probleme aus der Verbindung von Struktur und Akteuren. Warum handeln Akteure gegeben unterschiedliche strukturelle Gegebenheiten anders? Wie wirken sich Veränderungen der Struktur auf das Kalkül der Akteure aus? Letztlich können Probleme auch dadurch entstehen, dass es nicht leicht fällt von der individuellen Ebene auf die soziale Ebene zu aggregieren. Denken Sie dann daran, dass Sie Varianz erklären sollten, keinen statischen Einzelfall. Wenn Sie dies berücksichtigen, haben Sie meist wenige Probleme mit der Aggregation des individuellen Verhaltens auf die soziale Ebene.

Diskutieren Sie identifizierte Schwachpunkte Ihrer Theorie mit Kollegen, Ihrem Betreuer, anderen Studierenden. Vier Augen sehen mehr als zwei und zwei Gehirnen fallen mehr Ideen ein als einem.

2.4.4   Kriterien einer guten Theorie

Eine gute Theorie überzeugt Ihre Leser und fördert den wissenschaftlichen Erkenntnisprozess. Natürlich können wir nicht *a priori* wissen, welche Theorie diese Ziele erreicht. Umso wichtiger sind Kriterien, die uns sagen, wie Theorien beschaffen sein müssen, um wenigstens eine faire Chance zu besitzen, Leser zu überzeugen.

Viele Autoren scheinen zu denken, dass wichtigste Kriterium einer Theorie sei, dass sie „richtig" ist. Diese Annahme führt schnell zur Formulierung trivialer oder gar tautologischer Erklärungen. Einige Autoren scheinen auch zu glauben, dass Theorien umso besser sind, je mehr sie erklären. Dies führt in der Regel zur Formulierung von Erklärungen, die inkonsistente und beliebige Annahmen über Akteure machen. Tatsächlich sind Theorien weitgehend nutzlos, wenn man durch ad-hoc Veränderungen der Annahmen jede beobachtete Varianz begründen kann. Kurz, wenn immer Sie eine Theorie formulieren, denken Sie darüber nach, welche Beobachtung diese Theorie falsifizieren würde. Wenn Ihnen nichts auch nur halbwegs Plausibles einfällt, verwerfen Sie diese Theorie schnell.

Während der letzten vierzig Jahre, hat die Wissenschaftsphilosophie verschiedene Kriterien entwickelt, die mittlerweile weitgehend konsensual vertreten werden.

Erstens, und ich weiß, dass ich mich wiederhole aber man kann dies nicht häufig genug sagen, müssen Theorien falsifizierbar sein. Mit anderen Worten: Sie müssen Hypothesen formulieren, die falsch sein können. Man kann sogar einen Schritt weitergehen und argumentieren, dass zwei Sorten von Theorien wissenschaftlich unergiebig bleiben: Theorien die nahezu sicher falsch sind, die also problemlos falsifiziert werden können, muss man als irrelevant ansehen. Aber Theorien, die nahezu unzweifelhaft bestätigt werden, sind trivial. Dies bringt uns zu der Diskussion der *priors* und der Ambitionen zurück: Wenn Sie Ihre Theorie schildern und gemischte Reaktionen erhalten – wenn sich intuitive Unterstützung und Skepsis etwa die Waage halten – dann haben Sie eine interessante Theorie formuliert. Wenn Sie nur Skepsis ernten, sollten Sie schon sehr von Ihrer Theorie überzeugt sein, um unverändert weiter an ihr zu arbeiten. Und wenn Sie ausschließlich Bestätigung finden sollten Sie Ihre Theorie komplizierter machen.

Zweitens müssen Theorien die Realität vereinfachen. Theorien fallen dann optimal aus, wenn sie möglichst viele Phänomene mit möglichst einfachen Mitteln erklären. Das bedeutet: Ergänzen Sie Ihre Theorie nicht einfach um einen zusätzlichen Aspekt, nur weil Sie denken, dieser Aspekt sei im Einklang mit der Realität. Nur wenn der zusätzliche Aspekt die Erklärungskraft der Theorie maßgeblich erhöht, berücksichtigen Sie ihn. Theorien generalisieren über Klassen von Fällen. Orientieren Sie sich nicht an einzelnen Komplikationen, wenn Sie eine Theorie formulieren. Versuchen Sie eher das Gemeinsame zwischen den Fällen zu verstehen. Um Komplikationen können Sie sich später immer noch kümmern.

Drittens müssen Theorien konsistent sein. Das bedeutet zweierlei: Zum einen müssen sich Ihre Schlussfolgerungen und Ableitungen tatsächlich aus Ihren Annahmen ergeben. Und behaupten Sie das nicht lediglich. Überzeugen Sie Ihre Leser, dass Ihre Schlüsse logisch folgen. Zum anderen dürfen Sie keine Annahmen treffen, die nicht zu anderen Annahmen passen, die Sie ebenfalls treffen.

Viertens sollen Theorien mindestens einen (interessanten) Kausalmechanismus aufweisen. Wissenschaftler reagieren zu Recht ablehnend auf eine Korrelation, die keine Kausalität enthält. Auch wenn Störche und Babies über Zeit und über Regionen hinweg positiv korrelieren: Störche bringen keine Babies. Und auch andere Korrelationen sind nur Korrelationen. Sie benötigen einen Mechanismus; etwas, das erklärt, warum Akteure ihr Verhalten verändern.

Seien Sie möglichst explizit über Ihre Annahmen und über Ihren Kausalmechanismus und entwickeln Sie Ihre Folgerungen und Hypothesen logisch und konsistent. Und schon verfügen Sie über Ihre Argumentation.

2.5 Check-Liste Kapitel 2

Formulieren Sie Ihr wissenschaftliches Problem.

Worin besteht die Varianz, die Sie erklären wollen?

Welche Erklärung besitzen Sie für die Varianz?

Kann diese Erklärung falsch sein?

Liegen konkurrierende Erklärungen vor?

Kennen Sie Ihr zentrales Argument? Formulieren Sie dieses in fünf Sätzen und auf einer Seite!

Entwerfen Sie ein Pfeildiagramm Ihres Arguments.

Skizzieren Sie Ihre Theorie mit Hilfe von Colemans Badewanne.

Identifizieren Sie die Schwachpunkte Ihrer Theorie und arbeiten Sie an der Überwindung der Schwachpunkte.

Auf welchen Annahmen basiert Ihr Argument? Können Sie erklären, warum sich die Akteure so verhalten, dass Ihr Argument gültig ist? Begründen Sie Ihre Annahmen!

Unter welchen Bedingungen ist Ihr Argument gültig?

Was passiert, wenn Sie Ihre Annahmen geringfügig ändern?

Welche Beobachtung würde Ihr Argument falsifizieren? Ist diese Möglichkeit ausreichend wahrscheinlich?

Haben Sie die Durchführbarkeit Ihrer Analyse geprüft?

3 Erhebung, Sichtung und Kategorisierung der relevanten Literatur

Automobilbauer nennen den Zeitpunkt der Vereinigung von Motor und Chassis ‚Hochzeit'. Einen ganz ähnlichen Begriff könnte man dem Zeitpunkt im Forschungsprozess geben, an dem man das eigene Argument und die vorhandene Literatur zusammenführt und die wissenschaftliche Leistungsfähigkeit und Bedeutung der eigenen Arbeit formuliert. Möglicherweise stellen Sie fest, dass Hochzeiten gelegentlich enttäuschend ausfallen. Ihr Argument kann bereits mehrfach von anderen Autoren in identischer oder nahezu identischer Form formuliert worden sein, im ungünstigsten Fall wurde das Argument bereits mehrfach verworfen.

In beiden Fällen sollten Sie sich nicht notwendigerweise entmutigen lassen. Denken Sie im zweiten Fall zunächst darüber nach, ob das Argument vielleicht auf einer Antecedenzbedingung basiert, die Sie bislang nicht bedacht haben und welche die Autoren, die Ihre Hypothese ablehnen, ebenfalls ignorieren.[10] Möglicherweise weist die konkurrierende Studie ein fehlerhaftes oder nicht gut begründetes Forschungsdesign auf. Gehen Sie davon aus, dass nicht alle publizierten Ergebnisse in Stein gemeißelte Wahrheiten enthalten. Im Gegenteil: Oft genug werden reichlich unplausible Arbeiten veröffentlicht. Schließlich kann es auch sein, dass die Autoren einen linearen Zusammenhang überprüften, während Ihre Theorie einen nicht-linearen oder lediglich konditionalen Zusammenhang vorhersagt.

Selbst wenn jemand anders bereits Ihre Hypothese vertritt, können Sie immer noch eine Erweiterung vornehmen, welche die Autoren vor Ihnen übersehen. Vielleicht gib es nicht nur einen direkten kausalen Zusammenhang zwischen der von Ihnen identifizierten Ursache und den abhängigen Variable, sondern zusätzlich auch einen indirekten Zusammenhang? Vielleicht können Sie die These stärker generalisieren als alle Autoren vor Ihnen oder Sie können sie auf einen Anwendungsfall übertragen, für den sie bislang nicht zur Erklärung herangezogen wurde.

Lassen Sie sich von der bereits existierenden Literatur nicht entmutigen. Sie werden schon eine Lücke finden, indem Sie das Argument generalisieren, präzisieren, oder übertragen. Sie stellen sich keineswegs besser, wenn zu Ihrem Problem überhaupt noch keine Arbeiten vor-

---

[10] Fachbegriffe der Wissenschaftstheorie werden in Anhang 9.1 definiert und erläutert.

liegen. Aus pragmatischer Sicht stellt dies das *worst case scenario* dar. Ohne eine wissenschaftliche Debatte bereitet Ihnen die Formulierung des Literaturteiles Probleme. Darüber hinaus wird es Ihnen schwerer fallen, mit Ihrem Argument in der wissenschaftlichen Diskussion Gehör zu finden und Karriere zu machen. Argumente, die noch niemand vorgetragen hat, weil sie vermutlich niemanden interessieren, sollten Sie meiden. Sie können deshalb nicht von der Abwesenheit veröffentlichter Forschung zu einem Thema auf die Attraktivität des Themas schließen. Es gibt schlicht und ergreifend zu viele Gründe und darunter zu viele gute Gründe, aus denen sich die Wissenschaft mit einer bestimmten Thematik nicht befasst. Deshalb müssen Projekte anders begründet werden als mit der Behauptung, dass bislang niemand ein bestimmtes Phänomen analysiert hat.

Wie auch immer: Um das Vorliegen eines der genannten Probleme erkennen zu können, muss man einen sehr guten Überblick über die Literatur besitzen. Dafür eignen sich Bibliothekskataloge relativ schlecht und Literaturdatenbanken relativ gut. Der nächste Abschnitt erklärt die Verwendung der zweifellos wichtigsten sozialwissenschaftlichen Datenbank.

3.1 Welche Literatur ist ‚relevant'?

Das erste Problem der Literaturrecherche lautet nicht: *Wo anfangen?* sondern: W*onach suchen?* Wer nicht präzise weiß, wonach er in der Fülle der vorhandenen Literatur sucht, dem ergeht es schlimmer als demjenigen, der die Nadel im Heuhaufen finden muss. Er muss – um im Bild zu bleiben – eine bestimmte Nadel in einem unbekannten Heuhaufen finden. Aber so leicht, wie man scheitern kann, so einfach gelingt die Recherche, wenn man weiß, wo und wie man suchen muss.

Beginnen Sie mit der Suche nach Literatur, die einen Beitrag zur Erklärung Ihrer abhängigen Variable leistet. Wenn Sie den Einfluss der Globalisierung auf die Staatsausgaben erforschen wollen, dann suchen Sie zunächst nach Literatur, welche entweder den Anteil der Staatsausgaben am Bruttoinlandsprodukt zu erklären sucht, oder die sich mit dem Anstieg der Staatsquote in der Nachkriegsperiode befasst. Wenn bei dieser Suche alles glatt verläuft, finden Sie vier Typen von Erklärungen: Wohlfahrtseffekte, worunter man die Zunahme des Konsums von Dienstleitungen fassen kann, parteipolitische Präferenzen, sozio-ökonomische Effekte wie den Anstieg der Rentenempfänger und der Sockelarbeitslosigkeit, sowie internationale wirtschaftliche Integration.

Diese Liste beschreibt die primär bedeutsame Literatur, das heißt die Literatur, die Sie in der Literaturbesprechung Ihrer Arbeit kategorisieren und gegebenenfalls kritisieren.[11]

Andere Literatur besitzt für Ihren Literaturteil keine Bedeutung. Sie müssen nicht schildern, wie, weshalb und warum die außenwirtschaftliche Offenheit der Staaten zunahm, Sie müssen nicht begründen, warum es zu einem Anstieg des Anteils der Rentenempfänger and der Ge-

---

[11] Kritisieren heißt nicht ‚schlecht machen' sondern ‚fair bewerten'.

samtbevölkerung kam. Sie sollten allerdings zeigen, warum eine Regierung auf einen Anstieg der außenwirtschaftlichen Offenheit durch eine Veränderung der Fiskalpolitik reagiert. Diese Literatur diskutieren Sie zwar nicht im Literaturteil, doch Sie benötigen Sie in Ihrem eigenen Theorieteil. Aus diesem Grund besitzt diese Literatur ebenfalls Relevanz für Sie. Und wenn Sie schon dabei sind, dann betrachten Sie die einzelnen kausalen Verbindungen Ihrer Theorie genauer. Gegebenenfalls benötigen Sie später für jede einzelne Beziehung zwischen zwei Variablen Referenzen aus der Literatur.

Gehen wir davon aus, dass Sie eine qualitative Studie zu einem Fall schreiben wollen, der bislang nicht analysiert wurde. Literatur, welche die Varianz Ihrer abhängigen Variablen begründet, liegt somit nicht vor. Daraus folgt nicht, dass keine veröffentlichten Arbeiten zu Ihrem Problem existieren. Sie müssen aber den Typus Ihres Problems identifizieren, und die Erklärungen anderer Wissenschaftler zu anderen, ausreichend ähnlichen Fällen in Ihrem Literaturteil als konkurrierende Erklärungen diskutieren.

Das scheinbare Fehlen von Literatur zu einem Thema stellt möglicherweise eine Folge der fehlenden Abstraktion dar. Wenn Sie ‚Ihren' Fall nicht als Einzelfall betrachten, sondern als ein Beispiel für eine Klasse von Fällen, existiert vermutlich keine Thematik, zu der nicht bereits Artikel und Bücher gibt.

Diese finden Sie leicht. Dazu greifen Sie am besten auf Literaturdatenbanken zurück – am besten auf den *Social Science Citation Index* wenn Sie Sozialwissenschaftler sind, den *Arts and Humanities Citation Index* als Geisteswissenschaftler (lesen Geisteswissenschaftler dieses Buch?), als Naturwissenschaftler benutzen Sie den *Science Citation Index*. Da der Aufbau und die Abfragemaske der Datenbanken einheitlich sind, beschränke ich mich hier auf das Beispiel des SSCI.

3.2 Literaturerhebung mittels Literaturdatenbanken

Wissenschaft gilt zu Recht als ein kumulativer Prozess. Jede einzelne wissenschaftliche Arbeit zielt darauf ab, das gesammelte Wissen ein kleines Stück zu erweitern. Viele Artikel werden diesem Ziel nicht gerecht. Die Autoren wiederholen Altbekanntes und manchmal sich selber. Wieder andere Autoren formulieren zwar innovative Gedanken, aber es misslingt ihnen, ihre Arbeiten an die relevante Literatur anzubinden.

Das Formulieren eines Literaturteiles setzt eine sorgfältige Erhebung der bereits veröffentlichten Arbeiten zum selben Thema voraus. Die Literaturerhebung muss zielgerichtet und darf keinesfalls blindlings vorgenommen werden. Ihr Ziel muss darin bestehen, die Literatur zu kategorisieren und Ihre These zumindest partiell von allen Theorien abzugrenzen. Am Ende der Literaturrecherche müssen Sie sagen können, was an Ihrer Arbeit innovativ ist und worin Ihr Beitrag besteht.

Wenn Sie in einer Bibliothek nach den maßgeblichen Arbeiten zu einem Thema suchen, können Sie leicht Monate dort zubringen, ohne dem Ziel wesentlich näher gekommen zu sein. Deshalb nutzt man neben Lehrbüchern und Überblicksartikeln vor allem Literaturdatenbanken für eine Literaturerhebung.

Benutzen Sie keine veralteten oder schlechten Lehrbücher zur Literaturrecherche. Leider liegen geeignete Lehrbücher nur in wenigen Forschungsgebieten vor. Den gleichen Zweck erfüllen Überblicksartikel, wie sie in der Annual Review of Political Science, dem Annual Review of Sociology,[12] oder im Journal of Economic Literature veröffentlicht werden. Obwohl dort nicht alle Themen regelmäßig diskutiert werden, lohnt ein Blick, da die Mehrzahl der in diesen Journalen veröffentlichten Beiträge die aktuelle Literatur perfekt einordnet und einen recht vollständigen Überblick gibt.

Allerdings dürfen Sie sich von diesen veröffentlichen Literaturdiskussionen nicht blenden lassen. Ihre Literaturbesprechung dient nicht allein dem Zweck, die Literatur angemessen wiederzugeben und den Forschungsstand aufzuarbeiten. Sie müssen *vor allem* zeigen, dass Ihre Idee dieser Literatur einen zusätzlichen Aspekt hinzufügt. Schon aus diesem Grund sollten Sie veröffentlichte Literaturbesprechungen nicht zu eng übernehmen. Und dann gibt es da noch dieses hässliche Wort ‚Plagiat' (siehe Anhang 9.4).

In vielen Forschungsgebieten gibt es weder gute Lehrbücher noch geeignete Überblicksartikel. Unter diesen Bedingungen kann man in solchen Fällen die zu bearbeitende Problemstellung wechseln oder verändern. Aber dies ist nicht zwingend. Sie können ebenso gut einen eigenen, selbstständigen Literaturüberblick erstellen, zumal dieser schnell und problemlos angefertigt werden kann.

Um einen Überblick über die vorhandene Literatur zu bekommen, greift man auf Literaturdatenbanken zurück, von denen der Social Science Citation Index am bekanntestes und geeignetsten für die Sozialwissenschaften ist. Die Mehrzahl der Bibliotheken besitzt den SSCI in elektronischer Form. Trifft das für Ihre Bibliothek nicht zu, denken Sie – falls die Zeit dafür noch ausreicht – über einen Wechsel der Universität nach. Das mag zwar übertrieben klingen, aber ich meine das keineswegs nur als Witz: Schlechte wissenschaftliche Arbeitsbedingungen liefern Ihnen ein wichtiges Indiz für eine schlechte Ausbildung.

Gegenüber anderen Literaturdatenbanken besitzt der SSCI den Vorteil, die zu einem Suchbegriff oder zu einer booleschen Kombination verschiedener Suchbegriffe gefundene Literatur entsprechend der Zitationshäufigkeit sortieren zu können. Das kann zwar auch Google Scholar.[13] Doch gegenüber Google Scholar besitzt der SSCI und andere ISI ‚Web of Science'-Datenbanken[14] den Vorteil, nicht ohne weiteres manipulierbar zu sein. Die Anzahl der Zitationen, die Google Scholar nennt, kann dadurch ad absurdum geführt werden, dass man eine eigene Webpage anlegt, in der viele Dokumente, die eine Literaturliste aufweisen, eigene (oder jemand anderes) Artikel zitieren. Die ISI-Produkte vermeiden dieses Problem durch (mehr oder weniger) rigorose Selektion der ausgewählten Fachzeitschriften. Sie sind deshalb

---

[12] http://www.annualreviews.org/

[13] http://scholar.google.com/

[14] http://isiwebofknowledge.com/

in einem engeren Sinn nicht manipulierbar. Man kann sicherlich seine Manuskripte bei SSCI-Journalen einreichen anstatt bei Feld-, Wald-, und Wiesen-Fachzeitschriften. Es gibt ohnehin keinen Grund, ein Manuskript, das einen echten Beitrag leistet, in einem nicht ausgewerteten Journal oder gar einem Sammelband zu verstecken.

Die für Sie wichtigste Literatur sind zunächst diejenigen Arbeiten, die exakt Ihre Forschungsfrage behandeln. Suchen Sie deshalb zu Beginn der Recherche nach den Schlagwörtern, die in Ihrem Arbeitstitel auftauchen. Erst wenn diese Suche wenig Erfolg zeigt, greifen Sie auf allgemeinere, übergeordnete Begriffe zurück. Anhang 9.2 gibt eine kurze Einführung in das *Web of Science* und den *Social Science Citation Index*.

Meistens muss man einige wenige Operationen durchführen, um die Literatur zu einem Thema nach Relevanz zu ordnen: Wählen Sie zunächst „general search" aus. Dann tragen Sie in das Feld „topic" einen ersten Suchbegriff ein, zum Beispiel ‚government spending'. Search limits setzen Sie auf „articles", um die Suche zu begrenzen. Für den Begriff ‚government spending' weist der SSCI im Dezember 2011 beispielsweise 859 Artikel aus. Anschließend gehen Sie zurück zur Abfragemaske. Dort tragen Sie den zweiten Begriff ein, zum Beispiel ‚capital controls', ‚capital flows' oder ‚capital account liberalization'. Für ‚capital controls' werden 275 Artikel ausgewiesen.

Nun klicken Sie auf den Schalter ADVANCED SEARCH (in der obigen Schalterreihe) und sehen Ihre letzten Abfragen. Dort schreiben Sie in das SEARCH Feld

#1 AND #2

wobei #1 als Platzhalter für die erste und #2 als Platzhalter für die zweite Abfrage steht. Diese Operation gibt Ihnen demnach die Schnittmenge aus Suchbegriff 1 und 2 aus. Alternativ können Sie auch in SEARCH bereits nach „government spending AND capital controls" suchen.

Eine bessere Strategie besteht darin, zunächst die Vereinigungsmengen aus

„government spending" und „public sector size"

sowie aus

"capital controls", "capital flows" und "capital account liberalization"

zu bilden.

Das geschieht mit

#1 OR #2

und

#3 OR #4.

Aus diesen beiden Vereinigungsmengen bilden Sie die Schnittmenge:

#5 AND #6.

Alternative können Sie gleich

(#1 OR #2) AND (#3 OR #4)

eingeben.

Wenn Sie eine weniger restriktive Abfrage vornehmen, erhalten Sie natürlich mehr Treffer, was insbesondere am Beginn einer Arbeit sinnvoll sein *kann*. In diesem Fall sortieren Sie die ausgegebenen Artikel nach ihrer Zitationshäufigkeit. Dazu dient das CITATION REPORT - Feld auf der rechten Bildseite. In Anhang 9.2 sehen Sie das Fenster, welches Sie in der derzeit gültigen SSCI-Version erhalten.

Nun kennen Sie „die Klassiker" in Ihrem Forschungsgebiet.

Sie können diese Treffer auch exportieren – in eine Datenbank, ein Excel-Tabellenblatt oder ein Literaturverwaltungsprogramm wie EndNote. Dazu müssen Sie entweder einen OUTPUT RECORD definieren (beispielsweise Treffer 1-100), diese der markierten Liste hinzufügen, in der oberen Schaltflächenleiste auf MARKED LIST wechseln, und die Informationen auswählen, die Sie exportieren wollen (zum Beispiel den Abstract und die Zitationshäufigkeit!). Danach wählen Sie die Outputoption (z.B. tab delimited windows) oder Endnote Web und exportieren die Liste. Diese Liste können Sie dann in Excel oder ein Datenbankprogramm einlesen. In der aktuellen Version der ISI-Datenbanken besitzt die Exportfunktion übrigens stark verbesserte Optionen. Oder Sie benutzen den Direktexport in ein Literaturverwaltungsprogramm wie EndNote und bearbeiten Ihre Trefferliste dort weiter.

Exportierte Listen stellen neben den Autorennamen und dem Titel des Artikels auch exakte Informationen zur Fundstelle zur Verfügung. Wenn Sie an einer gut ausgestatteten Universität studieren oder promovieren, können Sie direkt von der SSCI Ausgabe zu einer elektronischen Version des entsprechenden Journals wechseln und die Artikel als pdf-Datei auf Ihrem Computer speichern. Sprechen Sie mit den Bibliotheksmitarbeitern über den Zugang zu E-Journals.[15]

In der gegenwärtigen Version erlauben die ISI-Literaturdatenbanken zwei verschiedene Analysen: Neben der Sortierung der Treffer entsprechend der Zitationshäufigkeit können Sie die ANALYSE Schaltfläche benutzen, um deskriptive Statistiken der Häufigkeit von Autoren, Journalen, Institutionen, Nationalitäten und des Publikationsjahres der Treffer Ihrer Suchabfrage zu erstellen. Diese Analysen liefern Ihnen Informationen der wichtigsten Zeitschriften in Ihrem Forschungsgebiet, der einschlägigen Autoren, und der Modejahre für Ihr Projekt.

Sollten Sie sich wirklich mit ‚government spending' befassen wollen, stellen Sie fest, dass Devereaux am häufigsten vertretene Autor ist, dass *Public Choice* und das *Journal of Public Economics* die meisten Artikel zum Thema publizieren, und dass das Thema noch immer an Bedeutung gewinnt (dieses Ergebnis wird dadurch beeinflusst, dass die Anzahl der pro Jahr

---

[15] Auch hier gilt: Wenn Ihre Bibliothek keinen E-Journal Zugang besitzt und Sie noch über genügend Zeit verfügen, können Sie wieder über einen Wechsel der Universität nachdenken. Dies gilt umso mehr, je eher Sie an einer wissenschaftlichen Karriere interessiert sind: Sie konkurrieren schließlich mit Wissenschaftlern, deren Universität ihnen bessere Arbeitsbedingungen bietet.

ausgewerteten Artikel zunimmt, da die Zahl der Journale in der Datenbank steigt und Journale heutzutage mehr Artikel veröffentlichen als beispielsweise vor 10 Jahren).[16] Sie werden auch finden, dass die Wirtschaftswissenschaftler Dani Rodrik und Robert Barro die am meisten zitiertesten Artikel zum Thema veröffentlicht haben.

Natürlich stellen Sie schnell fest, dass nicht alle Beiträge eine Bedeutung für Ihr Projekt besitzen. Dennoch beschleunigt der Rückgriff auf eine Literaturdatenbank den Arbeitsprozess deutlich, zumal Ihnen der SSCI mit der Zitationshäufigkeit Informationen über die Relevanz der Artikel gibt, die Sie ansonsten kaum sammeln könnten. Auf diese einfache Weise erkennen selbst Neulinge und Laien in einem Forschungsgebiet dessen klassische Texte. Man sollte allerdings beachten, dass es zwei Jahre dauert, bis Publikationen erstmals zitiert werden und knapp fünf Jahre, bis man an der Anzahl der Zitationen die relative Bedeutung eines Artikels ablesen kann. Über die jüngere Literatur müssen Sie sich deshalb ein eigenes Urteil bilden. Doch das empfiehlt sich als generelle Lebensmaxime.

Es zahlt sich aus, alle ‚klassischen' Veröffentlichungen und eine Auswahl an aktuellen Veröffentlichungen in den Literaturüberblick aufzunehmen. Wenn die Klassiker fehlen, fällt das negativ auf. Wenn die jüngere Literatur fehlt, wirkt die Arbeit schnell am Forschungsstand vorbei geschrieben.

Nach einiger Arbeit mit dem SSCI besitzen Sie einen Überblick über die Zeitschriften, die für Ihre Forschungsfrage Relevanz besitzen. Hier wurden nicht nur die Klassiker publiziert, hier findet sich zugleich der Großteil der jüngeren Arbeiten zu Ihrem Thema.

Übrigens: Neue Forschungsergebnisse werden fast immer in wissenschaftlichen Zeitschriften publiziert. Selten finden sie Eingang in Monografien und beinahe nie tauchen sie in einem Sammelband zuerst auf. Und selbst wenn letzteres häufiger der Fall wäre: es stellt ein geradezu hoffnungsloses Unterfangen dar, Sammelbände auf wichtige Publikationen hin zu durchforsten. Beginnen Sie deshalb auf keinen Fall in Sammelbänden mit der Literaturerhebung. Lehrbücher eignen sich prinzipiell als Grundlage für den *ersten Kontakt* mit der Literatur. Wer aber eine Qualifizierungsarbeit allein auf der Grundlage ausgewählter Lehrbuchtexte verfasst, verfehlt zumindest ein universitäres Lernziel. Eine universitäre Ausbildung soll Sie nämlich in die Lage versetzen, selbst komplizierte Zusammenhänge schnell zu durchdringen und zu verstehen, sowie diese allgemeinverständlich wiederzugeben. Den Nachweis dieser Befähigung erbringen Sie nicht, wenn Sie argumentativ an Lehrbuchtexten kleben.

Die sorgfältige Erhebung der vorhandenen Literatur dient letztlich dem Erreichen von drei Zielen: Erstens soll Ihr eigener Beitrag deutlich werden, zweitens erleichtern Sie sich die Formulierung Ihres eigenen Argumentes dadurch, dass Sie einzelne Argumentationsschritte aus anderen Arbeiten übernehmen, und drittens wirkt die eigene Argumentation durch den Anschluss an bekannte Argumentationsmuster überzeugender. Jeder Wissenschaftler kennt die Frustration, die entsteht, wenn seine Gutachter einen innovativen Artikel ablehnen, weil

---

[16] Anmerkung: Ich hätte diese Information gerne für die dritte Auflage überprüft, doch der Social Science Citation Index weist derzeit (November 2011) ein Problem mit den zuständigem Java-Script auf.

die Argumentation bekannte Argumentationsmuster nicht ausreichend berücksichtigt oder diese gar verletzt.[17]

3.3 Kategorisierung der relevanten Literatur

Man darf den Literaturüberblick nicht mit dem Literaturteil des zu schreibenden Textes verwechseln. Der Überblick dient zu nichts anderem als bereits sein Name aussagt: Er liefert *Ihnen* einen Überblick über die wichtige Literatur. Da Sie selbst der Adressat sind, besteht keine Notwendigkeit, den Literaturüberblick schriftlich zu formulieren. In vielen Fällen genügt es, eine Tabelle anzufertigen, welche mindestens die folgenden Informationen enthält:

- Autor
- Publikation
- Fundstelle
- zentrales Argument
- Skizze der Argumentationskette
- Zugehörigkeit des Autors zu einem Ansatz oder einer Denkschule

Sobald die Tabelle an Umfang gewonnen hat, erlaubt sie eine relativ einfache Gruppierung und Kategorisierung einzelner Publikationen. Dafür dient die letzte Spalte, die Sie erst dann ausfüllen, wenn Sie bereits einen guten Überblick über die Literatur in Ihrem Forschungsfeld besitzen. Je mehr Texte Sie zu einem Thema gelesen haben, desto einfacher fällt Ihnen die Kategorisierung zusätzlicher Arbeiten. Nach einiger Zeit schauen Sie sich lediglich die Zusammenfassung eines Artikels an und sind dennoch bereits in der Lage, ihn einer Kategorie zuzuweisen und den individuellen Beitrag zur Literatur zu erkennen – falls ein solcher existiert.

Sie werden schnell merken, dass in wenigen Forschungsgebieten mehr als drei oder vier unterschiedliche Ansätze nebeneinander existieren. Häufig weichen Publikationen lediglich im Anwendungsbereich voneinander ab; die theoretische Argumentation gleicht sich dagegen wie ein Ei dem anderen. Für Ihren Zweck sind diese Publikationen identisch.

Der Liste relevanter Informationen können Sie entnehmen, dass empirische Ergebnisse nicht von Interesse sind wenn Sie an Ihrem Literaturteil arbeiten. Tatsächlich wird man lediglich Argumente und Theorien im Literaturteil diskutieren und die Ergebnisse empirischer Analysen ignorieren. Dies gilt, solange Sie nicht darauf abzielen, die Existenz entgegengesetzter Ergebnisse zu erklären. Dann würden Sie in Ihrem Literaturteil diese kontroversen Ergebnis-

---

[17] Das bekannteste Beispiel stellt Akerlofs ‚Market for Lemons' Artikel dar (Akerlof 1970). Akerlof nahm asymmetrische Informationen zwischen Verkäufer und Käufer an und argumentierte, dass diese Situation hochwertige Produkte aus dem Markt treibt. Aus heutiger Sicht ist nichts falsch an dieser Argumentation, doch Akerlof scheiterte einige Male an neoklassisch denkenden Gutachtern, die unwillig waren, die Annahme asymmetrischer Information zuzulassen.

se und deren Erklärungsversuche diskutieren. Auf die Diskussion empirischer Ergebnisse kommen Sie in Ihrem Empiriekapitel zurück.[18]

3.4 Ein notwendiger Exkurs: Effizient Lesen

An dieser Stelle lohnt sich ein Exkurs über das Lesen. Die Universität bringt den Studierenden bei, für den Tag der Klausur oder der mündlichen Prüfung zu lernen. Gleichzeitig wird in diesen Prüfungen nicht Verständnis sondern Wissen abgefragt. Die Studierenden lernen Texte auswendig, um präzise und ‚richtige', weil lehrbuchkonsistente Antworten zu geben. Im wissenschaftlichen Alltag, der spätestens mit der Diplomarbeit beginnt, sind diese präzisen Kenntnisse irrelevant, da man im Zweifelsfall ja nachschlagen kann, was der Autor tatsächlich meint. Stattdessen ist ein breiter Überblick über die Literatur gefragt (Cohen 2002: 585), der aber fatalerweise oft nicht vermittelt wird.

Von diesem Maßstab aus betrachtet, liest die große Mehrheit der Studierenden zu wenig und zu langsam. Beides hängt unmittelbar miteinander zusammen. Studierende weisen dem Lesen ein Zeitbudget zu; je langsamer Sie lesen, desto weniger lesen Sie. Wenig Lesen gefährdet jedoch den Überblick über die relevante Literatur und letztlich den Studienerfolg. Nur wenn Sie die 30-40 wichtigen Artikel und die 3-8 relevanten Bücher zur Ihrer Problemstellung gelesen haben, können Sie die Literatur kategorisieren. Um 40 Artikel und 3 Bücher zu lesen, kann man vier Wochen und länger benötigen; es geht aber auch in anderthalb Tagen oder wenn es sein muss auch in vier Stunden.

Eine hohe Lesegeschwindigkeit setzt eine Fähigkeit voraus, die als Querlesen bekannt und als Überfliegen berüchtigt ist. Selbst wenn die Technik des selektiven Lesens nicht überall einen guten Leumund besitzt, sollte man sie so früh wie möglich erlernen. Man kann es ja für sich behalten.

Wie liest man wissenschaftliche Artikel in hoher Geschwindigkeit? Zunächst einmal sollte man sich davon leiten lassen, was man von einem Artikel will. Da jeder Artikel (bestenfalls) ein kleines eigenes Argument enthält, suchen Sie zunächst nach Passagen, die das Argument des Autors zusammenfassen. Diese Passagen lassen sich leicht finden: Das zentrale Argument steht typischerweise in der Zusammenfassung des Artikels, dem Abstract, in der Einleitung entweder im ersten oder häufig auch den beiden letzten Absätzen sowie im ersten Absatz der Schlussfolgerungen beziehungsweise des Fazits. Falls Sie in diesen Passagen keine zentrale Aussage identifizieren, verzweifeln Sie nicht: Es gibt eine Unzahl an Artikeln, die keine zentrale Aussage enthalten. Am besten, Sie übergeben den betreffenden Artikel dem Altpapier.

---

[18] Dies gilt natürlich nur, wenn Ihre Arbeit theoretisch motiviert ist. Zielen Sie dagegen darauf ab, widersprüchliche empirische Ergebnisse zu erklären oder geht es Ihnen um einen primär methodischen Einwand gegen empirische Analysen, müssen Sie selbstverständlich empirische Ergebnisse im Literaturteil diskutieren.

Wenn Sie eine Kernaussage finden, haben Sie sich den Text bereits zur Hälfte erschlossen. Um den Beitrag zusätzlich einem Ansatz zuzuordnen, müssen Sie die Annahmen des Artikels finden. Diese werden typischerweise am Anfang des Theorieteiles angegeben. Einige Autoren verschweigen ihre Annahmen jedoch ganz – entweder, weil diese Standard sind und keiner Erwähnung bedürfen, oder, weil sich die Autoren keine Gedanken über ihre Annahmen machen.

Eventuell enthält der Beitrag empirische Informationen, die sich für Sie als nützlich erweisen. Quantitative Analysen sollten Sie dahingehend prüfen, ob ein Baselinemodell entwickelt wird. Auf welche Kontrollvariablen greift der Autor zurück? Qualitative Studien geben Ihnen wichtige Informationen über Ihren Fall; dennoch zahlt sich die Anfertigung eigener Fallstudien auf der Grundlage von Originalquellen in der Regel aus.

Um diese Informationen zu sammeln, benötigen Sie wenig Zeit. Viele Passagen bleiben für Ihre Frage unbedeutend. Die lassen Sie aus, andere überfliegen Sie lediglich. Das wiederum geht am schnellsten, wenn Sie den Text nicht zeilenweise lesen (wie Sie beispielsweise einen guten Roman lesen würden), sondern indem Sie Absätze im Ganzen betrachten und lediglich die Substantive lesen. Finden Sie ein Catch-Word, das Ihnen interessant erscheint, können Sie den Absatz immer noch ganz lesen.

Schnelllesen muss man während des Studiums lernen. Das gelingt am besten zu zweit oder in kleinen Gruppen: Lesen Sie innerhalb Ihrer Gruppe die gleichen Texte, geben Sie sich 10 Minuten Zeit und reden Sie anschließend untereinander über den Inhalt. Sie werden sehen, dass Sie alle zentralen Informationen nach 10 Minuten bereits kennen. Alles, was Sie durch sorgfältigeres Lesen darüber hinaus erfahren, vergessen Sie in kurzer Zeit ohnehin wieder. Aber Sie besitzen eine gute Chance, die wichtigsten Informationen auch in einem Jahr noch rekonstruieren zu können, wenn Sie den Text querlesen und sorgfältig kategorisieren.

Ob Unterschiede zwischen Querlesen und sorgfältigerem Lesen existieren, können Sie leicht überprüfen. Unterteilen Sie die Lerngruppe in zwei Teilgruppen. Lassen Sie dann die Mitglieder der ersten Gruppe Text A schnell und Text B sorgfältig lesen, während die Mitglieder der zweiten Gruppe Text B schnell und Text A sorgfältig lesen. Treffen Sie sich nach einer Woche oder zehn Tagen wieder und erstellen Sie auf einer knappen Seite eine Inhaltsangabe beider Texte. Vergleichen Sie die Inhaltsangabe. Stellen Sie bedeutende Unterschiede in der Qualität fest? Wenn nicht, kennen Sie jetzt ein überzeugendes Argument für weniger Sorgfalt beim Lesen von Texten. Nutzen Sie die auf diese Weise gewonnene Zeit dafür, eine größere Anzahl an Artikeln und Büchern zu lesen.

Wenn Sie mehr Texte lesen und sich für jeden einzelnen Text weniger Zeit nehmen, gewinnen Sie schnell einen besseren Überblick über die Literatur. Deshalb bereitet Ihnen die Kategorisierung der unterschiedlichen Texte binnen kurzer Zeit keine Probleme mehr. Jemand, der innerhalb eines Forschungsgebietes (beinahe) alle Texte gelesen hat, kann Innovationen aus einem neuen Text rasch herauslesen und weiß bereits beim Lesen, auf welcher bekannten Argumentation der Autor aufbaut.

Leseerfahrung steigert die Geschwindigkeit, mit der Sie lesen: Je mehr Sie lesen, desto effizienter lesen Sie. Schrecken Sie vor dieser Investition nicht zurück. Unter diesen günstigen

Bedingungen bereitet Ihnen die Literaturrecherche wenig Mühe. Doch auch falls Sie viel Zeit benötigen, um einen Text zu lesen, lohnt sich die Investition in die Literaturrecherche und Literaturkategorisierung.

3.5 Check-Liste Kapitel 3

Liegen konkurrierende Erklärungen zu Ihrer Theorie vor?

Existieren ausreichend Informationen, um Ihre Erklärungen zu überprüfen?

Besitzen Sie Zugang zu diesen Informationen?

Verfügen Sie über gute Kenntnisse der notwendigen Methoden?

Kennen Sie die relevante Literatur zu Ihrem Thema?

Kennen Sie die konkurrierenden Theorien anderer Autoren, die dasselbe Phänomen zu erklären versuchen wie Ihre Theorie?

Kennen Sie die maßgeblichen empirischen Ergebnisse anderer Untersuchungen? Weichen Ihre Ergebnisse von diesen ab? Haben Sie eine Vorstellung, warum das sein könnte?

Haben Sie diese Literatur kategorisiert?

Leistet Ihre Erklärung einen Beitrag zur aktuellen wissenschaftlichen Debatte?

Fünf Fragen sollten Sie auf jeden Fall beantworten können, wenn Sie Kapitel 3 durchgearbeitet haben:

1. Was leistet die vorliegende Literatur, was leistet sie nicht?
2. Warum und in welcher Hinsicht unterscheiden sich verschiedene Denkschulen und Argumentationen voneinander?
3. Was stellt über die unterschiedlichen Schulen hinweg Konsens dar?
4. Welches ist Ihr zentrales Argument?
5. Wie unterscheidet sich Ihr Argument von den in der Literatur diskutieren Argumentationen?

Die Antworten auf diese Fragen benötigen Sie im nächsten Kapitel für die Disposition.

4 Disposition und Zeitplan

Viele Studierende neigen dazu, eine Disposition als notwendiges Übel zu betrachten, welches ihr Betreuer oder die Prüfungsordnung verlangt, bevor eine Zulassung zur Diplomprüfung erfolgt.[19] Tatsächlich aber leistet die Disposition einen unersetzlichen Beitrag, um den Arbeitsprozess zu strukturieren und Gedanken zu sortieren. Je besser die Argumentationslinie bereits in der Disposition entwickelt wird, desto leichter fällt im Schreibprozess die Orientierung an dem so wichtigen und so schwer im Auge zu behaltenden ‚roten Faden'.

Zum Glück fordern immer mehr Fachbereiche eine Disposition und einen Zeitplan als Bedingung für die Zulassung zum Diplom. Nur wenige Fachbereiche weisen ähnliche Anforderungen für die Zulassung zur Promotion auf. Dennoch sollten die Promovierenden und Doktoranden bereits aus Eigeninteresse eine (unverlangte) Disposition verfassen.

Dieses Kapitel beschreibt die Inhalte einer Disposition und legt Ihnen einen einfachen Aufbau nahe. Wenn Sie sich außerstande sehen, die hier angegebenen Inhalte einer Disposition zu formulieren, haben Sie Ihren Denkprozess noch nicht abgeschlossen. Vermutlich kennen Sie Ihre Hauptthese noch nicht. Es bringt Ihnen aber nichts, über dieses wesentliche Detail hinwegzusehen. Solange Ihr Argument unvollständig entwickelt bleibt, sind Sie außerstande, mit der Arbeit zu beginnen oder eine Disposition zu schreiben. Befassen Sie sich dann nochmals mit den Inhalten von Kapitel 2.

4.1 Kriterien einer hilfreichen Disposition

Eine Disposition sollte man selbst dann schreiben, wenn die Prüfungsordnung sie nicht vorsieht – und man sollte ihre Anfertigung in jedem Fall ernst nehmen. Die Disposition stellt letztlich nichts anderes als ein Arbeitsplan dar. Eine Disposition präzisiert die Argumentation, die Fallstudien oder statistischen Schätzungen, die zur Plausibilisierung der eigenen Theorie herangezogen werden, stellt eine Verbindung zwischen der eigenen Theorie und der vorliegenden Literatur her und formuliert Erwartungen über die Ergebnisse der Analyse und den Beitrag zu der relevanten Literatur. In Verbindung mit einem Zeitplan sagt sie Ihnen,

---

[19] Im Zeitalter des Internet könnte der Sinn einer Disposition möglicherweise darin bestehen, die Studierenden davon abzuhalten, ihre Arbeit unter maßgeblicher Hilfe von Hausarbeitsdatenbanken anzufertigen. Um Betrug auszuschließen, legen Dozenten den Studierenden am besten eine maßgebliche Änderung der Argumentation nahe.

wann Sie welchen Arbeitsschritt vorgesehen haben und in welcher Weise Sie vorgehen wollen. Wenn Sie keine überzeugende Disposition schreiben können, sind Sie voraussichtlich ebenso wenig in der Lage, eine überzeugende Diplomarbeit oder Promotion zu schreiben.

Die Fachbereiche, die diese Hürde nicht vorsehen, tun weder dem akademischen Personal noch den Studierenden einen Gefallen. Die Disposition verlangt von den Studierenden eine notwendige inhaltlich-argumentative Klärung ihrer Ideen und Gedanken und erlaubt den Dozenten, Korrekturen der Forschungsfrage und des Forschungsdesigns vorzunehmen, die ein Scheitern des Projektes weniger wahrscheinlich machen.

Dispositionen besitzen drei wesentliche Funktionen:

Erstens *werben* Sie für Ihr Diplom- oder Promotionsvorhaben (bei ihrem potentiellen Betreuer). Deswegen gelten zunächst die Kriterien der Werbung: Dispositionen dürfen schönen, aber sie sollten keine ‚irreführenden' Falschaussagen enthalten.

Zweitens dienen Dispositionen der Kommunikation zwischen Diplomanden und Doktoranden einerseits und den Betreuern andererseits. Je besser der Betreuer das Vorhaben versteht, desto besser fallen seine Ratschläge (hoffentlich) aus. Da das Verständnis schriftlich fixierter Argumentationsketten leichter fällt, hilft eine Disposition dem Betreuer, präzise Ratschläge und Hilfestellung zu geben.

Drittens dienen Dispositionen als Arbeitsplan. Aus diesem Grund ist es zwingend, dass sie *realistische* Aussagen über die Machbarkeit und Dauer der einzelnen Untersuchungsschritte aufweisen sowie den Zweck jedes einzelnen Arbeitsschrittes kurz beschreiben. Gehen Sie nicht leichtfertig über die Inhalte hinweg. Sie legen in einer Disposition vor allem vor sich selbst Rechenschaft ab, welches der jeweils spezifische Beitrag des Literaturteiles, der Theorie und des Analyseteiles für Ihre Argumentation darstellt.

4.2 Aufbau einer Disposition

Die verschiedenen Funktionen der Disposition lassen Rückschlüsse auf die Inhalte zu: Eine Disposition muss Aussagen über die Leithypothese, die Argumentation, die Bedeutung des Untersuchungsgegenstandes, den Bezug der eigenen Argumentation zur Literatur, die Abgrenzung der eigenen Argumentation von der Literatur, die erwarteten Ergebnisse sowie die Bearbeitbarkeit enthalten.

Der einfachste Weg, eine aussagefähige Kurzfassung der Disposition zu schreiben, ist der folgende: Vervollständigen Sie die folgenden fünf Absätze:

1. Hauptthese:

Das zentrale Argument der Untersuchung lautet ... (maximal 4 kurze und leicht verständliche Sätze).

2. Argumentationskette:

Diese These wird wie folgt begründet: (eine möglichst kurze Skizze der Argumentationskette, etwa 3-4 Absätze).

3. erweiterte Perspektive, Generalisierungsrichtung:

Die Untersuchung leistet infolgedessen einen Beitrag zur Theorie der .. (maximal 3 Absätze).

4. empirischer Gegenstandsbereich:

Diese Argumentation wird anhand einer Analyse der/von .... entwickelt (maximal 3 Absätze).[20]

5. Ergebnisse:

Ich erwarte die folgenden Ergebnisse (maximal 2 Absätze).

Zusätzlich sollten Sie einen Zeitplan erstellen (siehe Abschnitte 4.2. und 4.3.).

Spätestens jetzt wissen oder ahnen Sie, dass wissenschaftliches Arbeiten voraussetzungsreich ist. Waren Sie in der Lage, die fünf Absätze in einer Stunde zu schreiben? Wenn nicht, kennen Sie Ihr Forschungsgebiet entweder noch nicht gut genug, oder Sie haben sich keine ausreichenden Gedanken zur Vorgehensweise gemacht. Da hilft nur eines: Befassen Sie sich nochmals mit den Inhalten aus den Kapiteln 2 und 3 und nehmen Sie die Vorarbeiten ernster als bislang.

Beachten Sie, dass eine Disposition nicht auf Länge, sondern auf Kürze und Präzision getrimmt wird. Aber übertreiben Sie nicht: Ihre Disposition gibt keineswegs allein das eigentliche Argument wieder. Große Bedeutung liegt auf einer sauberen Skizze der Argumentationskette. Darüber hinaus muss der rote Faden deutlich erkennbar werden. Eine gute Disposition zwingt Sie, von der Argumentationskette her zu denken und blendet ‚das Thema der Untersuchung' weitgehend aus. Ein Titel für Ihre Arbeit – mehr Bedeutung besitzt „das Thema" nicht – finden Sie später leicht.

Im zweiten Absatz der Disposition geht es darum, diese These zu begründen. Erfahrungsgemäß fällt Studierenden die Entwicklung einer Argumentationskette weniger leicht als das Formulieren von Hypothesen. Eine Eigenschaft, die sie mit vielen, selbst renommierten Wissenschaftlern teilen, die sie dennoch noch nicht zu Wissenschaftlern macht – eher im Gegenteil. Sie sollten allerdings in der Lage sein, Ihre These tatsächlich zu begründen und diese Begründung gegebenenfalls mit Verweisen auf die existierende Literatur anreichern.

---

[20] Je nach Fragestellung kann es angeraten sein, die Absätze 3 und 4 zu tauschen.

Die eigene Argumentation kann völlig neu sein (obwohl Sie sich damit vielleicht übernehmen), sie kann einem bekannten Argument vollständig entsprechen (das ist nicht schön, doch auch nicht zu ändern und zumindest in Diplomarbeiten akzeptabel), sie kann ein bekanntes Argument geringfügig variieren (eine defensive, da Risiken minimierende und deshalb vernünftige Vorgehensweise) und sie kann eine Brückenfunktion zwischen bestehenden Argumentationen ausüben.[21]

Wenn Sie ein Problem von der Leithypothese aus entwickeln, werden Sie beinahe zwangsläufig eine vergleichsweise knappe Begründung wählen, die auf einige wenige Faktoren abhebt. Diese argumentative Sparsamkeit ist wissenschaftstheoretisch durchaus erwünscht: „The most important achievement in all social science: explaining as much as possible with as little as possible." (King, Keohane und Verba 1994: 29). Mehr noch: Die Begrenzung der Argumentation auf die notwendigsten Einflussfaktoren stellt aus wissenschaftstheoretischer Sicht die *einzig legitime Vorgehensweise* dar.

Dennoch stößt sie bei einigen Professoren auf ernste Kritik. Vor allem in der Politikwissenschaft und der Soziologie denken viele Wissenschaftler vom Phänomen her. Nicht der Einfluss rigider Arbeitsmarktinstitutionen auf die Arbeitslosigkeit soll untersucht, sondern das Phänomen Arbeitslosigkeit in seinen ganzen Facetten analytisch durchdrungen werden. Diese Forschung führt in der Regel zu einer induktiven Vorgehensweise, bei der am Ende kaum mehr als die Formulierung einiger Hypothese als wissenschaftliches Ergebnis herauskommt. Wenn das Forschungsdesign völlig misslingt, führt dieses Verfahren zur „Erklärung" eines einzelnen, einfachen Falles durch mehr als 20 Einflussfaktoren, die ihrerseits nicht unabhängig voneinander sind.

Falls Ihrem Betreuer eine sparsam formulierte Theorie nicht gefällt, suchen Sie sich einen anderen Betreuer. Wenn Ihnen das unmöglich oder inakzeptabel erscheint, können Sie eine knappe, und eine extern kommunizierte (breitere) Erklärung unterscheiden. Verlieren Sie aber die Argumentationskette und die Hauptthese nicht aus den Augen, nur weil Sie Ihre Argumentation um unnötige zusätzliche Erklärungsfaktoren anreichern.

Als dritten Schritt halten Sie die Stellung und Bedeutung Ihres eigenen Argumentes relativ zu den bereits veröffentlichen Theorien in Ihrem Forschungsfeld schriftlich fest. Wenn Sie sich an dieser Stelle viel Mühe geben, können Sie diese Passage später mehr oder weniger wörtlich als Fazit Ihrer Literaturdiskussion in die Qualifizierungsarbeit übernehmen. Obwohl man die Disposition und die spätere Arbeit sorgfältig trennen muss, stellt die Niederschrift dieses Teiles der Disposition ganz sicher keine überflüssige Arbeit dar. Beachten Sie, dass Sie Gemeinsamkeiten und Unterschiede zwischen Ihrer Argumentation und der Literatur

---

[21] Die letztgenannte Option erscheint mir wenig attraktiv: Wer nach dem Motto agiert: alle haben etwas Recht, doch erst ich habe erkannt, wie die verschiedenen Argumentationen zusammenhängen, geht wissenschaftstheoretisch nicht gerade sinnvoll vor. In solchen Fällen werden fast immer unvereinbare axiomatische Aussagen miteinander verknüpft und selbst wenn Sie dies vermeiden können, steigert sich in der Regel die Komplexität der neu geschaffenen, eklektischen Theorie bedeutend, während die Erklärungsrelevanz nur minimal steigt. Aus dem Parsimonitätsprinzip (Okham's razor) folgt dann: die eklektische Theorie führt zu einer Verschlechterung gegenüber allen bestehenden reinen Theorien.

Aufbau einer Disposition

ausführlich diskutieren, bevor Sie Aussagen über die relative Leistungsfähigkeit Ihrer Theorie formulieren.

Die Erweiterung Ihres eigenen Argumentes zu einer vollständigen Erklärung eines Phänomens gehört logisch sowohl zur Auseinandersetzung mit der vorliegenden Literatur als auch zur Auseinandersetzung mit der Empirie. Sie gehört zur Literatur, da die Erweiterung Ihre möglicherweise sehr eng formulierte These in die breitere theoretische Literatur einbettet. Sie leistet dann einen theoretischen Beitrag. Diese – und damit gelangen wir langsam zur Empirie – erweiterte und generalisierte Theorie müssen Sie anschließend auf andere Fälle übertragen (soll heißen: Sie müssen Hypothesen zu einer Klasse von Fällen ableiten können, die Sie selbst nicht untersuchen). Etwaige Grenzen der Generalisierbarkeit sollten Sie in der Disposition zumindest andeuten.

Die detaillierte Beschreibung des Anwendungsfalls (oder der Anwendungsfälle) dient einerseits der Darstellung der Machbarkeit der vorgesehenen Studie. Andererseits müssen Sie natürlich auch die Angemessenheit des Anwendungsfalls für die Theorie nachweisen. In günstigen Fällen fallen Theorie und Empirie praktisch nicht auseinander (das unten wiedergegebene Beispiel verdeutlicht dies). Je größer die Distanz zwischen Theorie und Empirie ausfällt, desto sorgfältiger sollten Sie diese Passage formulieren, denn umso schwieriger fällt der Nachweis der Angemessenheit des Falles für die Überprüfung der Theorie (oder der Nachweis der Angemessenheit der Theorie für die „Erklärung" des Phänomens).

Abschließend stellen Sie die erwarteten Ergebnisse vor, die faktisch von Ihrer Theorie prognostiziert werden. Achten Sie darauf, über die Bestätigung der Hauptthese hinaus weitere, mittelbare Ergebnisse zu diskutieren und explizit zu benennen.

Falls Sie die Disposition mit einem Betreuer besprechen wollen oder müssen, beantworten Sie drei zusätzliche Fragen. Erstens: Liegen die Informationen, mit denen Sie die Argumentation prüfen und/oder plausibilisieren wollen, leicht zugänglich vor oder müssen sie erhoben werden? Zweitens: Welche Methoden wollen Sie anwenden? Kennen und verstehen Sie diese Methoden? Drittens: Welche Probleme erwarten Sie im Laufe des Forschungsprozesses? Vor allem die Auseinandersetzung mit der letzten Frage leistet Ihnen später wertvolle Hilfe. Unproblematische Forschungsprozesse sind nämlich nicht nur selten, sondern in der Regel auch langweilig. Damit will ich keine abwertende Aussage über eher langweilige, aber leicht zu bearbeitende und alles in allem unproblematische Fragestellungen formulieren. Es kann klug und vernünftig sein, in der Diplomarbeit eine einfache These zu bearbeiten. Doch spätestens die Promotion sollte anspruchsvoll sein, insbesondere wenn Sie in der Wissenschaft bleiben wollen und den Doktortitel nicht lediglich als Beschleuniger Ihrer beruflichen Karriere außerhalb der Wissenschaft betrachten.

Die frühzeitige Beschäftigung mit potentiellen Schwierigkeiten verringert die Reaktionszeit auf tatsächlich auftretende Probleme. Möglicherweise kennen Sie bereits eine mögliche Lösung oder eine Ausweichstrategie, bevor die Probleme auftreten.

4.3 Der Zeitplan einer Diplomarbeit

Als langfristig ebenso wertvoll erweist sich ein Zeitplan, den Sie der Disposition anfügen. Die reine Existenz eines Zeitplanes erlaubt Ihnen zu sehen, wie weit Sie hinter dem ursprünglichen Plan bereits zurückliegen. Auf diese Weise können Sie prompte Gegenmaßnahmen ergreifen: Etwa eine der unbeliebten „Nachtschichten" einlegen. Wenn Sie keinen Zeitplan formulieren, konzentrieren sich Ihre Nachtschichten zweifellos am Ende der Schreibphase. Dann wird die Arbeitsbelastung hoch, mitunter sehr hoch. Das gilt es zu vermeiden. Ein hilfreicher Zeitplan räumt allen Arbeitsschritten genügend Zeit ein. Er kann beispielsweise wie der auf der gegenüberliegenden Seite abgedruckte Zeitplan aussehen.

Dieser Zeitplan ist auf die Bearbeitungsdauer einer typischen Diplomarbeit, das heißt auf etwa 4 Monate, abgestimmt. Je nach Prüfungsordnung besitzen Sie gegebenenfalls mehr Zeit und in Abhängigkeit von dem Forschungsprojekt kann die Dauer der einzelnen Arbeitsschritte erheblich von den Angaben in diesem Zeitplan abweichen. Die daraus resultierenden Änderungen sollten Sie leicht berücksichtigen und einarbeiten können.

Ich vermute, dass Sie den ersten Arbeitsschritten intuitiv mehr Zeit einräumen wollen, für die sprachliche Überarbeitung dagegen weniger. Sie können das tun, doch sprechen Sie zunächst mit jemandem, der schon einmal eine Qualifizierungsarbeit geschrieben hat und fragen Sie ihn oder sie, ob die Zeit am Schluss für eine vollständige sprachliche Überarbeitung ausreiche. Häufig fällt die Antwort auf diese Frage negativ aus. Fragen Sie dann, ob alle zu Beginn vorgenommen Arbeitsschritte nötig waren und wie viel Prozent der Analysen Berücksichtigung fanden, wie viel Prozent der kopierten Literatur Sie wirklich gelesen und eingearbeitet haben, wie viel Prozent der erhobenen Informationen wirklich in die Analyse einflossen. Wenn die Antwort nicht in allen Fällen bei mindestens 75 Prozent liegt, ist der Fall eindeutig: Am Anfang haben Sie die Zeit verschwendet, die am Schluss fehlte. Und dies nur, weil die eigene Argumentation zu breit angelegt, die Disposition zu unpräzise und die Vorgehensweise zu stark auf eine ‚trial and error' Strategie ausgerichtet war. Bemessen Sie darüber hinaus die späteren Arbeitsschritte relativ großzügig, um gegen Ende des Projektes noch stille Reserven zu besitzen. [22]

---

[22] Ich weiß, dieser Vorschlag erinnert stark an die nicht unübliche Praxis, den Wecker vorzustellen, um morgens leichter aus dem Bett zu kommen, da die Zeit drängt, dann aber plötzlich (und unerwartet?) für die Tasse Kaffe mehr Zeit zu besitzen.

Der Zeitplan einer Dissertation

1. Präzisierung und Formulierung der eigenen Theorie	(4 Wochen)
Anfertigen eines Pfeildiagramms	
Formulierung des Kausalmodells	
Begründung des Kausalmodells	
2. Durchführung der Analyse	(4 Wochen)
Sammlung der notwendigen Daten	
Begründung der Fallauswahl	
Begründung der Variablenoperationalisierungen	
Sichten und Sortieren der Informationen	
Durchführung der qualitativen oder quantitativen Analyse	
Auswertung der Ergebnisse	
Formulierung eines ersten Entwurfes des Analyseteiles	
3. Einbetten der eigenen Theorie in die Literatur	(1 Woche)
Literaturrecherche zu den getroffenen Annahmen	
Literaturrecherche zu den abgeleiteten Hypothesen	
Formulierung eines ersten Entwurfes des Theorieteiles	
4. Abgrenzung der eigenen Theorie von der Literatur	(2 Wochen)
Literaturrecherche zu Ihrem Anwendungsfall und der Empirie	
Kategorisierung der Literatur	
Formulierung eines ersten Entwurfes des Literaturteiles	
5. Verfassen des Analyseteiles	(2 Wochen)
6. Formulierung von Einleitung und Schluss	(1 Woche)
7. Inhaltliche Überarbeitung von Theorie-, Literatur- und Analyseteil	(2 Wochen)
Re-Organisation der Grobstruktur	
Eliminierung von Redundanzen	
Sicherung der argumentativen Konsistenz	
8. Überarbeitung der Feinstruktur	(1 Woche)
Formulierung einer Einleitung zu jedem Kapitel	
Formulierung knapper Schlussfolgerungen zu jedem Kapitel	
Reformulierung der einzelnen Absätze	
Überarbeitung der einzelnen Sätze	
Kontrolle des Sprachgebrauches	
Korrekturlesen und Korrekturen eingeben	
9. Technische Produktion	(1 Woche)
Ausdrucken	
Binden	
Summe	**18 Wochen**

4.4 Der Zeitplan einer Dissertation

Die Formulierung von Zeitplänen für Dissertationen fällt naturgemäß schwerer. Eine Projektphase von 4 Monaten lässt sich schlicht und ergreifend einfacher planen als eine von 2-3 Jahren. Kein Wunder, dass der real existierende Kommunismus an seinen 5-Jahresplänen scheiterte – auch wenn natürlich alle Pläne immer eingehalten und übererfüllt wurden.

Darüber hinaus geht der Trend weg von Büchern und hin zu ‚kumulierten' Dissertationen. Am *Government Department* der *University of Essex* erlauben wir den Doktoranden, drei publizierbare Artikel zu einem gemeinsamen, als Klammer fungierenden Oberthema, plus eine gemeinsame Einleitung sowie ein Kapitel Schlussfolgerungen einzureichen. Einer der Artikel darf gemeinsam mit einer anderen Person, etwa dem Betreuer, geschrieben sein (in England entscheiden die Betreuer nicht über die Annahme der Dissertation). Deutschland hinkt hinterher, wenngleich viele volkswirtschaftliche Fachbereiche kumulierte Dissertationen akzeptieren. Man darf vermutlich behaupten, dass in Zukunft die Mehrzahl der Dissertationen auf diese Weise verfasst werden wird.

Kumulierte Dissertationen besitzen einen riesigen Vorteil: Sie erlauben Doktoranden frühzeitig, ihre Ergebnisse in Fachzeitschriften zu veröffentlichen. Akademischer Fortschritt wird in aller Regel in Artikeln und nicht in Büchern veröffentlicht. Und falls Bücher in seltenen Fällen dem wissenschaftlichen Erkenntnisfortschritt dienen, dann werden diese Bücher beinahe sicher keine Dissertationen sein.

Doch in Deutschland wandeln sich Institutionen mit dem Tempo einer Schnecke, wenn überhaupt. Dies zwingt mich, über den Zeitplan einer vormals ‚normalen' Dissertation ebenso zu reden, wie über den Zeitplan (oder präziser: die Zeitpläne) einer kumulierten Dissertation.

Beginnen wir mit einem Dissertations-Buchprojekt. Kapitel 2 und 3 diskutieren, wie die Vorarbeiten ablaufen. Dabei habe ich Ihnen vermutlich gegen Ihre Intuition nahe gelegt, nicht mit einer ausführlichen Sichtung der Literatur zum Thema zu beginnen. Wenn Sie mit Lesen anfangen, sinkt die Wahrscheinlichkeit, dass Sie eine innovative Idee entwickeln und die Wahrscheinlichkeit nimmt zu, dass Sie sich an einem Thema orientieren und nicht an einem Argument.

Solange Sie nicht wissen, was Sie argumentieren wollen, bringt es nicht viel, in die Literatur zu schauen. Nur wenn Ihnen nichts einfällt, macht ausführliches Lesen Sinn. Dann aber sollten Sie sich nicht mit der publizierten Literatur aufhalten, sondern unveröffentlichte Manuskripte einsehen, die vermutlich eher den Forschungsstand und aktuelle Forschungsinteressen markieren.

Denken Sie daran, dass sie eine Dissertation verfassen wollen. Dafür benötigen Sie einen eigenständigen Beitrag – am besten einen, der in Ihrem Forschungsgebiet, am besten in Ihrer Disziplin oder gar darüber hinaus Sichtbarkeit erlangt.

Nehmen Sie sich für die Entwicklung einer Argumentation soviel Zeit, wie Sie benötigen. Denken, nicht Lesen und definitiv nicht Tippen ist der wichtigste Teil Ihrer Tätigkeit während der nächsten Jahre. Wenn Ihr Argument nach einer Woche steht, haben Sie sich das Leben entweder zu leicht gemacht oder Sie sind beneidenswert brillant – oder beides.

Anschließend hängt der Zeitplan davon ab, ob Sie eigene Daten sammeln müssen, auf existierende Daten zurückgreifen können oder ob Sie eine rein theoretische Arbeit (davon rate ich ab) schreiben. Grundsätzlich gilt, dass das Sammeln von Informationen und Daten, das Erstellen eines Datensatzes, das Sortieren qualitativer Informationen, immer mehr Zeit in Anspruch nimmt, als man denkt. Wenn Sie 6 Wochen veranschlagen, benötigen Sie 8-10, wenn Sie denken, in 3 Wochen fertig zu sein, benötigen Sie mindestens 6 Wochen.

Ihr größter Gegner während der Dissertationsphase ist die Langeweile. Bereits aus diesem Grund macht es Sinn, verschiedene Arbeitsschritte zeitlich überlappen zu lassen. Sie wollen definitiv nicht 4 Wochen am Stück Literatur sichten und kategorisieren und auf keinen Fall wollen Sie sich 2-3 Monate ausschließlich mit Ihrem Datensatz befassen. Sie können all diese Tätigkeiten zwar nicht gleichzeitig, doch während derselben Arbeitsphase erledigen – aber erst wenn Ihre Argumentation ‚steht'.

Die folgende Abbildung 3 gibt einen von vielen möglichen Arbeitsabläufen für eine Buchdissertation wieder.

Abbildung 3: Zeitplan für eine Monografie-Dissertation

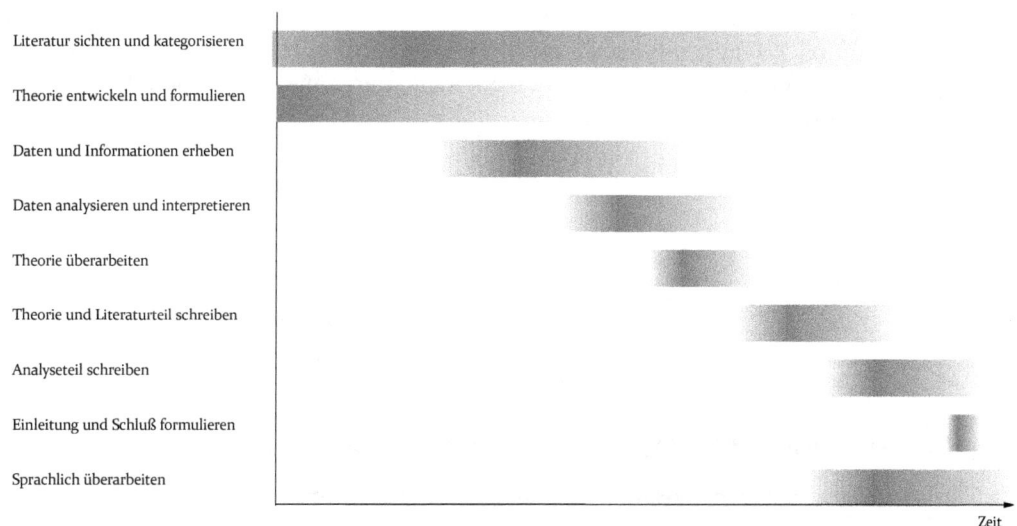

Anmerkung: Je dunkler der Balken, desto intensiver sollten sie sich mit der entsprechenden Tätigkeit befassen.

Der Arbeitsplan für eine kumulierte Dissertation sieht naturgemäß deutlich anders aus. Da Sie hier relativ selbstständige Artikel schreiben, benötigen Sie drei Theorieteile, drei Literaturdiskussionen, drei Analysen, und so weiter. Beginnen müssen Sie mit der Entwicklung einer Theorie oder eines Ansatzes, der eine Klammer bildet für Ihre drei Artikel. Legen Sie bereits zu Beginn fest, wie die drei Artikel aussehen, wie sie sich unterscheiden, und wie sie miteinander zusammenhängen. Sie werden im Laufe der Zeit kleinere Änderungen an den späteren Manuskripten vornehmen, da Sie hinzu lernen werden. Aber Sie sollten nicht mit Ihrem ersten Artikel anfangen, ohne sagen zu können wie der dritte Artikel mit dem ersten zusammenhängen wird. Der zeitliche Ablauf gleicht ansonsten dem, was ich über Diplomarbeiten geschrieben habe und muss hier nicht wiederholt werden.

Sie sollten ausprobieren an mehreren Manuskripten gleichzeitig zu arbeiten. Das Wort *gleichzeitig* sollten Sie selbstverständlich nicht allzu wörtlich verstehen. Ich meine damit, dass Sie ein Manuskript beginnen sollten, ohne dass ein vorher begonnenes abgeschlossen wurde. Normalerweise dauert es ein paar Jahre, bis Wissenschaftler wirklich parallel an mehreren Artikeln oder gar Projekten arbeiten. Da die Effizienzgewinne immens ausfallen, sollten Sie es immerhin versuchen. Wenn es klappt, gut, wenn nicht, benötigen Sie wie ungefähr alle anderen auch noch ein paar Jahre, um es zu lernen. Sind Sie dagegen in der Lage, parallel zu arbeiten, können Sie Theorie und Analyse auch gleichzeitig schreiben. Sie müssen dann aber die Analysen bereits vollständig abgeschlossen haben bevor Sie mit dem Schreiben beginnen.

Sollte Sie parallel an mehreren Teilen eines Manuskriptes arbeiten können, sollten Sie auch in der Lage sein, an mehreren Manuskripten gleichzeitig zu arbeiten. Das erlaubt Ihnen, vor dem Abschluss Ihrer Dissertation bereits an den Manuskripten für einige Artikel zu arbeiten. Eine solche Parallelstrategie wird zunehmend bedeutsamer, da immer weniger Universitäten noch Mitarbeiter ohne Publikation einstellen. In Großbritannien zum Beispiel sorgt das Research Assessment dafür, dass Nachwuchswissenschaftler ohne Publikation keine guten Chancen auf dem Arbeitsmarkt besitzen.

4.5 Check-Liste Kapitel 4

Enthält Ihre Disposition Angaben zu Leithypothese, Argumentation, Bedeutung des Untersuchungsgegenstandes, Bezug zur und Abgrenzung von der Literatur, erwartete Ergebnisse, Gültigkeit und Generalisierbarkeit der Ergebnisse?

Fällt die Begründung Ihrer Leithypothese prägnant, präzise und sparsam aus?

Haben Sie sich Gedanken zu Bearbeitbarkeit, Verfügbarkeit notwendiger Informationen und möglichen Problemen gemacht?

Sind Sie mit der Methode, die Sie zur Analyse Ihrer Fragestellung anwenden wollen bzw. müssen, vertraut? Findet sich diese Information in der Disposition?

Wenn Sie nicht über die notwendigen Methodenkenntnisse verfügen: Ist für das Lernen der Methoden im Zeitplan ausreichend Zeit vorgesehen?

Check-Liste Kapitel 4

Enthält Ihr Zeitplan alle wichtigen Arbeitsschritte in ausreichend detaillierter Form?

Haben Sie jedem Schritt ausreichend Bearbeitungszeit eingeräumt?

Ist Ihr Zeitplan flexibel genug, um ihn bei auftretenden Problemen anzupassen?

Weist Ihr Zeitplan (vor allem am Schluss) genügend Reserven auf?

Ist Ihr Zeitplan realistisch?

5 Forschungsdesign und Analyse

Das Ziel der Wissenschaft besteht in der Formulierung von Theorien, welche die Komplexität der realen Welt gleichzeitig angemessen vereinfachen und begreifbar machen. Wissenschaft zielt *nicht* auf die Formulierung von Wahrheit ab. Die Akkumulation von Faktenwissen – so notwendig es sein mag – stellt ein Mittel zum Zweck dar und nicht den Zweck selbst (King, Keohane und Verba 1994: 34).

Wissenschaftler interessieren sich also nicht per se für die Beschreibung und Begründung einzelner Ereignisse, sondern für generalisierende Aussagen über die Ursachen einer Klasse von Ereignissen. Allein durch diese Generalisierung lässt sich umgekehrt auch das Besondere der Einzelfälle begreifen. Wenn wir verstehen wollen, warum der Konflikt zwischen den Katholiken und den Protestanten in Nordirland so schwer lösbar war, sollten wir die Persistenz von religiös motivierten Territorialkonflikten generell analysieren. Und wenn wir wissen wollen, warum die italienischen Koalitionsregierungen so viel instabiler sind als die deutschen, lohnt ein Blick in andere Länder mit Verhältniswahlrecht allemal. Vielleicht beeinflusst ja nicht nur die Anzahl der Parteien im Parlament und in der Koalition die Stabilität der Regierung. Auf jeden Fall kann der einfachste Weg zum Verständnis eines Einzelfalls darin bestehen, andere, scheinbar gleiche Fälle zu analysieren.

Theorien formulieren Kausalmechanismen. Wir wollen wissen, warum etwas geschieht oder eben nicht geschieht. Theorien fallen umso besser aus, je mehr (unterschiedliche) Phänomene sie mit möglichst wenigen Theorieelementen erklären.

Normalerweise formuliert man (Alltags-) Theorien automatisch, wenn man eine Varianz beobachtet und sie mit einer anderen Varianz begründet. Aus dem Alltag kennt jeder die Logik des Entstehens von Theorien: Man versteht das Prinzip eines Lichtschalters nicht, wenn man eine brennende Glühbirne sieht. Man versteht das Prinzip dagegen leicht, wenn man den Schalter mehrmals umlegt und jedes Mal das Licht angeht. Doch zu wissen, dass, wenn man den Lichtschalter umlegt, das Licht an- oder ausgeht, stellt noch keine Theorie dar. Bis zu einer Theorie fehlt noch der Kausalmechanismus – Strom fließt oder Strom fließt nicht – und der Einfluss des Stromes auf den Glühwendel in der Birne und vermutlich sollte man auch wissen, was Strom ist.

Varianz ist somit der Ausgangspunkt einer Theorie. Varianz kann sowohl zwischen Einheiten als auch im Zeitvergleich einer Einheit beobachtet werden. Wollen wir Temperaturen erklären, kann ein Vergleich der Tagesmaxima im Jahresverlauf ebenso Aufschluss geben wie ein Vergleich der Temperaturen verschiedener Orte zu einem Zeitpunkt.

Eine Analyse zielt darauf ab zu prüfen, ob die Begründung des Zusammenhanges zwischen Ursache und Wirkung zutrifft. Wohl gemerkt: Sie prüfen zwar vornehmlich, aber nicht notwendigerweise ausschließlich, ob es einen Zusammenhang zwischen Ursache und Wirkung gibt, sondern auch ob Ihr Kausalmodell richtig ist. Je besser das Forschungsdesign und je sorgfältiger die Analyse ausfällt, desto eindeutiger lassen sich Aussagen über die Richtigkeit Ihrer Erklärung formulieren.

Dieses Kapitel zielt darauf ab, die wissenschaftstheoretischen Grundlagen für die Formulierung eines Forschungsdesigns zu legen. Dieses Buches kann und will jedoch das Fehlen einer funktionierenden Methodenausbildung nicht kompensieren. Hier geht es vielmehr um die generelle Logik von Analysen sowie um das Prinzip der Reproduzierbarkeit einer Analyse, welches nicht nur die Analyse selbst, sondern vor allem auch den Bericht der Analyse leitet.[23]

5.1 Analysen aus Sicht der Wissenschaftstheorie

In beinahe jedem Seminar vertritt ein Student die Auffassung, das Ziel der Analyse bestehe darin, die selbst formulierte Hypothese zu bestätigen. In der Tat lassen sich die Wurzeln dieser Meinung leicht erkennen: Zum einen betrachten viele Wissenschaftler Kritik an der von ihnen formulierten Hypothese als Angriff auf die eigene Position. Zum zweiten veröffentlichen wissenschaftliche Zeitschriften typischerweise solche Beiträge, in denen Hypothesen bestätigt werden. Findet der Wissenschaftler keine Unterstützung für seine Hypothese, kann das Forschungsergebnis lediglich in Ausnahmefällen – etwa wenn die geprüfte Hypothese weitläufig für richtig gehalten wird – publiziert werden. Dieser Bestätigungs-Bias der Wissenschaften ist bekannt und häufig kritisiert worden. Trotz vielfacher Kritik wird er über Zeit trotzdem offenbar nicht schwächer.

Noch vor vierzig Jahren vertrat die Wissenschaftstheorie nahezu einhellig die exakt entgegengesetzte Meinung: Im Anschluss an David Hume argumentierte vor allem Karl Popper (1963: 33-39) wiederholt, dass die induktive Bestätigung einer Theorie (die Generalisierung einzelner Beobachtungen) unmöglich ist. Mit anderen Worten: Eine durch induktive Schlüsse bestätigte Hypothese bleibt eine Hypothese und wird nicht zu einer wahren Aussage. Man kann keine wissenschaftliche Erkenntnis produzieren durch die Bestätigung einer Hypothese. Allein durch die Ablehnung einer Hypothese, durch Falsifikation, so Popper, manifestiere sich wissenschaftliche Erkenntnis.

Die These der Überlegenheit von Falsifikationen untermauerte er mit einem einfachen und auf den ersten Blick plausiblen Argument: Aus dem Nachweis, dass ein weißer Schwan existiert, folgt keineswegs zwingend, dass alle Schwäne weiß sind. Umgekehrt aber beweist

---

[23] Es kann selbstverständlich nicht die Aufgabe dieses Buches sein, die unterschiedlichen Analysemethoden auf ihre jeweiligen Vorteile und Nachteile hin abzuklopfen oder gar zu schildern, wie Sie welche Methoden unter welchen Bedingungen gewinnbringend anwenden.

ein einziger schwarzer Schwan, dass nicht alle Schwäne weiß sind. Der Erkenntnisgewinn aus einer Falsifikation fällt – so Popper – offenkundig deutlich größer aus.

Allerdings werden die Thesen Poppers heute in einer Art und Weise kolportiert, die Poppers Texten nicht gerecht wird. Auch Popper schloss die Möglichkeit, Theorien zu bestätigen, nicht prinzipiell aus. Nach seiner Meinung jedoch sollte „confirming evidence (...) not count except when it is the result of a genuine test of the theory." (Popper 1963: 36)

Nur: was ist ein echter Test?

Nach Auffassung Carl Hempels besitzen vor allem Bestätigungen von Theorien in der deduktiven Forschung eine hohe Bedeutung für das *Vertrauen* in die Richtigkeit von Theorien (Popper sprach von *Wissen* über die Richtigkeit). Die Idee Hempels basiert darauf, dass viele Theorien Erwartungen über Phänomene generieren, die zum Zeitpunkt der Formulierung der Theorie noch nicht beobachtet werden konnten. Sucht man nach solchen Phänomenen und findet diese auch, „it is hardly surprising that such striking confirmation (...) greatly enhances the credence we will be prepared to give to a hypothesis." (Hempel 1966: 38)

Gegenwärtig beziehen die meisten Wissenschaftstheoretiker eine gemäßigte Position, die in der Bayesianischen Wissenschaftstheorie ihren (auch mathematisch) überzeugenden Ausdruck fand. In dieser Perspektive unterstützt eine bestätigende Beobachtung eine Theorie in dem Ausmaß, zu dem sie das Verhältnis von bestätigenden zu ablehnenden Beobachtungen beeinflusst (Salmon 1990). Demnach gilt die erste (oder eine an neuer Evidenz erbrachte) Bestätigung einer Theorie noch als gewichtig. Der tausendste Nachweis ihrer Richtigkeit dagegen fällt nicht mehr ins Gewicht.

Der Erfolg der moderaten Wissenschaftstheorie ergibt sich bereits daraus, dass die Wissenschaft sich nicht auf All-Aussagen beschränkt. Spätestens wenn wir einen schwarzen Schwan sehen, wollen wir nicht länger wissen, ob alle Schwäne weiß sind. Wir wollen verstehen, unter welchen Bedingungen Schwäne weiß und unter welchen Bedingungen sie schwarz sind. Weiterhin wollen wir vielleicht wissen, wie hoch der Anteil der schwarzen Schwäne ausfällt und ob dieser Anteil evolutionär stabil ist. Schließlich können wir noch daran interessiert sein, ob eine unterschiedliche Farbe in einem Ökosystem unter ansonsten identischen Bedingungen zu abweichendem Verhalten der Schwäne führt.

5.2   Empirische Implikationen theoretischer Modelle

Die Wissenschaft zielt wegen der verschiedenen Typen an Forschungsfragen nicht allein und nicht einmal vornehmlich darauf ab, Typologisierungen und Kategorisierungen vorzunehmen. Vielmehr bilden Kausalmodelle heute den wissenschaftlichen Alltag. In den Sozialwissenschaften sind Kausalmodelle selten deterministisch sondern meist probabilistisch gemeint. Es wird also im Zweifelsfall leicht sein, einen Einzelfall als Gegenbeispiel aufzubauen. Doch ein einzelnes Gegenbeispiel kann eine probabilistische Theorie nicht falsifizieren.

Wir wollen vielleicht wissen, ob linke Parteien eine andere Regierungspolitik wählen als rechte Parteien. Es genügt uns nicht zu wissen, dass diese Hypothese keineswegs immer zutrifft (und in der Popper'schen Logik als falsifiziert gelten muss). Angenommen von 20 untersuchten linken Regierungen steigerten 16 die Geldmenge um mehr als 5 Prozent im Jahr, während von 20 untersuchten christdemokratischen Parteien nur 7 die Geldmenge um mehr als 5 Prozent im Jahr erhöhten: Fallen diese Unterschiede ausreichend hoch aus, um die Theorie zu untermauern? Sind wir sicherer, wenn wir zwei weitere Fälle linker Regierungen finden, in denen das Geldmengenwachstum sehr hoch ausfiel?

Welche Meinung man auch immer vertreten wird, einzelne Gegenbeispiele können probabilistisch formulierte Theorien nicht falsifizieren. Einzelne Gegenbeispiele werden schließlich bereits theoretisch erwartet. Man benötigt andere Kriterien, beispielsweise statistische Signifikanz, um eine probabilistische These zu testen. In dieser modernen Welt der Wissenschaft zählt eine Analyse umso mehr, je stärker sie unseren *a priori Glauben* an die Richtigkeit der getesteten Theorie erschüttert. Der erste Nachweis, dass ein behaupteter deterministischer Zusammenhang nicht deterministisch ist, zählt naturgemäß mehr, als der Nachweis eines ersten Gegenbeispiels zu einer probabilistisch formulierten Theorie und dieser erste Nachweis zählt wieder mehr als der zehnte Nachweis.

Diese Logik lässt sich an einem einfachen Beispiel verdeutlichen. Ich führte einmal mit John Oneal eine Diskussion darüber, ob die Kriege zwischen den griechischen Stadtstaaten die Theorie des demokratischen Friedens falsifizieren, demzufolge Demokratien keinen Krieg gegeneinander führen. Während ich die auf Kant zurückgehende Theorie des demokratischen Friedens deterministisch auffasste, ging Oneal davon aus, dass sie probabilistisch sei – und ‚eigentlich' lautete, dass Demokratien mit einer niedrigeren Wahrscheinlichkeit Kriege gegeneinander führen als Autokratien und als gemischte Paare aus einer Demokratie und einer Autokratie. So betrachtet, benötigt die Forschung eine Vielzahl von Kriegen zwischen Demokratien bis die probabilistisch interpretierte Hypothese des demokratischen Friedens abgelehnt werden muss.

Aus George Tsebelis Sicht[24] liegt der Fall dagegen seit Jahrtausenden eindeutig: Die Kriege der griechischen Stadtstaaten untereinander zeigen, dass Kants demokratischer Frieden kein Naturgesetz darstellt. Ein ähnliches Ergebnis legt der Einmarsch Israels in den Libanon nahe, welches man sicherlich als Krieg betrachten darf. Gleichwohl kann mit zunehmender Demokratisierung der Staaten die Anzahl der Kriege zurückgehen. Da aber die Anzahl der Kriege zwischen Demokratien bislang gering ist, müssen schon sehr viele Kriege auftreten, damit die statistisch signifikante Reduzierung der Wahrscheinlichkeit von Kriegen zwischen Demokratien wegfällt.

Auch wenn man in der Wissenschaftstheorie wenig Konsens finden wird, lassen sich einige regelmäßig vertretene Aussagen über die Logik der wissenschaftlichen Analyse festhalten:

1. Der Zweck der Wissenschaft liegt in der möglichst verzerrungsfreien Vereinfachung komplexer Phänomene. Nicht die ‚Erklärung' eines *einzelnen* Phänomens, sondern die

---

[24] Persönliche Kommunikation.

Formulierung eines möglichst einfachen Modells für möglichst viele Phänomene stellt das Ziel der Wissenschaft dar.[25]

2. Theorien sind umso besser, je weniger Theorieelemente sie benötigen, um möglichst viele Phänomene möglichst verzerrungsfrei abzubilden.[26]
3. Welche von mehreren möglichen Theorien am ‚verzerrungsfreiesten' formuliert ist, kann nicht am grünen Tisch beantwortet werden. Man findet nur eine Antwort, wenn man die Theorien mit der Realität konfrontiert. Die Empirie dient also vor allem der Überprüfung der Voraussagerichtigkeit der Theorien – sie dient aber auch dem Vergleich von Theorien.
4. Ohne Zweifel lassen sich Beobachtungen der realen Welt ebenfalls nutzen, um Hypothesen über die Realität zu generieren. Hypothesen aber stellen noch keine Theorien dar.[27]
5. Keine Theorie kann als *angemessene* Vereinfachung der Realität betrachtet werden, solange die Implikationen der Theorie nicht überprüft wurden.[28]
6. Eine Hypothese kann man auf zweierlei Arten prüfen. Zum einen kann man testen, ob die von der Theorie behaupteten Konsequenzen in temporärer Verbindung mit der von der Theorie identifizierten Ursache auftreten. Und zum zweiten kann man die Richtigkeit des von der Theorie behaupteten Kausalmechanismus testen.[29] Man sollte beide Tests durchführen.

---

[25] Die Formulierung einer Erklärung für ein ideosynkratisches Phänomen, etwa die Kubakrise, stellt keine Theorie dar. Durch Generalisierungen lassen sich allerdings aus Erklärungen Theorien gewinnen. Diese sind prinzipiell testbar, sollten aber nicht am ursprünglichen Fall getestet werden. Eine Analyse der Kubakrise setzt eine aus der Erklärung der Kubakrise abgeleitete Hypothese logischerweise keinem Test aus, sondern stellt eine Replikation dar.

[26] Nicht jeder Wissenschaftler akzeptiert derart simple Kausalkonstrukte als Theorien – viele, insbesondere deutschsprachige Wissenschaftler bezeichnen erst Ansätze oder Paradigmen (wie: Realismus in der Politikwissenschaft oder die Neoklassische Ökonomie in den Wirtschaftswissenschaften) als Theorien. In Deutschland ist die Unterscheidung in „grand theories" und „theories" verbreiteter als in den USA. Ich folge der breiteren amerikanischen Terminologie und definiere Theorien als begründete Hypothesen, wobei die Begründung den Kausalmechanismus vollständig wiedergibt.

[27] Die Beobachtung, dass Niederschlag Wolken voraussetzt, stellt noch keine Theorie des Regens dar. Um zu einer solchen Theorie zu gelangen, muss man begründen, unter welchen Bedingungen Wolken Regentropfen ausprägen und es zu regnen beginnt.

[28] Die Vorgehensweise vieler Wirtschaftswissenschaftler, ein Modell als angemessen zu erachten, wenn es mathematisch korrekte Ableitungen aus als angemessen erachteten Annahmen formuliert, verstößt gegen die wissenschaftliche Logik. Modelle können mathematisch korrekt sein, auf plausiblen Annahmen beruhen, und dennoch keine empirische Unterstützung finden.

[29] Der Nachweis einer Korrelation zwischen Wolken und Niederschlag kann vielleicht die ursprüngliche Hypothese in einer generalisierten Form bestätigen. Die Theorie wird durch die Beobachtung nicht verifiziert. Dies lässt sich am Beispiel einer ‚spurious correlation' verdeutlichen: Angenommen, in einem Haus wird eine Frau schwanger, nachdem ein Storchenpaar ein Nest auf dem Dach des Hauses gebaut hat. Man könnte aus dieser Beobachtung die Hypothese ableiten, dass der Storch die Schwangerschaft verursacht hat, also die Babys bringt. Überprüft man diese Hypothese in einer aufwendigen quantitativen Studie lässt sich möglicherweise ein Zusammenhang zwischen der Anzahl der Störche und der Geburtenrate nachweisen. Ist damit eine Theorie bestätigt worden? Natürlich nicht. Es ist ja nicht einmal eine Theorie formuliert worden.

7. Der Test eines Kausalmechanismus einer Theorie fällt umso valider aus, je mehr Fälle beobachtet werden und je besser die analysierten Fälle die Population repräsentieren.
8. Einzelfälle eignen sich in eingeschränktem Maße ebenfalls zur Qualifizierung einer Theorie, wenn der behauptete Zusammenhang sowohl deterministisch formuliert wurde (jedes Auftreten von x verursacht y) als auch ein Alleinanspruch formuliert werden kann (y kann ausschließlich durch x verursacht werden). Wenn nur eines der beiden Kriterien erfüllt wird, kann ein Einzelfall lediglich eine der beiden Aussagen falsifizieren. Es ist logisch, dass der Nachweis, y werde durch z beeinflusst, nicht bedeutet, dass x keinen Einfluss auf y ausübt.[30] Eine Einzelfallstudie kann bestenfalls aufzeigen, dass *deterministische* theoretische Aussagen falsch sind. Wurde eine Theorie probabilistisch formuliert (das Auftreten von x erhöht die Wahrscheinlichkeit von y), tragen Einzelfallstudien nicht zur Prüfung der Theorie bei. Quantitative Analysen können probabilistische Theorien testen, wenn alle Fälle analysiert werden, oder das überprüfte Sample die Population angemessen repräsentiert.

Nehmen wir an, diese Beschreibung der Logik der Wissenschaft sei zutreffend, dann besteht wissenschaftliche Arbeit vor allem a) in der Begründung von Hypothesen durch einen überzeugenden kausalen Mechanismus sowie b) in der Überprüfung der Hypothesen und des Kausalmodells. Dies gilt allemal für die positivistische Wissenschaft.

Diese Sichtweise auf Wissenschaft ruft einige, hoffentlich wenig umstrittene Konsequenzen hervor. Sie vergibt Prämien für eine deduktive Vorgehensweise und für eine Methodenwahl, die Aussagen über die Generalisierbarkeit der Theorie erlaubt. Die Überlegenheit der deduktiven Wissenschaft resultiert daraus, dass induktive Schlüsse nicht deduktiv gültig sind. Auf Deutsch: Es gibt keinen Grund zu der Annahme, dass sich eine Hypothese, die auf einer oder mehreren Beobachtungen basiert, auf alle möglichen Fälle verallgemeinern lässt.

5.3 Exkurs: Fünf Methoden

Methoden lassen sich problemlos in infinit viele Klassen einteilen. Auf einer grundsätzlichen Ebene existieren aber vermutlich nur fünf verschiedene Typen: Einzelfallstudien, vergleichende Fallstudien, quantitative Analysen, quasi Experimente und Experimente.

In Einzelfallstudien ergibt sich analytisch nutzbare Varianz über Zeit. Wenn sich ein Phänomen über Zeit nicht ändert, kann man weder empirisch begründeten Aussagen formulieren noch generalisieren, da zu viele Faktoren für die Stabilität des Phänomens verantwortlich sein können. Phänomene, die sich über Zeit ändern, können jedoch grundsätzlich mittels Einzelfallstudien analysiert werden.

Viele Wissenschaftler glauben, dass man zur Erklärung einer Veränderung lediglich Faktoren heranziehen kann, die sich ebenfalls ändern. Dies trifft so nicht zu. Eine dauerhaft hohe

---

[30] Es lohnt sich, die seltsame Welt der Fallstudienforschung einmal aus dieser Perspektive zu betrachten. Man wird in diesem Forschungszweig unzählige Artikel finden, in denen Autoren faktisch behaupten, dass der Nachweis $y=f(z)$ die These $y=f(x)$ falsifiziere. Nichts könnte falscher sein.

Arbeitslosenquote von 10 Prozent führt mit einer sehr viel größeren Wahrscheinlichkeit zu Reformen von Arbeitsmarktinstitutionen als ein Anstieg der Arbeitslosenquote von 1,5 auf 2,5 Prozent. ‚Steter Tropfen höhlt den Stein', weiß der Volksmund und die Wissenschaft sollte einfache Wahrheiten nicht leichtfertig ignorieren.

Die Analyse stellt dennoch nicht die grundsätzliche Schwäche der der Einzelfallstudie dar. Das weitaus größere Problem resultiert aus der Auswahl des Falles. Woher wissen wir, dass der gewählte Fall repräsentativ ausfällt? Wie können wir wissen, auf welche Fälle sich die Ergebnisse der Einzelfallstudie übertragen lassen?

Vergleichende Fallstudien öffnen die Perspektive. Zwar werden sie meist benutzt, um die Auswirkungen von Variablen zu untersuchen, die sich in einzelnen Fällen nicht verändern. Doch ihre größte Überzeugungskraft entwickeln vergleichende Fallstudien, wenn Varianz sowohl über Zeit als auch zwischen den Fällen auftritt.

Selbstverständlich teilt die vergleichende Fallstudie ihre größte Schwäche mit der Einzelfallstudie. Das Selektionsproblem lässt sich nicht dadurch lösen, dass die Untersuchung von einem willkürlich ausgewählten Fall auf wenige ebenso willkürlich ausgewählte Fälle erweitert wird. Eine zweite Schwäche beider qualitativer Verfahren besteht darin, dass keine Möglichkeit besteht, die Auswirkungen von Zufall analytisch zu berücksichtigen. Solange wir in einer gedachten Welt deterministischer Theorien leben, entstehen dadurch keine Probleme. Gehen wir hingegen von probabilistischen Theorien aus, benötigen wir Annahmen über die Verteilung von Zufall und Methoden, die Zufall analytisch berücksichtigen können.

Qualitative Studien lassen sich einfach durchführen und sie gestatten eine unmittelbare Analyse der Hypothesen, sie sind aber bestenfalls eingeschränkt generalisierbar und leiden unter der begrenzt vorhandenen Möglichkeit, einflussreiche Störvariablen zu kontrollieren.

Quantitative Analysen besitzen gegenüber qualitativen Analysen zwei Vorteile: Zum einen nehmen moderne Regressionsverfahren einen modellierbaren Fehlerprozess an. Die Auswirkungen von Zufall wirken sich deshalb deutlich weniger (optimalerweise gar nicht) auf die Ergebnisse aus. Zum anderen erleichtert die größere Fallzahl (je nach Schätzverfahren benötigen quantitative Analysen mindestens zwischen 25 und 60 Beobachtungen) die Generalisierung auf die Gesamtpopulation.

Mit einem Mythos, den quantitative Forscher gerne für die Überlegenheit ihrer Methoden anführen, muss man allerdings aufräumen: Da quantitative Forschung die Grundgesamtheit (die Population) bestenfalls in Ausnahmefällen beobachten kann,[31] eine Zufallsstichprobe von einer nicht zufällig ausgewählten Teilpopulation aber keineswegs die Gesamtpopulation angemessen repräsentiert, löst das Ziehen einer Zufallsstichprobe (die in den wenigsten Fällen ermittelt wird) das Problem der invaliden Generalisierung nicht. Man darf sicherlich davon ausgehen, dass quantitative Forschung im Schnitt einen geringen Samplingbias aufweist als qualitative Forschung, doch problemlos sind die analysierten Samples nie.

---

[31] Der Gültigkeitsanspruch der Theorie definiert die Grundgesamtheit. Hessen Krankenhäuser zwischen 1990 und 2000 stellen aber für keine Theorie die Grundgesamtheit dar. Keine Stichprobe aus dieser nicht zufällig ausgewählten Teilpopulation kann damit repräsentativ für die Grundgesamtheit sein.

Darüber hinaus erlauben quantitative Analysen wegen der immensen Innovation im Bereich der Regressionsansätze einen extrem flexiblen und häufig problemadäquaten Umgang mit den Problemen des Datengenerierungsprozesses. Viele Probleme lassen sich ausschließlich in quantitativen Analysen lösen. Allerdings fallen quantitative Analysen realer Beobachtungen sehr zeitintensiv aus, wenn die Daten selbst erhoben werden müssen.

In den letzten Jahren haben Varianten der quantitativen Forschung an Bedeutung gewonnen, die einige Elemente der qualitativen Forschung – vor allem die selektive Fallauswahl – für quantitative Analysen nutzbar machen. Sogenannte *Regression Discontinuity* Designs schätzen den Effekt einer Variable nicht auf Grundlage einer Zufallsstichprobe, sondern indem sie Fälle links und rechts eines nicht-arbiträren Schwellenwertes vergleichen. Die Idee dieses Designs liegt darin, dass auf beiden Seiten nahe des Schwellenwertes sehr ähnliche Fälle existieren. Trifft diese Annahme zu, bestünde der Hauptunterschiede darin, dass die Fälle auf der einen Seite des Schwellenwertes ein Treatment bekommen und die auf der anderen Seite nicht.

Das Lehrbuchbeispiel ist der Einfluss des Studiums zugangslimitierten Fächern auf das Einkommen. Der klassische Regressionsansatz würde das Lebenseinkommen von Personen, die ein zugangslimitiertes Studienfach studiert haben, mit dem Lebenseinkommen von Personen vergleichen, die dies eben nicht haben. Leider werden die Mitglieder beider Gruppen in vielen Dimensionen unterschiedlich sein. Deshalb muss der klassische Regressionsansatz „alle anderen Einflussfaktoren" perfekt kontrollieren. Allerdings glaubt nicht jeder, dass man alle anderen Einflussfaktoren wirklich kennt, geschweige denn präzise kontrollieren kann. Der Regression Discontinuity Ansatz umgeht dieses Problem. Er vergleicht lediglich das Einkommen der schlechtesten Bewerber, die in das Programm aufgenommen worden, mit dem Einkommen der besten Bewerber, die ausgeschlossen wurden. Falls beide selektierten Gruppen wirklich in allen anderen Faktoren identisch sind, führt dieses Verfahren nicht nur zu wesentlich vereinfachten Modellen sondern auch zu unverzerrten Ergebnissen.

Eine ähnliche Idee liegt *Matching-Methoden* zugrunde. Hier wird der Gruppe der Fälle, die ein Treatment erhalten, eine Kontrollgruppe hinzugefügt, die in bekannten Dimensionen eine gleiche Verteilung aufweist. Bekannte Dimensionen sind alle Kontrollvariablen. In der Tat funktionieren Matching-Modelle recht zuverlässig, wenn alle Faktoren, die einen Einfluss auf die abhängige Variable ausüben, bekannt sind. In diesem Fall funktionieren Regressionsmodelle aber ebenfalls gut, und letztere besitzen den Vorteil weitaus größerer Effizienz. Wozu sind Matching-Modelle dann gut? Bislang haben Befürworter eine Antwort gefunden: wenn die funktionale Form des Zusammenhangs von Kontrollvariablen und anhängiger Variable unbekannt ist. Viel Rauch um beinahe nichts, also, zumal sich Ökometriker zunehmend einig sind, dass Matching wenig Vorteile aber offensichtlich Nachteile bringt.

Generell liegt der Nachteil von qualitativer Forschung und diesen beiden Hybridmethoden in dem teilweise extremen Verlust an Effizienz und externer Validität. Solchen Methoden eine grundsätzliche Überlegenheit zuzusprechen ist bestenfalls absurd, und meistens Unverständnis, manchmal auch nur überbreite Schultern. Meine Skepsis hier sollte Sie jedoch nicht davon abhalten, diese Methoden zu wählen. Auch wenn man Moden in den Wissenschaften generell mit Vorsicht genießen sollte: auf Ihre Karriere wirkt sich der Nachweis, moderne

Analysemethoden zu beherrschen, vermutlich positiv aus. Ich rate also lediglich davon ab, die Euphorie der Vertreter dieser Methoden unkritisch zu teilen. Blasen und Bubbles gibt es nicht nur auf den Finanzmärkten, und manch ein Artikel liest nach dem Platzen einer methodischen Blase ähnlich anachronistisch wie das Geschreibe neoklassischer Ökonomen von effizienten Finanzmärkten, die Informationen perfekt verarbeiteten.

Experimente gewinnen Daten unter Laborbedingungen. Sie zeichnen sich dadurch aus, dass die Aufteilung in Treatmentgruppe und Kontrollgruppe randomisiert wird und das Treatment systematisch erfolgt. Das Ziel besteht demnach darin, den Effekt einzelner theoretisch interessanter Wirkungsmechanismen, die gezielt variiert werden, dadurch zu isolieren, dass alle anderen Einflüsse ausgeschlossen werden. Beispielsweise nimmt die eine Hälfte der Teilnehmer eines Experimentes einen Wirkstoff und die andere Hälfte ein Placebo. Unterschiede der Verteilungen beider Gruppen, die einen Einfluss auf die beobachtete Auswirkung aufweisen, beeinflussen und verzerren die Ergebnisse. Aber wenn beide Gruppen ausreichend groß sind, sollten die systematischen Unterschiede relativ klein ausfallen. In den Sozialwissenschaften lassen sich Experimente oftmals nur bedingt auf realweltliche Phänomene übertragen. Die externe Validität von Experimenten liegt demnach oftmals bei Null. Dafür erlaubt die Laborsituation eine vollständige Kontrolle von Störvariablen, wodurch Rückschlüsse auf Kausalmechanismen möglich werden. Warum Experimente durchgeführt werden, wenn die Übertragbarkeit auf realweltliche Situationen nicht gewährleistet werden kann? Nun, zum ersten sind Experimente schnell durchzuführen und deswegen wenig arbeitsaufwändig, zum zweiten sind die Daten recht simpel gestrickt und bedürfen keiner komplizierten Verfahren, zum dritten macht die Durchführung von Experimenten angeblich Spaß, und zum vierten lassen sich Experimente aus mitunter unerfindlichen Gründen gerade gut publizieren.

Quasi-Experimente greifen entweder auf Daten zurück, die nicht im Labor entstanden oder in der die Aufteilung in Kontroll- und Treatmentgruppe nicht randomisiert wurde sondern auf individuellen Eigenschaften basieren. Der Begriff Quasi-Experiment wird auch für Forschungsdesigns verwand, in denen die Natur oder Menschen randomisieren. Man spricht in solchen Fällen auch von ‚natürlich en Experimenten'. Ob Quasi-Experimente Aufschluss auf Kausalität erlauben, bleibt umstritten. Da nicht ausgeschlossen werden kann, dass das randomisierte Treatment mit anderen nicht-kontrollierten Einflüssen korreliert, sollte man nicht zu optimistisch sein. Die Vorteile gegenüber nicht-randomisierten Datenanalysen liegen dennoch auf der Hand.

5.4 Kriterien der Methodenwahl

Zwischen der Theorieentwicklung und der Einordnung der eigenen Theorie in die bestehende Literatur einerseits und dem Schreibprozess andererseits muss die Analyse erfolgen. Einzelfallanalysen, der Vergleich weniger Fälle (beides subsumiert man unter dem Begriff der Fallstudie), die Analyse einer Zufallsstichprobe oder des Universums aller Fälle (beides wird unter *quantitative Datenanalyse* subsumiert) gehören zum wissenschaftlichen Standardrepertoire.

Je mehr Fälle analysiert werden müssen um gültige, verallgemeinerbare Ergebnisse zu erhalten, desto eher halten quantitative Analysen den Aufwand in Grenzen. Qualitative Analysen einer großen Fallzahl sprengen schnell den Rahmen des Machbaren. Während quantitative Analysen naturgemäß stärker generalisierende Aussagen zulassen und die Theorien einem allgemeinen Test aussetzen, liegt der Vorteil der Fallstudien darin, die Mechanismen des Einflusses der unabhängigen auf die abhängige Variable (in günstigen Fällen) präziser zu beschreiben. Deswegen eignen sich qualitative Analysen besser für induktive Forschung während sich quantitative Forschung als überlegen erweist, wenn Theorien getestet werden sollen (deduktive Forschung).

Als Theorietest erweisen sich qualitative Methoden immer dann als nachteilig, wenn die Fälle heterogen sind und man das richtige Modell nicht kennt – sieht man von Experimenten ab, also nahezu immer. Diese Nachteile resultieren daraus, dass ein Forscher die Fälle so auswählen muss, dass sie außer in der Ausprägung der primär interessierenden Variable homogen ausfallen.

Falls die Fälle heterogen sind, leiden die Ergebnisse qualitativer Forschung unter einem mit wenigen Beobachtungen nicht zu kontrollierenden und in den Griff zu bekommenden Sampling-Bias. Die Analyse einer größeren Anzahl von Fällen hilft hier oftmals weiter, da durch die Vergrößerung des Samples die Freiheitsgrade steigen, solange größere Samples nicht wesentlich kompliziertere Modelle verlangen. Die Wahl zwischen qualitativen und quantitativen Methoden (in der deduktiven Forschung) weist demnach einen Trade-Off zwischen der Komplexität des Modells und der Anzahl der Beobachtungen auf: Wenn man die Zahl der Beobachtungen steigern kann, ohne dass das Modell komplizierter wird, zahlt sich die Vergrößerung des Samples aus. Falls nicht, wird die Entscheidung schwieriger.

Nicht Ihr persönlicher Geschmack, sondern *fünf Kriterien* sollten der Methodenauswahl zugrunde liegen:

Erstens die Machbarkeit innerhalb des Bearbeitungszeitraumes und bei gegebenem Budget. Experimente sind teuer und zeitintensiv, die Datenerhebung für ein großes Sample zeitaufwendig und Einzelfallstudien können eine Anwesenheit vor Ort voraussetzen und somit ein Reisebudget erfordern.

Zweitens und ebenso wichtig wie die schiere Machbarkeit sollten die theoretischen Implikationen für die gewählte Methode sein. Im schlechtesten Fall bleibt Ihr Test sinnlos, da er nicht zwischen konkurrierenden Theorien diskriminiert oder die Operationalisierung der Variablen die theoretisch behaupteten kausalen Verbindungen nicht exakt genug widerspiegelt. Im besten Fall gibt Ihre Analyse dagegen präzise Auskunft über die Leithypothese und das Kausalmodell und diskriminiert zugleich perfekt zwischen konkurrierenden Theorien.

Drittens sollte die von Ihnen gewählte Methode den *ernsthaftesten* Test für Ihre Theorie darstellen. Greifen Sie nicht, weil Sie an einer Bestätigung Ihrer Theorie interessiert sind, auf einen schwachen Test zurück. Je härter Ihr Test ausfällt, desto überzeugender gerät Ihre Arbeit. Dies gilt selbst dann, wenn Sie Ihre Hypothese letztlich ablehnen müssen.

Viertens sollte Ihre Analyse interne Validität aufweisen. Innerhalb der Welt qualitativer Analysen bedeutet interne Validität, dass die ausgewählten Fälle in allen Kontrollvariablen identisch sind und sich in der Sie interessierenden Variablen unterscheiden. Mit anderen Worten, um den Einfluss das Wahlsystems auf die Wahlbeteiligung zu identifizieren, dürfen sich die ausgewählten Falle in allen Faktoren, die einen Einfluss auf die Wahlbeteiligung ausüben nicht unterscheiden, im Hinblick auf das Wahlsystem dürfen sie dagegen nicht gleich sein. Für quantitative Analysen setzt interne Validität voraus, dass das empirische Modell korrekt spezifiziert ist und ein unverzerrter Schätzer benutzt wird, der über eine große Effizienz verfügt. Das empirische Modell kann vereinfacht werden, wenn durch geeignete Fallauswahl die Varianz in den Kontrollvariablen eliminiert wird. Dies setzt ebenso wie die Kontrolle dieser Variablen voraus, dass Wissenschaftler das korrekte Modell kennen. Logischerweise können Sie nicht voraussetzen, dass eine selektive Fallauswahl oder eine Zufallsauswahl den Einfluss unbekannter Störeinflüsse eliminiert.[32]

Fünftens sollten die Ergebnisse ihrer Analyse generalisierbar ausfallen und somit externe Validität aufweisen. Die analysierten Fälle sollten Aussagen auf die Gesamtpopulation zulassen. Dazu müssen die analysierten Fälle die Population – die Menge der Fälle über die eine Theorie Prognosen zulässt – exakt abbilden. Je weniger Fälle Sie analysieren, desto weniger erscheint dies möglich. Wenn Sie zwei Unternehmen vergleichen, werden Sie wohl kaum alle Sektoren abbilden und gleichzeitig alle möglichen Rechtsformen berücksichtigen. Ebenso wenig wird es Ihnen gelingen, mit zwei Staaten Entwicklungsländer und OECD-Staaten, Demokratien und Autokratien, Mehrheits- und Verhältniswahlrecht berücksichtigen. Die Übertragung der Ergebnisse eines Vergleiches von Deutschland und Frankreich auf alle OECD-Staaten erscheint mir höchst fragwürdig, eine Generalisierung dieser Ergebnisse auf alle Staaten kann man nur absurd finden. Und dann sollten diejenigen, die an Experimente glauben, noch einmal über die Übertragung von Ergebnissen, die mit Studenten der Universität Oxford erzielt wurden, auf die gesamte Weltpopulation nachdenken.

Insgesamt kann man sicherlich davon ausgehen, dass ein Zielkonflikt zwischen interner und externer Validität besteht, und dass nun wirklich niemand an stark verzerrten, aber auch niemand an nicht-repräsentativen Ergebnissen interessiert sein. Es wird Ihnen also nicht ohne weiteres gelingen, durch eine Analyse gleichermaßen intern valide und generalisierbare, also extern valide, Ergebnisse zu gewinnen. Vermutlich finden Sie zahlreiche derartige Behauptungen in der Literatur, doch seien Sie skeptisch: für interne und externe Validität ist nicht nur ein perfektes Forschungsdesign und wenn ein korrektes Modell nötig, sondern auch eine gegen unendlich gehende Anzahl von Beobachtungen.

---

[32] Vertreter des Randomisierungs-Ansatzes gehen in der Tat davon aus, dass der Zufall Störeinflüsse identisch auf Kontroll- und Treatmentgruppe verteilt. Dies ist aber natürlich nur dann der Fall, wenn Störeinflüsse ausreichend häufig auftreten, sehr klein sind, oder das analysierte Sample sehr groß ist. In keiner der mir bekannten auf Randomisierung basierenden Analysen sind diese Bedingungen erfüllt.

Für welche Art der Analyse Sie sich auch immer entscheiden: Begründen Sie, warum die von Ihnen gewählte Analysemethode in Anbetracht Ihrer Theorie gegenüber allen alternativen Methoden überlegen ist. Sollte die von Ihnen gewählte Methode über keine Vorteile verfügen, bleibt zwangsläufig unklar, warum Sie ausgerechnet diese und nicht eine überlegene Methode anwenden. Die Fragwürdigkeit Ihrer Methodenwahl liegt dann auf der Hand.

Wählen Sie in jedem Fall die beste Methode zur Überprüfung Ihrer Theorie. Wenn Sie diese nicht beherrschen, lernen Sie die Methode. Wenn Ihr Gutachter keine entsprechenden Fähigkeiten besitzt (und die Methode deshalb leider mit nicht geringer Wahrscheinlichkeit als ungeeignet erachtet) suchen Sie sich besser einen anderen Gutachter oder einen qualifizierten Zweitgutachter. Insbesondere wenn Sie eine Dissertation schreiben, besteht Ihr Ziel nicht darin, Ihren Gutachter zu überzeugen oder dessen akademisches Weltbild zu erschüttern. Sie wollen eine qualitativ hochwertige Studie abliefern, mit der Sie auf dem akademischen Markt reüssieren können. Nicht jede Studie lässt sich mit jedem Betreuer in Übereinstimmung bringen. Grundsätzlich aber gilt, dass Sie, wenn Sie eine universitäre Karriere anstreben, einen Gutachter wählen sollten, dessen wissenschaftliche Arbeit sichtbar ist und zitiert wird.

5.5 Konsequenzen der Methodenwahl

Jede Methode besitzt eigene Vorteile und eigene Probleme. So sollten Sie

1. von Einzelfallstudien keineswegs kritik- und begründungslos auf die Gesamtheit der Fälle schließen,
2. nicht glauben, dass die Ergebnisse eines Vergleichs zweier Fälle auch dann noch Bestand haben, wenn zwei lediglich ähnliche Fälle untersucht werden,
3. den Aussagen qualitativer Methodikern bezüglich der Beobachtbarkeit von Kausalmechanismen durch qualitative Designs misstrauen,
4. nicht von statistischen Analysen auf den Einzelfall schließen, aber auch
5. nicht vom Einzelfall auch die Grundgesamtheit schließen,
6. Ergebnisse von Quasi-Experimenten nicht als Beweis von Kausalmechanismen interpretieren,
7. Ausreißer in Experimenten nicht aus der Analyse entfernen ohne dies zu berichten sowie die Ergebnisse vor/nach dem Entfernen von Ausreißern vergleichen,
8. der Propaganda von Ökonometrikern hinsichtlich der Unverzerrtheit einzelner quantitativer Methoden mit Skepsis begegnen,
9. moderne Methoden nicht einfach nur anwenden, weil sie modern sind, und
10. die Übertragbarkeit von Laborstudien auf realweltliche Phänomene kritisch betrachten.

Ziehen Sie keine Schlussfolgerungen, die Ihre gewählte Methode nicht zu ziehen erlaubt! Seien Sie eher kritischer gegenüber Ihrer eigenen Vorgehensweise als Ihre Leser sein werden. Auf diese Weise erwecken Sie einen souveränen Eindruck.

Gerade Qualifizierungsarbeiten gewinnen, wenn sie im Analyseteil sachlich formuliert werden. Wenn die gewählte Methode im Hinblick auf die Analyse die zweitbeste Methode darstellt, diese aber aus Zeitgründen der besten Methode vorgezogen werden musste, dann gibt es keinen Anlass, diesen Sachverhalt zu verschweigen.

Grundsätzlich sollten Sie nicht aus geschmäcklerischen Gründen eine Second Best Methode wählen. Wie gesagt: Wenn Sie eine beste Methode technisch nicht beherrschen, besitzen Sie drei Optionen: Sie erlernen diese beste Methode (dies ist die empfohlene Option), Sie verändern die Problemstellung so, dass Sie Ihr Problem mit einer Ihnen bekannten Methode analysieren können, oder Sie wählen eine andere Fragestellung.

Während der Durchführung der Analyse lässt selbst die beste Methode Probleme erkennen. Nicht jeder Schritt vollzieht sich reibungslos nach Ihren Vorstellungen und entsprechend Ihrer Absichten. Können Sie Zweifel an der Robustheit[33] und der Generalisierbarkeit Ihrer Ergebnisse nicht ausräumen, sollten Sie diese Zweifel thematisieren. Es ist schlicht unredlich (aber leider nicht ungewöhnlich) und grenzt an wissenschaftlichen Betrug, dem Leser eine Sicherheit über die Korrektheit der Ergebnisse vorzugaukeln, die Sie selbst nicht besitzen.

Letztlich gilt die einfache Regel, gegenüber eigenen Ergebnissen mindestens ebenso kritisch zu sein, wie gegenüber den Ergebnissen Ihres akademischen Lieblingsfeindes. Es geht nicht allein darum, den eigenen Beitrag möglichst positiv erscheinen zu lassen, sondern es geht *auch* darum, seine Grenzen aufzuzeigen. Unterstützt die Analyse die eigene Theorie nicht, dann kann das im Rahmen einer Qualifizierungsarbeit benannt und nach Möglichkeit begründet werden. Selbst wenn ‚negative Ergebnisse' im Wissenschaftsalltag beinahe unpublizierbar sind, liegt bei Qualifizierungsarbeiten kein Grund vor, die eigene These zu bestätigen.

5.6 Spezifikation des Forschungsdesigns

Die Spezifikation des Forschungsdesigns beinhaltet die Wahl des Untersuchungsgegenstandes, die Fallauswahl und die Methodenwahl. Im Analyseteil Ihrer Arbeit müssen Sie die vorgenommene Auswahl umfassend und überzeugend begründen. Deswegen spezifizieren Sie Ihr Forschungsdesign besser gleich mit hohem Problembewusstsein. Nachgeschobene Begründungen mögen plausibel klingen, doch sie halten einer kritischen Betrachtung selten Stand.

Normalerweise schreibt Ihnen die Theorie den Untersuchungsgegenstand vor, manchmal wählt man auch den Untersuchungsgegenstand bevor man die dazu passende Theorie formu-

---

[33] Robust sind qualitative Analysen dann und nur dann, wenn die Analyse theoretisch ausreichend ähnlicher Fälle zu identischen Ergebnissen führt. Anders ausgedrückt: auch qualitative Studien müssen generalisierbare Ergebnisse hervorbringen. Da qualitative Analysen unter der niedrigen Fallzahl leiden, müssen die zwingend erforderlichen ceteris paribus Annahmen benannt und begründet werden. Es muss plausibel werden, dass die Ergebnisse nicht von unbeachteten Einflussfaktoren hervorgerufen werden.

liert. Wenn Sie von der Theorie ausgehen und wenn diese Theorie eine beinahe universelle Gültigkeit für sich reklamiert, dann sollten Sie zunächst den Anwendungsgegenstand einschränken und die Kriterien, die dieser Eingrenzung zugrunde liegen, benennen.

Viele (selbst veröffentlichte) Analysen fallen theoretisch wenig interessant aus. Zwar schildert der Autor sein empirisches Problem auf vielen Seiten, aber er bietet letztlich keine oder eine nur wenig überzeugende und kaum verallgemeinerungsfähige Erklärung an. Eine solche nachgeschobene Theorie kann niemals überzeugend sein. Zu leicht fällt es gut ausgebildeten Kritikern Ihres Ansatzes, konkurrierende Erklärungen für Ihren Fall zu liefern.

Wie ich in der Diskussion der Themenwahl ausführe, sollten Sie sich nicht von Interessengebieten, persönlichen Erfahrungen und Fremdsprachenkenntnissen leiten lassen. Vergleichen Sie deshalb nicht ‚Frankreich' mit ‚Deutschland', weil Sie aus Deutschland sind und der Mitbewohner Ihrer WG aus Frankreich, weil Sie Ihren Urlaub im letzten Jahr in Frankreich verbrachten, oder weil Sie Französisch sprechen, während Schwedisch Ihnen unbekannt ist. Vergleichen Sie auch nicht einfach deshalb Deutschland mit Frankreich, weil die Länder etwa gleich groß sind.

Stattdessen schreibt die Theorie Ihnen die optimale Auswahl des Anwendungsgebietes und der Fälle vor. Andere Kriterien fallen dahinter zurück. Formulieren und notieren Sie deshalb theoretisch motivierte Auswahlkriterien, wann immer Ihnen dazu etwas einfällt. Diese Kriterien stellen Sie später im Analyseteil der Arbeit umfassend vor. Davon hängt viel ab.

Die Begründung der Auswahl des Anwendungsfalls gelingt umso besser, je perfekter Ihre Theoriekenntnis und je umfassender Ihre Kenntnisse der Gesamtheit der zur Analyse geeigneten Fälle ausfällt. Die Theoriekenntnis muss so gut sein, dass Sie nicht allein die aus ihr abgeleiteten Hypothesen, sondern ebenfalls die bekannten Antecedenzbedingungen[34] kennen. Eine Fallanalyse, die eine Theorie scheinbar ‚falsifiziert', aber eine bekannte Antecedenzbedingung ignoriert, besitzt keinerlei wissenschaftlichen Nutzen. Sie müssen deshalb begründen, warum Ihr Anwendungsfall Aussagen über Ihre Theorie zulässt.

Das Universum der Fälle muss logischerweise bekannt sein, um den *geeignetsten* Fall auszuwählen. Dabei gilt derjenige Fall als der geeignetste, welcher die Theorie dem härtesten Test aussetzt. Dieser Test führt *am wenigsten wahrscheinlich* zu einer Bestätigung der Theorie. Diese Aussage mag seltsam erscheinen, doch resultiert sie daraus, dass die Wissenschaft sich stärker für die Ablehnung als für die Bestätigung von Hypothesen interessiert.

Sie sollten diese wissenschaftlichen Kriterien berücksichtigen und zugleich pragmatisch vorgehen. Stephen van Evera (1997) nennt einen Katalog an Kriterien, welche der Fallauswahl zugrunde liegen können: 1) Kosten der Datenerhebung, 2) extreme Ausprägung auf der abhängigen Variable, 3) große Dynamik über Zeit in der abhängigen Variable und/ oder der hauptsächlich interessierenden unabhängigen Variable, 4) divergierende Hypothesen konkur-

---

[34] Antecedenzbedingungen grenzen die Gültigkeit einer Theorie ein. Beispiel: Wenn ich den Lichtschalter auf ‚an' stelle, geht die Glühlampe an. Die Antecedenzbedingungen lauten, dass eine Netzspannung am Schalter anliegt, der Schalter mit der Glühlampe korrekt verbunden und die Wendel der Glühbirne intakt und prinzipiell funktionsfähig ist.

Spezifikation des Forschungsdesigns

rierender Theorien, 5) aktuelle politische Relevanz, 6) leichte Generalisierbarkeit der Rahmenbedingungen, 7) Möglichkeit, einen kontrollierten Vergleich mit anderen Fällen vorzunehmen, 8) Ausreißercharakter eines Falles, 9) persönliches Interesse, 10) Möglichkeit, mit dem gewählten Fall eine bislang unbeobachtete wichtige Variable zu identifizieren.

Führen Sie mehrere Gründe für die Auswahl an. Ihr Forschungsdesign wirkt dann durchdachter und überzeugender.

In quantitativen Studien sollten Sie zunächst versuchen, alle vorhandenen relevanten Fälle in das Sample aufzunehmen. Falls es unmöglich erscheint, alle Einflussfaktoren zu kontrollieren und wenn zu erwarten ist, dass die nicht beobachtbare Variable mit der zu analysierenden wichtigsten unabhängigen Variable korreliert, macht es Sinn, einige Fälle wegen eines nicht zu kontrollierenden Einflussfaktors aus dem Sample zu entfernen.[35] Ein Beispiel für diese Vorgehensweise stellt die Eliminierung kriegsführender Staaten aus einem Schätzansatz dar, der die Determinanten des Wirtschaftswachstums abbildet. Die Begründung für die Entfernung aus dem Sample liefert nicht so sehr die Tatsache, dass Kriege das Wirtschaftswachstum reduzieren. Vielmehr besitzen Kriege zusätzlichen einen schwer zu schätzenden Einfluss auf die zu schätzenden Parameter der übrigen Variablen. Zusätzlich sollte man davon ausgehen, dass die Daten der in einen Krieg verwickelter Staaten häufig ‚schmutziger' ausfallen. Wegen der Überlagerung dieser Störgrößen stellt eine Verkleinerung des Samples die wahrscheinlich bessere Alternative dar.[36]

Wenn das Universum der Fälle zu groß ist, ziehen Sie eine Zufallsstichprobe. Regressionen mit mehr als 1000 Beobachtungen können zu überkonfidenten Schätzungen führen. In der Mehrzahl der Untersuchungen weist das Sample aber vermutlich eher zu wenig als zu viele Beobachtungen auf. In diesem Fall stellt das ‚Poolen' von Datensätzen – also eine Verbindung von Querschnitt- und Längsschnitt-Informationen eine praktikable, wenngleich statistisch anspruchsvolle Lösung dar, die sehr gute Methodenkenntnisse voraussetzt.

Verfüg man über eine ausreichend große Anzahl an Beobachtungen, muss man lediglich noch den richtigen Schätzansatz wählen. Bei dieser Wahl muss in zwei Dimensionen optimiert werden: Erstens muss der Schätzansatz der Datenstruktur und der Fehlerstruktur angemessen sein, um unverzerrte und effiziente Schätzungen zu erlauben. Zweitens muss dieser

---

[35] Korreliert die latente Variable nicht mit der theoretisch relevanten Variable, führt ihr Ausschluss nicht zu einer verzerrten Schätzung und die betroffenen Fälle können im Sample verbleiben.

[36] Darüber hinaus aber besitzt das most similar case design in quantitativen Studien heutzutage wenig Sinn. Theorien, die man über systematische Unterschiede zwischen verschiedenen ‚Klassen' von Beobachtungen besitzt, sollte man lieber explizit formulieren und durch Interaktionseffekte direkt testen. Interaktionsterme bildet man, indem man zwei Variablen miteinander multipliziert. Nehmen beide Ausgangsvariablen positive und negative Werte an, muss man zunächst mindestens eine Variable standardisieren. Zum standardisieren benutzt man beispielsweise die folgende Formel

$$\frac{x_i - x_{min}}{x_{max} - x_{min}}$$

In eine Regressionsgleichung mit Interaktionsterm müssen immer auch die Ausgangsvariablen eingeschlossen werden.

Ansatz gleichzeitig an die zu überprüfende Hypothese angepasst sein. Viele Schätzungen sind statistisch einwandfrei, testen aber keineswegs die Hypothese, die der Autor testen möchte und zu testen vorgibt. In diesem Fall ist ein ‚unsauberer' Schätzer vorzuziehen, da die Methode ja schließlich zum Test der Hypothese gewählt wird – und nicht umgekehrt der Schätzer die Formulierung der Hypothese bestimmt.

Um Ihre Methodenwahl zu begründen, geben Sie zunächst an, was Sie veranlasst hat, aus den grundsätzlichen Optionen (qualitative Einzelfallstudie, qualitativer Vergleich mehrerer Fälle, Simulation sowie quantitative Analyse von Experimentaldaten oder durch Beobachtung gewonnene Daten) eine oder eine Kombination aus mehreren Methoden auszuwählen. Wenn Sie die relativen Vor- und Nachteile der Methoden betrachten, lassen sich gute Begründungen für Ihre Vorgehensweise finden.

Anschließend schildern und begründen Sie die Spezifika Ihrer Vorgehensweise. Eine qualitative Studie kann auf Interviews basieren, Originalquellen oder Sekundärmaterial (oder beliebige Kombinationen) auswerten. Die Bandbreite der Methoden in der quantitativen Forschung fällt weitaus höher aus, doch die Kriterien, die eine Methode näher legen als jede andere, verstehen wir mittlerweile recht gut. Die Begründung der Wahl der spezifischen Methode fällt unter diesen Bedingungen naturgemäß leicht. Die Methode muss trotzdem sorgfältig ausgewählt und gut begründet werden, da ansonsten unmittelbar Zweifel entstehen.

5.7 Robustheit der Analyseergebnisse

Die Qualität jeder empirischen Untersuchung, die Sie präsentieren, hängt zentral von der Glaubwürdigkeit Ihrer Ergebnisse ab. Diese Glaubwürdigkeit resultiert wiederum aus drei zentralen Faktoren:

1. Wie sehr unterscheiden sich Ihrer Ergebnisse von den Ergebnissen anderer Studien, die eine ähnliche Fragestellung untersuchen? Sind Ihrer Ergebnisse konsistent zu diesen Ergebnissen, steigt die Glaubwürdigkeit Ihrer Analysen, aber es mag sich die Frage nach Ihrem Beitrag stellen.
2. Wie gut gelingt es Ihnen, Ihre Methodenkenntnisse zu belegen? In der Regel gilt, je ausführlicher Sie Ihr Forschungsdesign diskutieren und Ihre Modellspezifikation begründen, desto eher nehmen Ihnen Ihre Gutachter selbst abweichende Ergebnisse ab.
3. Je besser Sie möglichen Einwänden gegen Ihre Wahl einer Modellspezifikation begegnen, desto größer Ihre Glaubwürdigkeit.

Dieser letzte Punkt liefert die Begründung für Robustheitstests.

Robustheitstests stellen Replikationen Ihrer Analyse mit plausibel verändertem Forschungsdesign dar. Sollten Zweifel an Ihrer Fallauswahl, an Ihrer Analysemethode, an der Modellspezifikation oder an Ihrem Analyseverfahren möglich sein, dann ersetzen Sie Ihre präferierte Spezifikation durch eine ebenfalls plausible Alternative.

Aufgrund der Grenzen aller Methoden kann Plausibilität weniger gut durch einzelne Analysen als vielmehr durch eine Vielzahl ähnlicher Analysen mit systematischen Veränderungen erzeugt werden. Einige wissenschaftliche Disziplinen sehen Replikationsstudien als Alltagsgeschäft vor. In der Medizin, der Physik werden Experimente mit leicht geändertem Aufbau oder mit identischem Aufbau und verschiedenen Teilnehmern wiederholt – und nur was getestet und wiederholt getestet wurde, wird als gesichert angesehen. Die Sozialwissenschaften sehen Replikationsstudien nicht nur nicht vor, gelegentlich werden sie sogar als Aggression gewertet. Gary King (1999: 444) meint dazu: "Wissenschaft ist ein Gemeinschaftsunternehmen. Die Gemeinschaft der empirischen Wissenschaftler benötigt Zugang zu den Daten, die notwendig sind um veröffentlichte Studien zu verstehen, evaluieren, und um auf diesen aufzubauen."

Robustheitstest gehen einen Schritt weiter. Sie basieren auf der Annahme, dass die wahre Modellspezifikation unbekannt ist. Zwar besitzen Wissenschaftler in der Regel ein Modell, von dem sie denken, dass es dem wahren Modell oder der Wahrheit recht nahe kommt, doch Gewissheit darüber kann es nicht geben. Allerdings kann auch nicht jedes beliebige Modell als gleichermaßen plausibel angesehen werden. Wissenschaftler verfügen somit über eine Skala an empirischen Modellen, die von recht plausibel bis hochgradig unplausibel reichen. Vertreter von Robustheitstest argumentieren nun, dass Wissenschaftler nicht nur einige wenige Modelle präsentieren und veröffentlichen sollten, sondern die Ergebnisse ihres bevorzugten Modells mit den Ergebnissen ähnlich plausibler Modelle vergleichen. Wenn Veränderungen der Modellspezifikationen die Ergebnisse nicht signifikant beeinflussen, können wir hinreichend sicher sein, dass die kausalen Schlussfolgerungen und Verallgemeinerungen korrekt sind.

Natürlich existieren sehr viele und sehr unterschiedliche Robustheitstests. Die bedeutsamsten sind:

- Änderung der Kontrollvariablen,
- Änderung der Definition und Operationalisierung der Variablen,
- Veränderung der funktionalen Form zwischen den Regressoren und der abhängigen Variablen,
- Veränderung des Samples und
- Änderung des Schätzers (bei quantitativen Studien).

Diese Liste ist nicht vollständig.

Selbstverständlich können von einer Diplomarbeit keine umfänglichen Robustheitstests erwartet werden. Aber unterschätzen den Einfluss von Robustheitstests auf das Wohlwollen Ihrer Prüfer nicht, seien es nun Erst- oder Zweitkorrektoren oder sogar Gutachter von Fachzeitschriften. Wenn Sie die Robustheit Ihrer Ergebnisse nachweisen, sind Sie eher in der Lage Ihre Leser von Ihren Schlussfolgerungen und deren Validität zu überzeugen als wenn Sie die Robustheit Ihrer Ergebnisse nicht nachweisen. Es gibt deshalb keinen Grund auf Robustheitstest zu verzichten – außer vielleicht denjenigen, dass Ihre Ergebnisse nicht robust sind. Aber selbst in diesem Falle wollen Sie Robustheitstest zeigen. Sie sollten nur zunächst sicherstellen, dass Ihr Modell stabil ist. Damit schließen Sie aus, irgendwann von einem

Autoren, der Ihre Arbeiten repliziert, gesagt bekommen, dass die berichteten Ergebnisse nicht robust sind.

5.8 Dokumentation und Replizierbarkeit der Analyse

Die Replizierbarkeit einer Analyse ist das wichtigste Kriterium der Wissenschaftlichkeit. Durch die Replizierbarkeit unterscheiden sich wissenschaftliche Texte von schriftlich fixierten Meinungsäußerungen.

Anders ausgedrückt: Die analytische Arbeit, die den Wissenschaftler in die Lage versetzt, begründete Vereinfachungen und Generalisierungen beobachteter Zusammenhänge zu formulieren (Inferenzen vorzunehmen), muss nachvollziehbar sein. Wenn ein zweiter Wissenschaftler dieselben Quellen, dieselben Daten benutzt und dieselben Methoden wählt, muss er Ergebnisse generieren, die zumindest sehr ähnlich ausfallen. In diesem Sinne genügt es nicht, dass eine Analyse Ergebnisse generiert. Diese Ergebnisse müssen wiederholbar sein. Nur dies kann eine exakte Beschreibung der Vorgehensweise sicherstellen. Gut geschriebene, aber nicht überprüfbare Argumentationsketten mögen leicht lesbar sein und den ein oder anderen Leser überzeugen, wissenschaftlich gehaltvoll sind sie nicht.

So betrachtet fällt die Sicherstellung von Wissenschaftlichkeit leicht und schwer zugleich: Sie gerät leicht, weil man lediglich beschreiben muss, wie man zu den behaupteten Überzeugungen und Thesen kam, und welche Indizien die eigenen Thesen letztlich stützen und welche Indizien den eigenen Thesen widersprechen. Sie gerät zugleich schwer, weil es niemandem leicht fällt, so sauber zu arbeiten, dass eine konsistente Theorie durch eine überzeugende und replizierbare Analyse Bestätigung findet.

Es gibt keinen Grund, Qualifizierungsarbeiten von dem anspruchsvollen Kriterium der Replizierbarkeit zu befreien. Wenn Qualifizierungsarbeiten unter anderem für den Beruf des Wissenschaftlers qualifizieren, dann sollte man übliche wissenschaftliche Kriterien zu ihrer Bewertung heranziehen. Schließlich käme auch niemand auf die Idee, eine Führerscheinprüfung auf einem abgesperrten Parkplatz durchzuführen.[37]

Mindestens ebenso wichtig wie *was Sie machen* ist *wie Sie es machen*. Selbst einwandfreie Analysen verlieren ihren wissenschaftlichen Wert, wenn sie unvollständig oder unpräzise beschrieben werden. anders herum ausgedrückt: Nur replizierbare Analysen besitzen einen wissenschaftlichen Wert. Gary King begründet den Anspruch der Replizierbarkeit mit dem sozialen Charakter der Wissenschaften: „Science is a community enterprise; the community

---

[37] Dass ein Studium auch eine Qualifikation für den außeruniversitären öffentlichen und privaten Arbeitsmarkt bedeutet, muss dabei nicht irritieren: Jeder private und öffentliche Arbeitgeber wird Hochschulabsolventen gesondert ‚auf den Job' hin trainieren. Doch ohne in ausreichendem Maße vorhandene Graduiertenausbildungsprogramme an deutschen Hochschulen muss das Diplom als Qualifikation für die Promotion gelten und dies muss sich in der Diplomausbildung niederschlagen, wollen die deutschen Wissenschaftsinstitute den Abstand zur internationalen Spitzenforschung verringern.

of empirical (...) scientists needs access to the body of data necessary to replicate existing studies in order to understand, evaluate, and especially build on this work." King 1995: 443)

Replizierbarkeit setzt voraus, dass ein Dritter eine Analyse wiederholen kann, ohne Informationen vom Autor zu benötigen, die sich nicht bereits im Text aufgeführt sind. Auch qualitative Studien müssen replizierbar sein (King, Keohane und Verba 1994), obwohl die Komplexität der Daten die Replizierbarkeit qualitativer Analysen erschwert. In qualitativen Analyseteilen bedeutet ‚replizierbar', dass sich die Quellen der Informationen, die in eine Fallstudie einfließen, leicht auffinden lassen. Anonyme Interviews sind und bleiben aus diesem Grunde problematisch, selbst wenn sie in vielen sozialwissenschaftlichen Disziplinen regelmäßig Anwendung finden. Replizierbarkeit bedeutet auch, dass Wissenschaftler, welche die gleichen Quellen und Informationen benutzen, zu mindestens ähnlichen, eigentlich aber identischen Ergebnissen gelangen.

In quantitativen Analysen bedeutet replizierbar darüber hinaus, dass eine Analyse mit dem gleichen Datensatz und der gleichen Methode identische Ergebnisse hervorbringt. Damit nicht genug: Die Ergebnisse sollten ebenfalls robust ausfallen, das heißt, eine andere ebenso plausible Operationalisierung einer der Variablen darf die Ergebnisse nicht grundsätzlich ändern, sondern höchstens leicht beeinflussen.

Wir werden später bei der Diskussion, wie man Analyseteile schreibt, sehen, dass die Replizierbarkeit größte Bedeutung besitzt. Die Herstellung der Replizierbarkeit von Analysen und deren Ergebnissen stellt eine *sine qua non Bedingung* wissenschaftlicher Publikationen dar. Achten Sie deshalb bereits bei der Durchführung Ihrer Analyse auf die exakte Dokumentation jedes einzelnen Schrittes. Allein eine präzise Dokumentation der Analyse stellt sicher, dass Ihre Arbeit verstanden und im Hinblick auf ihre (und Ihre!) Qualität evaluiert werden kann.

Diese Replizierbarkeit lässt sich im Prinzip problemlos sicherstellen. Gary King gibt die folgenden Fragen an, die man notwendigerweise im Analyseteil einer wissenschaftlichen Arbeit beantworten muss:

1. Wie haben Sie die Beobachtungen (die Befragten, die Fälle, der Beobachtungszeitraum) ausgewählt? Welche Kriterien liegen der Auswahl zugrunde?
2. Falls Interviews geführt wurden: Wer hat die Interviews durchgeführt? Falls mehrere Interviewer vorhanden waren: Welche Maßnahmen wurden ergriffen, um einen Einfluss des Interviewers auf die Befragten auszuschließen?
3. In welcher Reihenfolge wurden die Fragen gestellt? Wie lange dauerte das Interview?
4. Falls Sie auf bestehende Datensätze zurückgriffen: Welches ist die exakte Fundstelle der Daten? Warum haben Sie diese Daten (und keine anderen) ausgewählt?
5. Wie verlässlich sind die Ersteller des Datensatzes, die Kodierer? Wie verbreitet fällt der Gebrauch des Datensatzes aus?
6. Wie lautet die exakte Definition der Variable? Was wird exakt gemessen?
7. Bei Inhaltsanalysen: Welche Abfrage haben Sie durchgeführt?

8. Welche mathematischen Operationen haben sie gegebenenfalls benutzt, um Daten zu standardisieren?
9. Welche Statistikprogramme haben Sie benutzt?
10. Welches statistische Verfahren fand Anwendung?
11. Wie sind Sie mit fehlenden Informationen (Non-Response in Umfragen, ‚Missings' in Datensätzen, etc.) umgegangen?

Ohne umfassende Antwort auf diese Fragen können die Leser die Bedeutung Ihrer Analyse nicht einschätzen.

Wenn Sie die Antworten auf die für Ihr Untersuchungsdesign relevante Fragen während der Analyse bereits in Stichworten festhalten, sollten sich keine Probleme ergeben, die Replizierbarkeit Ihrer Untersuchung zu gewährleisten.

5.9 Check-Liste Kapitel 5

Haben sie Ihre Theorie durch Deduktion gewonnen, so dass sie generalisierende Aussagen über die Ursache einer Klasse von Ereignissen zulässt und einen Kausalmechanismus beschreibt?

Was lässt sich über die Generalisierbarkeit und Vorhersagekraft Ihrer Theorie sagen?

Reklamieren Sie eine universelle Gültigkeit für Ihre Theorie? Wenn das nicht zutrifft: Welches sind die Antecedenzbedingungen?

Haben Sie die Auswahl von Untersuchungsgegenstand, Fällen, benutzten Variablen und Operationalisierungen sowie vor allem der gewählten Methode ausreichend begründet? Folgt die Auswahl zwingend aus Ihrer Theorie?

Können Sie die Auswahl der Methode, der Fälle, des Beobachtungszeitraumes, der Kontrollvariablen ausreichend begründen?

Haben Sie die beste Methode im Sinne von Machbarkeit, theoretischen Implikationen der Methode für ihre Hypothese und Ernsthaftigkeit (Härte) des Tests ausgewählt?

Erlaubt die von Ihnen angewendete Methode die Schlussfolgerungen, welche Sie gezogen haben und lassen sich Ihre Ergebnisse generalisieren?

Sind Ihre Ergebnisse robust gegenüber plausiblen Änderungen des empirischen Modells?

Sind Sie in der Lage, diese Robustheit nachzuweisen? Haben Sie diejenigen Tests durchgeführt, die Ihre Leser und Gutachter erwarten?

Wenn Sie eine quantitative Analyse vorgenommen haben: Entspricht der von Ihnen gewählte Schätzansatz der Datenstruktur und testet er auch das, was Sie testen wollen?

Check-Liste Kapitel 5

Können Sie Ihre Ergebnisse eindeutig interpretieren?

Ist Ihre Analyse sowohl nachvollziehbar als auch reproduzierbar? Haben Sie alle nötigen Informationen angegeben? Wurde jeder Analyseschritt dokumentiert?

6 Der Schreibprozess

Von Goethe wird das Zitat überliefert: „Heute habe ich wenig Zeit. Deswegen schreibe ich einen langen Brief."[38] Tatsächlich fällt präzises Formulieren eines durchkomponierten Textes schwerer als das sprunghafte Aneinanderreihen einer Assoziationskette. Schreiben ist ein Kampf, präzises Schreiben kann zur Schlacht werden.

Gregory Scott und Stephen Garrison (2002: 20) führen die Probleme der Autoren im Schreibprozess auf die Gleichzeitigkeit mehrerer Tätigkeiten während des Schreibens zurück. Der Autor muss, während er sein Argument entwickelt, verständliche Sätze formulieren, den Text tippen, auf Rechtschreib- und Grammatikfehler achten und diese gegebenenfalls korrigieren und er darf bei all dem nicht den Blick für das Ziel der Reise verlieren.

Doch dieses Chaos paralleler Arbeitsschritte ist vermeidbar: Professionelle und effizient arbeitende Autoren trennen die einzelnen Arbeitsschritte auf. Dieses Buch hilft Ihnen, es diesen Profis gleich zu tun. Wenn Sie den Vorschlägen folgen, führen Sie stets nur ein oder höchstens zwei Arbeitsschritte gleichzeitig aus.

Dieses Kapitel bespricht die Argumentationsschritte jedes einzelnen Bestandteiles einer wissenschaftlichen Arbeit. Es erläutert die Funktionen, welche die einzelnen Kapitel unbedingt erfüllen müssen und gibt Ratschläge zum Aufbau und zur Vermeidung verbreiteter Probleme. Während der Formulierung der einzelnen Teile sollten Sie die sprachliche Gestaltung des Textes zurückstellen. Überarbeiten können Sie Ihren Text immer dann, wenn Sie inhaltlich nicht weiterkommen oder nachdem Sie einen ersten Entwurf fertig gestellt haben.

6.1 Vorüberlegungen

Bevor Sie Ihren ersten Satz schriftlich festhalten, schauen Sie sich am besten die Disposition nochmals an. Diese ruft nämlich den ursprünglichen Arbeitsplan ins Gedächtnis. Die Analysephase kann diesen Plan über den Haufen werfen, doch einige zentrale Elemente wie beispielsweise die vorgesehene Bearbeitungsreihenfolge und der Zeitplan gelten unverändert. Weitere Vorüberlegungen werde ich in diesem Abschnitt kurz ansprechen.

---

[38] Der „Google-Test" verdeutlicht nicht nur, dass das Zitat nicht nur Goethe sondern einer Reihe weiterer Autoren zugesprochen wird, sondern auch, dass die Fundstelle bei Goethe unbekannt ist.

6.1.1 Die Reihenfolge

Viele Studierende klagen über ihre Schwierigkeiten mit dem ersten Satz. Wenn dieser erst auf dem Papier stünde, so meinen sie, dann ergebe sich der Rest gleichsam von selbst. Diese Aussage kann schon deshalb nicht überzeugen, weil die Niederschrift zwar mit einem ersten Satz beginnt, nicht aber mit dem Satz, der später ihr fertiges Manuskript einleitet. Das liegt daran, dass wissenschaftliche Qualifizierungsarbeiten nicht von vorne nach hinten geschrieben werden. Wenn der erste Satz Schwierigkeiten bereitet, schreiben Sie einfach einen beliebigen ersten Satz hin, und wenn Sie diesen aus einem Artikel abschreiben. Später sollten Sie den abgeschriebenen Satz allerdings löschen.

Eine zwingende Reihenfolge, in der Texte verfasst werden, gibt es nicht.[39] Theoretisch kann man den Schreibprozess mit den Schlussfolgerungen beginnen. Dazu müsste man alle Analyseschritte erfolgreich abgeschlossen haben und den Gegenstand theoretisch und empirisch vollständig durchdringen sowie jeden einzelnen argumentativen Schritt bereits präzise überblicken. Sinnvoll wäre dieses Vorgehen jedoch selbst unter diesen, für den Schreibprozess vielleicht optimalen Bedingungen nicht. Denn: Schreiben ist ein Denkverstärker. Da Sie noch während des Schreibprozesses lernen, sollten Sie nicht gerade mit den Schlussfolgerungen beginnen aber auch nicht mit der Einleitung, die ja ebenfalls Ihre Ergebnisse zusammenfasst.

Die aus pragmatischer Sicht beste Reihenfolge bringt unter ungünstigen Bedingungen die besten Ergebnisse hervor, ohne unter günstigen Bedingungen eklatante Nachteile aufzuweisen. Deswegen verfassen Sie die Passagen, die am sensibelsten auf neu gewonnene Erkenntnisse reagieren, den Schluss und die Einleitung, erst gegen Ende der Schreibphase. Die Orientierung an einer schwach dominanten Strategie führt zu der folgenden Reihenfolge des Schreibprozesses:

- Theorieteil
- Analyseteil
- Literaturteil
- Schluss
- Einleitung

Folgt man diesem Schema, lassen sich die Untiefen und unbekannten Klippen einer Qualifikationsarbeit ausreichend einfach, vielleicht sogar konkurrenzlos einfach umschiffen: Sie können die Einleitung und den Literaturüberblick locker runterschreiben, die Verbindung zwischen dem Theorieteil und der Analyse gelingt Ihnen verhältnismäßig schnell und Sie können die Gemeinsamkeiten und Differenzen zwischen Ihrer eigenen Theorie und den aus der Literatur bekannten Argumentationsmustern problemlos in den Literaturteil einarbeiten.

---

[39] Dabei gilt: je fertiger das Endprodukt vor dem Beginn der Niederschrift im Kopf bereits ist, desto gleichgültiger ist die Reihenfolge, in der die einzelnen Teile geschrieben werden. Typischerweise fällt es Studierenden und Doktoranden schwer, bereits vor der Formulierung des ersten Satzes ein fertiges Konzept im Kopf zu haben.

Es besteht deshalb kein besonderer Grund, von diesem Aufbau einer Arbeit abzuweichen. Doch andererseits basiert dieses Schema keineswegs auf einem Naturgesetz: Wenn Sie eine andere Reihenfolge als die empfohlene wählen, machen Sie das bewusst und nicht lediglich aus Versehen.

6.1.2 Der ‚rote Faden'

Vermutlich leuchtet es jedem unmittelbar ein, dass gradlinig argumentierende Aufsätze den Leser eher überzeugen als argumentative Flickenteppiche. Dennoch gelingt es selbst ansonsten geglückten Qualifizierungsarbeiten häufig nicht, eine dem Leser stets nachvollziehbare, gradlinige Argumentationskette herauszuarbeiten.

Für das Fehlen eines roten Fadens gibt es mindestens zwei Gründe:

Erstens besitzen Diplomanden und Doktoranden keinerlei Erfahrung in der Formulierung von Schriftstücken, deren Länge die für Hausarbeiten üblichen 15-20 Seiten überschreitet. Befürchtend, nicht genug Text für 80 Seiten Diplomarbeit oder 200 Seiten Promotion zusammen zu bekommen, legen viele Autoren ihre Arbeiten zu Beginn der Schreibphase viel zu breit an, um möglichst schnell scheinbar fertige Seiten zu akkumulieren. Gegen Ende der Schreibphase fehlt dann plötzlich die notwendige Zeit. Der Text wird schluderig formuliert, die Argumentation springt und die notwendigen Querbezüge zwischen den einzelnen Passagen und Kapiteln der Arbeit erschließen sich dem Leser nicht mehr auf den ersten Blick.[40]

Und zweitens besitzen Diplomanden und Doktoranden wenige Informationen, welche unterschiedlichen Aufgaben die einzelnen Passagen und Kapitel eines wissenschaftlichen Textes hauptsächlich erfüllen müssen. Daraus resultieren einerseits unschöne und eigentlich leicht zu vermeidende Redundanzen und argumentative Sprünge. Und andererseits führt die unzureichende inhaltliche Differenzierung der Kapitel dazu, dass der Leser die Grobstruktur des Textes kaum mehr erkennen kann.

Am einfachsten gelingt es, den roten Faden deutlich herauszustellen, wenn man die spezifische Funktion jeder einzelnen Passage ebenso gut kennt wie die eigene Hauptthese und beides nicht aus den Augen verliert.

Ihnen gelingt das Spinnen eines roten Fadens leicht, wenn Sie drei Dinge berücksichtigen: Erstens das Hauptargument; zweitens die Makrostruktur der Arbeit mit Einleitung, Literaturdiskussion, eigener Theorie, Analyse, Schlussfolgerungen; und drittens nehmen Sie nun eine stärkere Aufteilung der Makrostruktur (in eine „Mesostruktur") vor. Diese Zwischengliederung ergibt sich aus der Argumentation und der Literatur. Eine stilisierte Version sieht folgendermaßen aus:

---

[40] Ein Schutz gegen dieses weit verbreitete Problem bietet ein sorgfältig erstellter Zeitplan. Vgl. die Abschnitte 4.3 und 4.4.

1. Einleitung
    a) Motivation der Untersuchung
    b) Hauptargument
    c) Begründung des Arguments
    d) Ergebnisse
    e) Bedeutung der Ergebnisse für die Wissenschaft
    f) Aufbau der Arbeit

2. Literaturdiskussion
    a) Rekapitulation des primär interessierenden Phänomens
    b) das erste in der Literatur vertretene Argument
    c) das zweite in der Literatur vertretene Argument
    d) das dritte in der Literatur vertretene Argument
    e) Würdigung der Relevanz der Literatur
    f) Herausarbeiten der Lücke, die Ihr Argument füllt

3. Theorie
    a) Rekapitulation des zentralen Argumentes
    b) Die Intuition des Argumentes
    c) Annahmen der Argumentation
    d) Begründung des hauptsächlichen kausalen Zusammenhanges
    e) Begründung der einzelnen vermittelnden kausalen Beziehungen
    f) stilisierte Fakten, welche die Argumentation stützen

4. Analyse
    a) Ziel der Analyse (Überprüfung der von Ihnen behaupteten Zusammenhänge)
    b) Kriterien der Fallauswahl
    c) Begründung des Beobachtungszeitraumes
    d) Begründung der Operationalisierung der Variablen, Nennung der Datenquellen
    e) Beschreibung der Durchführung der Datensammlung (wenn relevant)
    f) Deskriptive Statistiken
    g) Begründung der Methode
    h) Beschreibung der Ergebnisse
    i) faire Einschätzung der Qualität der Ergebnisse
    j) Interpretation der Ergebnisse
    k) Rückbindung der Ergebnisse an die Theorie
    l) Wertung der konkurrierenden Theorien aus Sicht Ihrer Ergebnisse

5. Schlussfolgerungen
    a) Nennung des Hauptargumentes
    b) wichtigste Ergebnisse
    c) kritische Würdigung der Ergebnisse
    d) Ausblick

Natürlich müssen Sie diese groben Anhaltspunkte in Abhängigkeit von Ihrer Arbeit mit Leben füllen. Sie sollten deshalb die Argumente in der diskutierten Literatur sowie deren Vor- und Nachteile explizit formulieren, die Lücke, die Sie zu füllen gedenken, skizzieren, und so weiter. Wenn Sie meine allgemeinen Formulierungen durch spezifische Inhaltsangaben Ihrer Arbeit ersetzt haben, besitzen Sie bereits ein sehr genaues Bild Ihres fertigen Textes. Reicht Ihnen diese Aufteilung in kleine Arbeitsschritte noch nicht aus, nehmen Sie am besten eine weitere Abstufung vor und unterscheiden beispielsweise die einzelnen Gründe für die vorgenommene Methodenwahl (4b).

Besitzt Ihre Arbeit nun Struktur, können Sie den roten Faden leicht herausstellen. Ihr Argument sollte nämlich in den Punkten 1b, 1c, 2a, 2f, 3a, 3b, 3f, 4a, 4h, 4i, 5a, 5b, 5c deutlich benannt werden. Dadurch verlieren weder Sie noch Ihr Leser das Argument aus den Augen. Stellen Sie jedoch dabei sicher, dass jede dieser Passagen einen anderen Klang besitzt, sonst werden Ihnen Redundanzen vorgeworfen.

6.1.3 Leser-orientiertes Schreiben: Was kann, was muss vorausgesetzt werden?

Qualifizierungsarbeiten werden teilweise für die Gutachter und teilweise zur Selbstvergewisserung verfasst. Gerade wenn die Autoren während des Schreibprozesses lernen, erfährt der Leser viel über diesen Lernprozess. Ausdrücke schleichen sich in den Text ein, die eine gewisse Faszination am Gegenstand erkennen lassen, und gelegentlich verliert der Text an Konsistenz, da eine neu erlernte Information alte Positionen obsolet erscheinen lässt.

Sicherlich geben diese scheinbaren Kleinigkeiten dem Text erst eine eigene Lebendigkeit, doch sie lassen eine mangelnde Distanz zur Thematik erkennen, die sehr schnell unprofessionell wirkt. Diese Probleme sollen nicht dramatisiert werden, aber sie dürfen keineswegs überhand nehmen, da sie ansonsten für Irritationen beim Leser sorgen.

Bereits Joseph Conrad wusste: „Das Ziel des Schreibens ist es, andere sehen zu machen." Diese Aussage trifft auf Qualifizierungsarbeiten sicher zu. Behalten Sie aber stets im Hinterkopf, dass die Leser, also vor allem die Gutachter, bereits über Vorwissen verfügen; sie sind – um im Bilde zu bleiben – nicht blind. Jemanden wortreich und mitunter pathetisch auf Dinge aufmerksam zu machen, die er bereits sieht, könnte als Unterstellung aufgefasst werden, Sie meinen, er sei blind. Und diesen Eindruck möchten Sie Ihrem Gutachter sicherlich nicht vermitteln.

Sie sollten deshalb nicht an Ihren Lesern vorbeischreiben. Je mehr Trivialitäten und Grundlagen Sie bereits als bekannt voraussetzen und souverän lediglich beiläufig erwähnen, desto weniger unterfordern Sie die Leser und desto anspruchsvoller erscheint denen Ihre Qualifizierungsarbeit.

Dies bedeutet nicht, die bekannten Grundlagen Ihrer Thematik außen vor zu lassen. Der Trick besteht gerade darin, sie eher lässig und nebenbei als staunend einfließen zu lassen.

Wenn Sie sich an drei Regeln halten, haben Sie die gröbsten Probleme bereits gelöst:

1. Diskutieren Sie keine altbekannten Trivialitäten in einer ausführlichen Weise. In jedem wissenschaftlichen Teilgebiet existiert ein gemeinsamer Wissensfundus, den Sie – so Sie seine Richtigkeit nicht explizit bezweifeln – einfach voraussetzen. Aufschluss, welche Informationen und Argumente zu diesem Grundstock gehören, gibt Ihnen der Umgang anderer Autoren in dem Forschungsgebiet mit diesen Informationen. Ohnehin gilt: Schreiben Sie wenig über allgemeines (auch nicht im Literaturteil) und ausführlich über das Spezielle Ihres Untersuchungsgegenstandes.
2. Halten Sie die Zitate Ihrer Betreuer in einem angemessenen Rahmen. Obwohl nahezu jeder Akademiker eitel ist und sich zitiert sehen möchte.[41] Mir jedenfalls stößt unangenehm auf, wenn die Qualifizierungsarbeit mit einem (wörtlichen) Zitat des Erstgutachters beginnt. Ebenso schädlich kann es aber sein, die Gutachter gar nicht zu berücksichtigen, insbesondere wenn diese wichtige Arbeiten zu Ihrem Projekt veröffentlicht haben. Das richtige Augenmaß ist hier wichtig.
3. Beachten Sie, dass der eigene Lernprozess während des Schreibens die Leserorientierung stört. Indirekt verlangen Sie von Ihrem Leser, Ihren Lernprozess während des Überfliegens oder des Lesens Ihrer Arbeit mitzumachen. Der Leser nimmt Ihren Lernprozess lediglich als Veränderung der Argumentation – als Inkonsistenz – wahr und kreidet Ihnen die argumentativen Sprünge und Brüche negativ an.

Drei Teile einer Qualifizierungsarbeit sind besonders prädestiniert für mangelnde Leserorientierung: Erstens, der Literaturteil, in dem die klassische Literatur zu ausführlich nachgebetet wird, zweitens die eigene Theorie, in der weit verbreitete Annahmen zu ausführlich begründet werden, und drittens der Analyseteil, in dem bekannte Trivialitäten über die Methode hervorgehoben werden. Wenn Sie die Leserorientierung nicht bereits während des Schreibprozesses berücksichtigen, sollten Sie diese Passagen nach Fertigstellung des ‚first drafts' sorgfältig prüfen und gegebenenfalls sprachlich souveräner gestalten. Falls Sie während des Schreibens noch gelernt haben, seien Sie besonders aufmerksam, dass Sie nicht am Publikum vorbei formulieren.

6.2 Die Formulierung der eigenen Theorie

Falls Sie alle bisherigen Schritte erfolgreich durchgeführt haben, stellt die Formulierung der eigenen Theorie eine einfache Übung dar. Schließlich besitzen Sie in der Disposition ja bereits eine Skizze Ihrer eigenen Theorie. Nun formulieren Sie Ihren Entwurf lediglich noch aus und peppen ihn durch Hinzufügen von Literaturverweisen auf.

---

[41] Aufschluss über den Grad der Eitelkeit geben die eigenen Publikationen. Mit steigender Anzahl der Selbstzitate sollten Sie zunehmend sicher von der Eitelkeit Ihres Betreuers ausgehen und diese berücksichtigen. Wenn die Anzahl der Publikationen Ihres Betreuers in seinen Publikationslisten die Anzahl der Fremdpublikationen übersteigt, geht die Eitelkeit gegen unendlich. Eventuell ziehen Sie die wissenschaftliche Redlichkeit Ihres Betreuers in Zweifel und Sie suchen sich einen anderen Betreuer.

Aber „lediglich" ist leicht gesagt und mitunter schwer getan! Worauf kommt es im Theorieteil an?

6.2.1 Die Pragmatik eines guten Theorieteiles

Obwohl die Wissenschaft keine schwierigere Aufgabe bereithält als die Formulierung einer guten Theorie, lassen sich die Kriterien für einen guten Theorieteil erstaunlich leicht benennen:

Eine Theorie muss nicht nur konsistent sein, sie sollte vor allem überzeugend und dabei innovativ sein. Die Gleichzeitigkeit der Adjektive *innovativ* und *überzeugend* stellt das Problem dar und zwar nicht, weil sich Theorieinnovationen nicht oder nur unter günstigen Bedingungen formulieren ließen. Der Grund ist viel trivialer: Die alte Regel, dass „de Buur nich frett, watt hey nicht kennd",[42] gilt auch in der Wissenschaft. Wegen der strukturellen Unüberzeugbarkeit der Wissenschaftler benötigen neue Ideen Zeit, typischerweise eine Generation von Wissenschaftlern, um sich durchzusetzen. Für Sie heißt das vielleicht: Sie sind entweder innovativ, dann überzeugen Sie nicht, oder Sie sind überzeugend, dann aber nicht sehr innovativ.

Obwohl der Wissenschaftler in mir sich sträubt, diesen Satz zu schreiben: In Qualifizierungsarbeiten macht es vermutlich aus zwei Gründen Sinn, mehr Gewicht auf die Plausibilität als auf die Innovation zu legen. Der erste Grund liegt darin, dass wenig innovative „Epsilonergänzungen"[43] viel leichter formuliert werden können als ambitionierte theoretische Neuerungen. Der zweite Grund liegt in einem möglichen Bias der Gutachter: Vielleicht lassen Ihre Gutachter die Distanz zwischen ihrer eigenen Argumentation und Ihrer Argumentation in die Benotung einfließen. Natürlich sollte das nicht sein, doch ausschließen kann man es vermutlich kaum. Und wenn Sie eines besser vermeiden, dann Ihren Betreuer zu widerlegen.

Formulieren Sie Ihre Theorie deshalb vor allem überzeugend (ein kluger Ratschlag, nicht wahr?). Wenn der Leser Ihre Theorie bereits wenig plausibel findet, dann wird ihn auch Ihre Analyse kaum überzeugen. So traurig und falsch das klingt: Die Wissenschaft hält Prämien bereit für kleine innovative Schritte. Viele Wissenschaftler glauben ihrer eigenen Intuition mehr als der präsentierten Evidenz und einer Analyse. Aus diesem Grund werden wissenschaftliche Innovationen bezweifelt, nicht zur Kenntnis genommen und verschwinden in Schubladen. Selten genug finden sie eine späte Anerkennung.

Aber wie erzeugt man Plausibilität?

---

[42] Auf hochdeutsch: Was der Bauer nicht kennt, das frisst er nicht. In Göttingen: Wat de Bûr nich kennt, dat fret he nich. Im Sauerland: Wadt de Bua nech kennd, dett fräht a nich.

[43] ε (epsilon) bezeichnet typischerweise eine kleine Zahl, manchmal auch eine Zahl von der man hofft, dass sie klein ausfällt, etwa der Fehler in einer Regression. Die Epsilonergänzung einer Theorie stellt folglich eine neue Kleinigkeit dar, die man einem bestehenden Theoriegebäude hinzufügt.

Ganz leicht: Indem man bekannte und allgemein geglaubte Annahmen explizit formuliert, die Annahmen ausreichend mit Literatur belegt, und aus diesen Annahmen in einer Abfolge kleiner argumentativer Schritte eine eigene These entwickelt.

Ein sehr gutes Beispiel für eine überzeugende Theorie stellt Mancur Olsons „Logic of Collective Action" dar. Dieses Buch formuliert die These, nutzenbringende Kooperation komme selbst zwischen identisch motivierten und interessierten Akteure nicht zwangsläufig zustande. Immer wenn sich einzelne Akteure durch Trittbrettfahren besser stellen können, immer also, wenn durch die Kooperation ein Nutzen gestiftet wird, von dessen Konsum man einzelne Akteure schwerlich ausschließen kann, ist das Zustandekommen der Kooperation gefährdet. Jeder, der diese These erstmals hört oder liest, wird denken, dass das schon immer jeder wusste. Und vielleicht stimmt das auch. Aber einer, in diesem Fall Olson, muss es als erster formulieren und schlüssig begründen.

Zwar liegen solche Thesen nicht gerade auf der Straße (mir drängt sich sogar gelegentlich der Verdacht auf, dass diese Themen über Zeit immer weniger werden und vom Aussterben bedroht sind). Doch ich nenne das Beispiel nicht deswegen, damit Sie sich thematisch an Olson ein Beispiel nehmen. Vielmehr will ich Ihnen nahe legen, Ihre Leser in ähnlicher Weise wie Olson abzuholen. Beginnen Sie die Argumentation ebenfalls mit bekannten Annahmen. Entwickeln Sie das Argument langsam und gehen Sie Schritt für Schritt von den bekannten zu unbekannteren Aussagen über. Auf diese Weise zeigen Sie, dass Sie die theoretische Grundlagenliteratur kennen und ernst nehmen. Unterschätzen Sie das nicht. Sie mögen den von Ihnen analysierten Fall perfekt kennen, wenn es Ihnen nicht gelingt, die theoretische Bedeutung herauszuarbeiten, fällt der wissenschaftliche Mehrwert Ihrer Arbeit gering aus. Oder wie ein amerikanischer Kollege einst meinte: „Well, this is a very interesting story... for newspapers."[44]

Sollten Sie nicht recht wissen, wie Sie Leser „abholen", helfen Ihnen vielleicht ein paar einfache Tricks: Erstens sollte die Anzahl der Literaturverweise in Ihrem Theorieteil abnehmen. Anfangs zitieren Sie die grundlegenden Arbeiten und wiederholen die allgemein getroffenen Annahmen dieser Literatur in knapper Form und ohne zahlreiche wörtliche Zitate. Mit der zunehmenden Entwicklung eigener Gedanken nimmt die Anzahl der Literaturverweise dann naturgemäß ab. Wenn Sie am Anfang des Literaturteils wenig Literaturverweise finden, haben Sie Ihre theoretische Argumentation noch nicht ausreichend eingebettet. Finden Sie am Ende zu viele Verweise, sind Ihre Ausführungen möglicherweise noch nicht innovativ genug. Im ersten Fall suchen Sie einfach nach Literatur, die ähnliche Annahmen formuliert. Im zweiten Fall schauen Sie nochmals in Ihre Disposition und präzisieren Ihre einzelnen argumentativen Schritte. Ein bisschen Redundanz schadet nicht. Im Zweifelsfall entfernen Sie einige Literaturverweise aus den hinteren Passagen Ihres Theorieteils. Achten Sie dabei darauf, kein Plagiat zu begehen.

Auf der Grundlage von Altbekanntem lassen sich die eigenen Hypothesen leichter und überzeugender entwickeln. Der klassische Spruch der Wissenschaft lautet: Zwerge auf den Schul-

---

[44] Ich verzichte auf eine explizite Nennung der Quelle, zumal ähnliche Aussagen regelmäßig zu hören sind.

tern von Riesen. Niemand lässt sich gern als Zwerg bezeichnen, doch auf den Schultern von Riesen stehend, fällt die eigene Kleinwüchsigkeit nicht weiter ins Gewicht.

6.2.2 Aufgaben und Ziele des Theorieteiles

Optimalerweise liefert ein Theorieteil eine innovative Erklärung für einen häufig anzutreffenden, realweltlich relevanten Typus von Phänomenen. Möglich erscheint auch, eine bekannte Theorie einzuschränken (etwa durch Identifikation einer Antecedenzbedingung) oder erweitern. Wenn dieser Anspruch nicht eingelöst werden kann oder soll, bietet es sich an, eine bestehende Theorie innerhalb eines Forschungsgebietes zu prüfen, in dem die Theorie ihre Leistungsfähigkeit bislang nicht nachgewiesen hat. In diesem Fall besteht die eigene theoretische Leistung im Transfer einer Theorie und in ihrer Anpassung an die Bedingungen im Forschungsgebiet.

Der Theorieteil besitzt dabei nur eine einzige Aufgabe: Er muss die Logik der Argumentation verdeutlichen, die Annahmen und logischen Ableitungen offen legen und auf diese Weise die Hypothese begründen. Dabei muss der geschriebene Text dem Leser erlauben, auch die Konsistenz der Argumentation zu prüfen.[45]

Verbergen Sie sich nicht hinter wolkigen sprachlichen Ausführungen, wenn Sie einen kausalen Schritt, den Sie vollziehen müssen, noch nicht verstehen. Arbeiten Sie lieber solange an der Theorie, bis die Argumentation logisch und in sich geschlossen ausfällt. Um eine Theorie zu entwickeln, können Sie auf eine Variante des Pfeildiagramms zurückgreifen. Eine Theorie ist vollständig geschlossen, wenn die Annahmen plausibel (oder plausibilisiert) sind, wenn Sie jeden einzelnen Schritt der Kausalkette explizit begründet haben und Ihre Argumentation eine innere Konsistenz besitzt.

Zwei Fehler tauchen regelmäßig in Theorieteilen auf: Der am häufigsten anzutreffende Fehler besteht in der Verwechselung von Hypothesen und Theorien. Eine Hypothese stellt keine Theorie dar. Auch eine begründete oder plausibilisierte Hypothese ist noch keine Theorie. Eine Hypothese ergibt sich vielmehr als Konsequenz einer vollständig entwickelten Kausalkette. Wenn Ihnen die Formulierung einer solchen Kausalkette schwer fällt, schauen Sie noch einmal in die Disposition und vor allem entwickeln Sie die Logik Ihrer Argumentation von den getroffenen Annahmen her.

Der zweite Fehler besteht darin, dass viele Autoren ihre Theorie von der abhängigen Variable her denken. Sie zählen alle Variablen in Hypothesenform auf, die nach ihrer Auffassung einen Einfluss auf die abhängige Variable besitzen. Auch diese Aneinanderreihung von Einflussfaktoren ist keine Theorie.

---

[45] Diese Prüfung kann der Leser leichter vornehmen, wenn Sie Ihre Theorie formal modellieren. Da – korrekte Mathematik vorausgesetzt – formale Modelle konsistent sind, liegt der Vorteil auf der Hand. Wenn Sie nicht formal modellieren, sollten Sie die Konsistenz Ihrer Argumentation dadurch sicherstellen, dass Sie Ihre Annahmen deutlich formulieren, und die auf diesen Annahmen basierende Logik Ihres Argumentes in einfachen Schritten entfalten.

Theorien begründen gedachte kausale Verbindungen in einem geschlossenen System von Beziehungen zwischen Variablen. Mehr, aber auch nicht weniger muss ein Theorieteil leisten als ein *vollständiges Verständnis des Lesers* für das von Ihnen angenommene und begründete kausale Geflecht.

6.2.3 Inhalt und Aufbau des Theorieteils

Hier nochmals der typische Aufbau eines Theorieteils.

Theorie
       a) Rekapitulation des Arguments
       b) Die Intuition des Arguments
       c) Annahmen der Argumentation
       d) Begründung des hauptsächlichen kausalen Zusammenhangs
       e) Begründung der einzelnen vermittelnden kausalen Beziehungen
       f) stilisierte Fakten, die das Argument stützen

Ein Theorieteil weist demnach sechs Hauptbestandteile auf, die ich im Folgenden kurz erläutere:

1. Rekapitulation des Argumentes

Im ersten Absatz oder in den ersten Absätzen formulieren Sie Ihr Argument, um es dem Leser nochmals vor Augen zu führen und um selbst einen einfachen Einstieg in dieses schwierige Kapitel zu bekommen.

2. Die Intuition

Anschließend geben Sie die Intuition des Argumentes wieder. Formulieren Sie möglichst klar, was die Theorie erklären soll und wie diese Erklärung aussieht. Dieser Einstieg erlaubt dem Leser, die argumentative Entwicklung der Theorie mit dem Wissen im Kopf zu verfolgen, worauf Sie letztlich hinauswollen. Unterlassen Sie die Vermittlung der Intuition, muss der Leser den Theorieteil im schlechtesten Fall zweimal lesen, um der Argumentation folgen zu können. Und ich bin nicht ganz sicher, dass Ihr Leser das auch macht.

3. Annahmen

Daran schließen sich explizite und begründete Ausführungen über die Annahmen und Grundüberlegungen der Theorie an. Formulieren Sie Aussagen über die Zielfunktion der Akteure, geben Sie an, welche Rahmenbedingungen gelten und so weiter.

4. Der kausale Zusammenhang

Aus den Grundüberlegungen leiten Sie die Argumentation ab und geben die Konsequenzen der Theorie in Hypothesenform wieder. Hier müssen Sie dem Leser die Logik des Argumentes begreiflich machen. Wenn Ihnen der Leser nicht folgt, wird er die ganze Arbeit in Zweifel stellen. Verwenden Sie deshalb viel Zeit darauf, jeden einzelnen Schritt sorgfältig zu entwickeln und nachvollziehbar zu formulieren. Sie schreiben diese Passagen nicht für sich selbst. Was Ihnen klar ist, muss Ihrem Leser noch lange nicht verständlich sein.

5. Vermittelnde Kausalbeziehungen

Dasselbe gilt auch für die vermittelnden Kausalbeziehungen. Diese dienen einerseits dazu, die Hauptbeziehung zu begründen. Jede einzelne Brückenhypothese muss aber ihrerseits auch begründet werden. Wenn Sie an dieser Stelle nicht sorgfältig arbeiten, wirkt sich das nachteilig auf Ihr gesamtes Argument aus.

6. Stilisierte Fakten und Leistungsfähigkeit

Abschließend fassen Sie die Theorie nochmals knapp zusammen und stellen die Leistungsfähigkeit der eigenen Theorie im Vergleich zu den konkurrierenden Theorien, die Sie im Literaturteil diskutieren, heraus. Bei der Formulierung dieser Passagen hilft ein Blick auf die Tabelle, in der Sie den Forschungsstand aufgearbeitet haben. Hier sollte ja bereits deutlich geworden sein, welche Defizite die aktuelle Literatur aufweist. Umso leichter können Sie Ihren eigenen theoretischen Beitrag einordnen und bewerten.

Wenn Sie dieser Gliederung folgen, formulieren Sie die Theorie faktisch zweimal. Einmal sehr abstrakt und einmal sehr realitätsnah. Das ist durchaus intendiert. „So abstrakt wie möglich" – das kann ein formales Modell sein, doch auch ein geschriebenes, auf relativ abstrakten Begriffen basierendes Argument. Sprechen Sie allgemein von ‚Akteuren', ‚Nutzen', ‚Macht', benutzen Sie generalisierende Konzepte. In diesem abstrakten Teil legen Sie die Annahmen offen und leiten die Hypothesen in nachvollziehbarer Weise aus den Annahmen ab.[46] Dieser abstrakte Teil gibt die generalisierte Version Ihrer Theorie wieder.

Zusätzlich zu diesem abstrakten Modell formulieren Sie eine ‚Realtheorie'. In Realtheorien setzen Sie die abstrakten Begriffe des Modells in konkrete Begriffe um, die Sie in möglichst enger Anlehnung an Ihren Anwendungsfall wählen. Auf diese Weise schlagen Sie eine Brücke zwischen dem abstrakten Modell und der Variablenoperationalisierung im Analyseteil. So verdeutlichen Sie, dass Ihr abstraktes Modell für den ausgewählten Fall Sinn macht (und umgekehrt). Und verwechseln Sie die Realtheorie nicht mit der Interpretation: Das Ziel der abstrakten Theorie und der Realtheorie stellt die Formulierung von plausiblen Hypothesen dar.

Im Übrigen sollten Sie die Anzahl Ihrer Hypothesen klein halten. Alle Hypothesen, die Sie entwickeln, müssen sich aus Ihrem Kausalmodell, das heißt letztlich aus einem argumentativ beherrschbaren Satz an Annahmen und Folgerungen, ergeben. Auf keinen Fall dürfen Sie Ihr eigenes theoretisches Argument und in der Literatur gefundene Hypothesen miteinander

---

[46] Ich wiederhole das hier gebetsmühlenartig, da in der wissenschaftlichen Literatur und in Qualifizierungsarbeiten häufig große Defizite auftreten. Es fällt selbst gestandenen Wissenschaftlern schwer, die Annahmen offen zu legen und die Hypothese schlüssig aus den Annahmen abzuleiten. Aber das soll Ihnen keine Ausrede liefern: Schrecken Sie nicht vor dieser Arbeit zurück, nur weil mit Schwierigkeiten zu rechnen ist!

vermengen. Autoren, die (fast) alle in der Literatur vorgefundene Hypothesen aufzählen, verwechseln Kontrollvariablen mit einer eigenen Erklärung. Sie demonstrieren lediglich, dass Sie keine eigene Theorie besitzen und über kein robustes empirisches Grundmodell verfügen. Ihre Analyse wird im Fall einer Regressionsanalyse durch Multikollinearität an den Rand der Uninterpretierbarkeit gebracht oder verliert in Fallstudien alle Plausibilität und Aussagekraft, weil viele Variablen einen oder zwei Fälle ‚erklären' sollen.

6.2.4 Tipps und Tricks für die Formulierung des Theorieteiles

Wie gesagt: Nichts ist schwieriger als die verständliche Formulierung einer konsistenten Theorie. Leider gibt es kein Patentrezept, doch einige nützliche Hilfen.

Die vielleicht wichtigste Hilfe besteht darin, von einem Pfeildiagramm auszugehen, wie ich es in Abschnitt 2.2.4 kurz vorgestellt habe. Dort argumentiere ich, dass Sie Ihre Theorie noch nicht gut genug verstehen, wenn Sie kein Pfeildiagramm zeichnen können. Hier nun versuche ich zu zeigen, wie Pfeildiagramme bei der Theorieformulierung helfen.

Ekkart Zimmermann erlaubte mir freundlicherweise, zur Illustration auf ein Erklärungsmodell zurückzugreifen, welches er zur Herstellung argumentativer Konsistenz einer Forschergruppe entwarf:

Abbildung 4: Pfeildiagramm eines Analysemodells

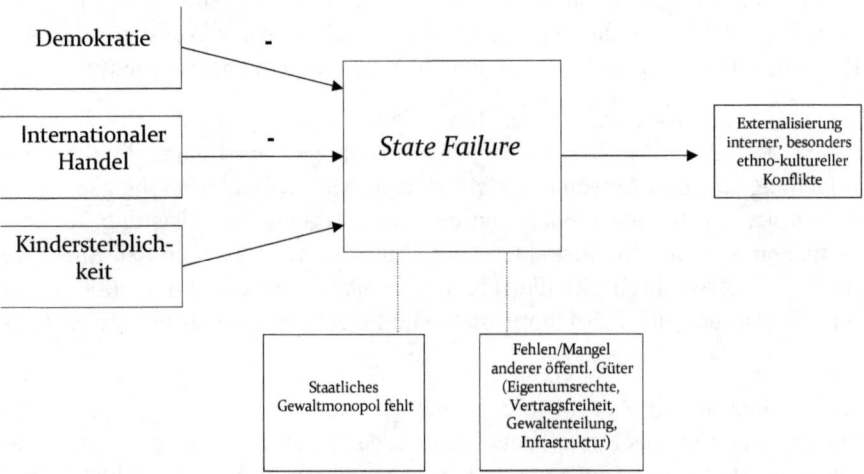

In diesem Modell wirken drei unabhängige Variablen, die man unter ‚politisch institutionelle Rahmenbedingungen', ‚internationale Einbindung' und ‚sozio-ökonomische Situation' generalisieren kann, auf die Regierungsstabilität ein, deren Fehlen dann zum Ausbruch ethnischer oder konfessioneller Konflikte führen kann. Sieht man von den intervenierenden Variablen

Die Formulierung der eigenen Theorie

ab, ergeben sich aus dem Modell vier Hypothesen, die man in einem zweiten Schritt einzeln stichwortartig begründen kann:

1. Demokratie senkt die Wahrscheinlichkeit politischer Instabilität, weil...

2. Handel senkt die Wahrscheinlichkeit politischer Instabilität, weil...

3. Kindersterblichkeit (Armut, Einkommensungleichheit...) erhöht die Wahrscheinlichkeit politischer Instabilität, weil...

4. Politische Instabilität (State Failure) führt zum Ausbruch ethnischer Konflikte, weil...

Die Begründung sollte auf Individuen rekurrieren. Wenn Handel die politische Stabilität erhöht, dann muss er einen Einfluss auf die Wohlfahrt oder die Einkommensverteilung der Bevölkerung oder konkurrierender Eliten ausüben. Diese Effekte müssen dann notwendigerweise einen Einfluss auf das Verhalten derjenigen Akteure besitzen, die politische Stabilität senken oder erhöhen können.

Gleichzeitig können Sie auch Hypothesen über den Zusammenhang von Demokratie, Handel und Armut auf ethnische Konflikte formulieren. Ihre Vorgehensweise hängt stark davon ab, welchen Zusammenhang Sie zu Ihrer Leithypothese machen wollen.

Ein zweiter Trick besteht darin, Theorien wie russische Puppen zu betrachten. Nachdem Sie die Theorie auf einer Seite grob skizzieren, gehen Sie durch diese 3 bis 4 Absätze und fügen an einigen Stellen mehr oder weniger willkürlich Absatzmarken ein. Auf diese Weise verdoppeln Sie nicht nur die Anzahl der Absätze, faktisch halbieren Sie auch die Länge der einzelnen argumentativen Schritte. Sie schmücken dann die unfertigen Absätze aus, formulieren sie um und begründen die einzelnen Schritte ausführlicher. Auf diese Weise gewinnt Ihre Theorie schrittweise an Präzision und Sie lernen, jeden einzelnen argumentativen Schritt ausführlich zu diskutieren.

Eine ähnliche, wenngleich ungeeignetere Methode basiert auf der Idee des infiniten Regresses. Wenn Sie die kausalen Beziehungen zwischen Ihren Variablen begründet haben, können Sie im Prinzip diese Begründungen begründen. Doch diese Vorgehensweise darf man keineswegs übertreiben, weil die Theorie in einem Wust an Kausalbeziehungen unentwirrbar verloren geht.

Nachdem Sie die Kausalbeziehungen ausformuliert haben, sollten Sie über die Annahmen nachdenken. Was unterstellen Sie beispielsweise demokratischen Strukturen, damit der Einfluss von Demokratie auf politische Stabilität positiv ausfällt? Gehen wir davon aus, dass Ihre Hauptantwort darin liegt, dass die in Demokratien vorhandenen parlamentarischen Verfahrensregeln erlauben, Regierungen zu stürzen. Die Regierung mag deshalb ein Interesse besitzen, die parlamentarischen Minderheiten im Entscheidungsprozess zu berücksichtigen und sich nicht allein an ihren eigenen Präferenzen zu orientieren. Treffen diese Annahmen zu, prägen Demokratien nicht nur weniger polarisierende Politiken aus, sondern sie weisen auch – und da wollen Sie ja hin – eher regelgeleitete Machtwechsel auf als Autokratien.

Diese Übung wiederholen Sie für alle Ausgangsvariablen. Erklären Sie dem Leser, was Sie über die Funktions- und Wirkungsweise der einzelnen exogenen Variablen denken. Dann formulieren Sie die Begründung der Hypothesen. Dem Leser darf letztendlich nicht auffallen, dass Sie das Argument von hinten entwickelt haben. Und denken Sie vor allem nicht, diese Vorgehensweise sei Pfusch. Wenn dies Pfusch ist, dann zumindest ein durchaus üblicher.

6.3 Die Formulierung des Analyseteiles

Für viele Wissenschaftler, ganz bestimmt für viele Doktoranden und Diplomanden, bildet die Analyse den wichtigsten Teil ihrer Arbeit – der Teil, in den sie bei weitem die meiste Arbeit stecken. Allerdings ist diese Einschätzung nicht nachvollziehbar. Wissenschaft ist an guten und zweckmäßigen Theorien interessiert. Solange eine Theorie nicht überzeugen kann, ist selbst der beste Test irrelevant. Und auch für die Akzeptierung eines Manuskriptes durch Gutachter sind andere Teile bedeutsamer: die Einleitung vor allem und der Theorieteil. Der Verdacht liegt nahe, dass Doktoranden diesem Teil so viel Bedeutung zumessen, da er Ihnen interessanter erscheint und manchmal einfach nur ihren Spieltrieb befriedigt.

Die Qualität der Analyseteile in Qualifizierungsarbeiten leidet in erheblichem Maße unter einem Bestätigungsbias der Autoren. Diese legen es erkennbar darauf an, ihre eigene Theorie und die Hypothesen zu bestätigen. Wissenschaftliche Arbeiten werden aber nicht erst durch das Fälschen von Daten problematisch. Bereits das Nicht-Berichten der Theorie widersprechender Evidenz gilt zu Recht als schwerer Verstoß gegen die wissenschaftliche Ethik. Ein Verstoß, der freilich sehr viel schwerer nachgewiesen werden kann und deshalb verbreiteter sein sollte als das Fälschen der Daten.

Tatsächlich ist ein Bestätigungsbias in Diplomarbeiten gänzlich überflüssig, da die Note der Qualifizierungsarbeiten keinesfalls von der Bestätigung der Hypothese abhängen darf. Betreuer und Gutachter sollten diesen Sachverhalt frühzeitig kommunizieren. Wenn diese das Thema vermeiden, sprechen Sie Ihre Gutachter darauf an.

Der Anreiz zum wissenschaftlichen Betrug fällt in Promotionsschriften, mit denen die Grundlage für eine wissenschaftliche Karriere gelegt werden soll, naturgemäß sehr viel höher aus. Da aber gleichzeitig die Bearbeitungszeit steigt und der zunehmende Handlungsspielraum Korrekturen an Forschungsinhalten und –design zulässt, darf man keine Variante der Manipulation als lässliche Sünde abtun.

Wenn Sie sich an die Kriterien für einen guten Analyseteil halten, kommen keine Zweifel an Ihren Ergebnissen auf, da die Analyse sorgfältig dokumentiert wird und jederzeit eine Replikation zulässt. Auf diese Weise signalisieren Sie dem Leser, Ihrem Gutachter, Seriosität. Sprechen Sie mit Ihrem Betreuer, welche Informationen er vermittelt bekommen möchte, um Ihre Arbeit replizieren zu können. Stellen Sie ihm Datensätze, zurückgesandte Fragebögen und Interviewabschriften zu Verfügung. Selbst wenn er sie nicht liest, versetzt ihn das in die

Die Formulierung des Analyseteiles

Lage, Ihre Argumentation eigenständig zu prüfen. Und Sie werden sich bereits aus Eigeninteresse diszipliniert verhalten.

6.3.1 Kriterien eines guten Analyseteiles

Eine gute Analyse zeichnet sich durch zwei Eigenschaften aus: Sie prüft die Theorie in einer möglichst effizienten und präzisen Weise und sie ist für die Leser replizierbar. Das zweitgenannte Ziel besitzt die größere Bedeutung: Der Analyseteil *muss* alle Informationen enthalten, die anderen Wissenschaftlern erlauben, die eigene Analyse zu replizierbaren. Er stellt dem Leser Informationen zur Verfügung, die dieser benötigt, um die Analyse zu wiederholen und die Ergebnisse zu bestätigen, das heißt eine Replikation vorzunehmen.

Die beiden Ziele des Analyseteiles hängen untrennbar miteinander zusammen. Autoren, die ihre eigene Interpretation überreizen, müssen eine Replikation fürchten. Häufig genug bieten sie dem Leser deshalb keine Möglichkeit, die Studie nachzustellen. Der wissenschaftliche Wert solcher Annäherungen an Betrug geht gegen Null, aber wo sich kein Richter findet, da gibt es auch keine Strafe.

Um wissenschaftlichem Betrug wirksam Vorschub zu leisten, gehen immer mehr internationale Fachzeitschriften dazu über, keine Artikel zu publizieren, deren Autoren die analysierten Daten nicht zu Replikationszwecken freigeben. Aus demselben Grund entschied der Fachbereich Politik- und Verwaltungswissenschaften der Universität Konstanz im Jahr 2001, dass die von den Diplomanden und Doktoranden genutzten Datensätze der Qualifikationsarbeit beigelegt werden müssen, um dem Gutachter eine Replikation zu ermöglichen. Bislang besitzt Konstanz in dieser Hinsicht eine Vorreiterrolle, doch es bleibt zu hoffen, dass andere Universitäten nachziehen.

Diese Maßnahme mag als das sprichwörtliche Schießen mit Kanonen auf Spatzen erscheinen. Das täuscht. Gerade Qualifizierungsarbeiten sollen die Beherrschung wissenschaftlicher Standards demonstrieren, und darunter versteht man hoffentlich nicht das korrekte Zitieren eines Sammelbandbeitrages des Gutachters.

6.3.2 Inhalt und Aufbau des Analyseteiles

Der Aufbau eines Analyseteils folgt der Notwendigkeit, die Replizierbarkeit der Ergebnisse sicherzustellen.[47] Das heißt, Sie beschreiben alle Informationen sorgfältig, die andere benötigen, um Ihre Analyse zu wiederholen. Man kann den Analyseteil einer Arbeit deshalb mit einem Kochbuch vergleichen, wobei Sie allerdings auf eine etwas höhere sprachliche Eleganz achten sollten, als Kochbücher typischerweise aufweisen.

---

[47] Qualitative Analysen bedürfen ebenso wie quantitative Analysen der präzisen Beschreibung der Informationen, die Ihrer Interpretation zugrunde liegen. Selbst wenn viele Autoren gegen dieses Gebot verstoßen, müssen qualitative Analysen ebenso wie quantitative Analysen prinzipiell reproduzierbar sein.

In diesem Abschnitt schildere ich einen standardisierten Aufbau eines Analyseteiles. Die einzelnen Teile der Analyse müssen nicht lang sein; sie sollten aber sehr sorgfältig erstellt und präzise formuliert werden, um die Reproduzierbarkeit der Ergebnisse tatsächlich und uneingeschränkt zu gewährleisten.

1. Intention und Ziel der Analyse

Zunächst benennen Sie die Intention des Analyseteiles. Im Falle einer quantitativen Analyse könnte der erste Satz des Analyseteiles deshalb folgendermaßen lauten:

„Das Ziel dieses Abschnittes stellt die Überprüfung der Hypothese eines positiven Einfluss von x auf y dar."

Nehmen Sie beispielsweise eine Fallstudie vor, kann Ihr erster Satz so ausfallen:

„In diesem Abschnitt wird der Fall b analysiert, um die Bedeutung von x für y herauszuarbeiten/ herauszustellen."

Alternativ kann man zunächst auf das Besondere der eigenen Vorgehensweise eingehen:

„Die überwiegende Zahl der Arbeiten zum Einfluss von x auf y legt eine b-Analyse zugrunde. [Ggf. einen Absatz zur Erläuterung wählen.] Im Unterschied hierzu analysiere ich den Zusammenhang auf der Grundlage der c-Analyse. Der Vorteil des Verfahrens..."

Mit so einer Aussage dürfen Sie die Leser nicht erst im Analyseteil überraschen. Wenn Sie ein besonderes Verfahren wählen, gehört die Ankündigung bereits in die Einleitung und die Begründung Ihres Verfahrens sollte sich ebenfalls aus dem Literaturteil ergeben, da Sie dort auf die Defizite der bereits veröffentlichten Analysen verweisen.

2. Begründung der Fallauswahl

Anschließend benennen und begründen Sie die Kriterien, die Ihrer Fallauswahl zugrunde liegen. Viele vergleichende Fallstudien offenbaren hier fatale Schwächen. Oftmals vergleicht ein Wissenschaftler Länder, weil er über notwendige Sprachkenntnisse verfügt. Dieses Kriterium führt jedoch nur zufällig zu einer aus theoretischer Sicht optimalen Auswahl der Fälle. Schlimmer noch ist die Auswahl der Länder in einem Vergleich entsprechend ihrer touristischen Eignung. Wer würde nicht gerne Brasilien mit Thailand oder Australien mit Kanada vergleichen, wenn die Deutsche Forschungsgemeinschaft oder die Volkswagenstiftung die Flugtickets und die Hotelunterkunft bezahlt? Es ist vermutlich nicht nötig, auf die Unwissenschaftlichkeit dieses nicht gerade seltenen Vorgehens zu verweisen.[48]

Tatsächlich ergibt sich die Begründung der Fallauswahl aus der Theorie. Wenn Sie von der universellen Gültigkeit Ihrer Theorie ausgehen, liegt eine Gesamterhebung aller Fälle oder – wenn es zu viele Fälle gibt – eine Zufallsstichprobe nahe. Gelegentlich schränkt allein die Datenverfügbarkeit eine Vollerhebung ein. In einem solchen Fall würde man nicht notwen-

---

[48] Andere gern genommene Kriterien der Fallauswahl sind Partner, Freunde oder Verwandte im Untersuchungsland.

digerweise davon ausgehen, dass fehlende Daten zufällig verteilt sind. In diesem Fall ist es ratsam, nur eine eingeschränkte Gültigkeit für das Sample zu behaupten, da Sie ansonsten eine Verzerrung der Ergebnisse nicht ausschließen können.

Wenn Sie ausgesuchte Fälle vergleichen, benötigen Sie Vorinformationen. Ihre Fälle müssen jeweils einen bestimmten Typus repräsentieren und die verschiedenen Typen müssen sich erklärungsrelevant voneinander unterscheiden. Ein klassisches Beispiel stellt der Vergleich zwischen liberalen angelsächsischen Staaten und skandinavischen Sozialstaaten dar. Beachten Sie, dass Sie selbst dann, wenn Sie stereotype Unterscheidungen benutzen, ausführlich diskutieren, warum Ihre gewählten Fälle typisch für eine bestimmte Kategorie sind. Außerdem begründen Sie gegebenenfalls bereits an dieser Stelle, warum die vorhandenen Unterschiede zwischen den ausgewählten und den ausgeschlossenen Fällen einer Kategorie die Generalisierbarkeit Ihrer Ergebnisse nicht beeinträchtigt.

3. Begründung des Beobachtungszeitraumes

Als nächstes rechtfertigen und begründen Sie die Auswahl des Beobachtungszeitraumes. Wenn Sie für die Theorie eine universelle Gültigkeit beanspruchen, wollen Sie vermutlich zugleich eine ewige Gültigkeit reklamieren. In einer Datenanalyse wird diesem Geltungsanspruch durch die begrenzte Datenverfügbarkeit ein Riegel vorgeschoben. Fallstudien machen es den Autoren etwas leichter. Nirgendwo steht geschrieben, dass man Kanada des Jahres 1998 mit Australien desselben Jahres vergleichen muss. Wenn Ihre Theorie unter allen Bedingungen richtig sein soll, dann können Sie das Kanada des Jahres 1998 mit den Niederlanden des Jahres 1812 oder mit dem Römischen Reich des Jahres 100 vergleichen. Wenn Ihnen dieser Vergleich nicht sinnvoll erscheint, sollten Sie dafür Gründe angeben können. Wo also verorten Sie die tatsächlichen Grenzen des Gültigkeitsanspruches Ihrer Theorie?

4. Theoretische Ausführungen zur Auswahl der Kontrollvariablen

Danach wird es endgültig schwierig. Sie müssen nämlich in quantitativen Analysen die Auswahl der Kontrollvariablen und in qualitativen die Angemessenheit Ihrer ceteris paribus Annahmen begründen.

Beginnen wir mit der Begründung der Kontrollvariablen[49] in quantitativen Analysen: Auch ohne zu sehr in den Bereich des Forschungsdesigns einzusteigen, lassen sich drei unterschiedliche Regeln für die Auswahl der Kontrollvariablen nennen:

Erstens: Nehmen Sie ausschließlich solche Variablen in den Schätzansatz auf, die in Ihrer Theorie eine Rolle spielen. Diese Verfahrensweise ist sauber und wissenschaftstheoretisch gerechtfertigt, wenn Sie begründen können, dass nicht berücksichtigte Kontrollvariablen und Ihre eingeschlossenen Hauptvariablen nicht korrelieren. Doch nicht jeder Gutachter mag diese Vorgehensweise.

---

[49] Kontrollvariablen werden in quantitative Analysen aufgenommen, damit der Effekt der theoretisch interessierenden Variable sauber (ungebiased) geschätzt werden kann. Typischerweise treten Probleme bei der Auswahl der Schätzvariablen auf, weil das ‚wahre Modell' unbekannt ist.

Zweitens: Nehmen Sie neben den Sie theoretisch interessierenden Variablen solche Kontrollvariablen auf, die in anderen *Theorien* für erklärungsrelevant befunden wurden. Dieses Verfahren kommt den Vorstellungen vieler Sozialwissenschaftler entgegen, leidet aber vielfach unter Multikollinearität oder Endogenität zwischen den unabhängigen Variablen.

Drittens: Nehmen Sie Ihre Variablen und diejenigen Kontrollvariablen auf, die andere *Analysen* für erklärungsrelevant (statistisch signifikant) befanden. Im Vergleich zu Verfahren 1 kontrollieren Sie mehr potentielle Einflussfaktoren, im Vergleich zu Verfahren 2 reduzieren Sie die Anzahl der Kontrollvariablen drastisch. Ich empfehle diese dritte Vorgehensweise. Wenn Sie sich meiner Auffassung anschließen, berufen Sie sich auf den Ökonometriker Edward Leamer (vgl. Leamer 1983, 1985).

Was den quantitativen Analysen die Kontrollvariablen, sind den qualitativen Analysen die ceteris paribus Annahmen. Grundsätzlich gilt, dass Sie einen Fall mehr benötigen, als Sie Faktoren zur Erklärung heranziehen. Wenn Sie zwei Fälle vergleichen, müssen Sie sich auf einen Einflussfaktor beschränken, für zwei Einflussfaktoren benötigen Sie bereits mindestens drei, wenn Sie die Option konditionaler Effekte ausräumen wollen, bereits vier voneinander unabhängige Fälle. Alle anderen potentiellen Einflussfaktoren sollten in allen Fällen gleichermaßen wirken, so dass die Varianz zwischen den Fällen tatsächlich auf Ihre identifizierten Einflussfaktoren und nicht auf unbeobachtete externe Effekte zurückgeführt werden kann.

Aus diesem einfachen Grund beginnen Sie die Analyse damit, die Mutmaßung auszuräumen, andere ‚übliche Verdächtige' könnten die beobachtete Varianz erklären. Diese Argumentation gelingt am überzeugendsten, wenn Sie zeigen, dass die möglichen konkurrierenden Einflussfaktoren in den untersuchten Fällen nicht variieren und deshalb die beobachtete Varianz auf der abhängigen Seite nicht erklären.

Sie sollten hier weder übertreiben (und keineswegs mehr als drei konkurrierende Erklärungen ausräumen) noch untertreiben. Begründen Sie Ihre Ablehnung konkurrierender Erklärungen anhand Ihrer eigenen Fälle empirisch. Es reicht einfach nicht aus, zu *behaupten*, dass konkurrierende Ansätze Ihre Fälle nicht erklären. Diese Aussage trifft in aller Regel nicht zu. Deshalb liegt der Verdacht nahe, dass Sie andere Ansätze einfach nicht ausreichend verstehen, um die ausgewählten Fälle auf deren Grundlage zu erklären. Deshalb besitzen Sie ein Interesse, Ihre Behauptungen über die relative Qualität anderer Theorien sorgfältig zu begründen.

5. Begründung der Operationalisierung aller Variablen

Danach beschreiben Sie die Operationalisierung der Variablen. Nicht in allen Fällen, doch immer wenn in der Literatur auf konkurrierende Operationalisierungen zurückgegriffen wird, müssen Sie die von Ihnen bevorzugte Operationalisierung begründen. Alternativ können Sie mehrere konkurrierende Operationalisierungen wählen. In diesem Fall vergleichen Sie die Ergebnisse ausdrücklich miteinander und interpretieren gegebenenfalls die Abweichungen.

Zur Diskussion der Operationalisierung gehört eine möglichst genaue Angabe der Fundstelle der Variablen auf die Sie zurückgreifen. Da die Wissenschaftler, welche die Daten kodierten, in aller Regel einen Artikel zu den Daten veröffentlichen, genügt der Hinweis auf diesen

Artikel, wenn Sie offizielle Daten benutzen, reicht der Hinweis auf die ausgebende Institution. Ansonsten geben Sie die Fundstelle an (Webadresse). Falls Sie eigene Daten erheben, sollten Sie diese im Internet veröffentlichen und die Fundstelle angeben. [50]

Natürlich müssen auch die in qualitativen Analysen Verwendung findenden Variablen operationalisiert werden. Weil Sie nur wenige Variablen benutzen, können Sie diese sogar ausführlicher diskutieren als dies in quantitativen Studien der Fall wäre.

Im Theorieteil haben Sie Ihre Argumentation sowohl abstrakt als auch konkret formuliert. Jetzt hilft Ihnen diese Unterscheidung, um die Konzeption und Operationalisierung der Variablen zu begründen.

6. Benennung der Datenquellen

Legen Sie Datenquellen offen (verwendete Datensätze, Dokumente aus Archiven, Interviewpartner), diskutieren Sie dann die Datenqualität, wobei Sie realistische Einschätzungen formulieren. Die Leser müssen die Daten finden können. Seien Sie also sorgfältig.

Wenn Sie eine eigene Datenerhebung durchführen, berichten Sie Ihre Vorgehensweise an dieser Stelle. Der Leser muss in die Lage versetzt werden, sich ein eigenes Urteil über die Qualität der Daten zu bilden. Deshalb dürfen Sie die zu erwartenden Probleme der Datenerhebung nicht nur benennen; Sie sollten auch zeigen, wie Sie diese Probleme umgangen haben. Falls Sie nicht alle Probleme lösen konnten, sprechen Sie die Defizite des verwandten Datensatzes deutlich an und machen Aussagen über einen eventuellen Bias. Wenn die Rücklaufquote beispielsweise gering war und die Gefahr besteht, dass die Nicht-Antworten mit einer Ausprägung Ihrer unabhängigen oder abhängigen Variable korrespondieren, dann müssen Sie die daraus resultierenden Konsequenzen in der Analyse und bei der Interpretation berücksichtigen.

7. Deskriptive Statistik

Wenn Sie quantitativ vorgehen bietet es sich an, zum Abschluss der Datenbeschreibung eine deskriptive Statistik (Minimum, Maximum, Standardabweichung, Anzahl der Beobachtungen) wiederzugeben. Allein die darin vorhandenen Informationen erlauben letztendlich eine schnelle Interpretation der Schätzergebnisse. Obwohl eine deskriptive Statistik für sich selbst spricht, muss sie interpretiert zu werden. Lassen Sie keine Tabelle und keine Abbildung undiskutiert im Text stehen.

8. Begründung der Methode

Der eigentliche Analyseteil beginnt mit der Begründung der Methode. Sie müssen überzeugend verdeutlichen, dass Sie sich aus guten Gründen für Ihr Verfahren und gegen andere, ebenso mögliche Verfahren entschieden haben. Wenn es keine Alternativen gibt, umso bes-

---

[50] Falls Sie eine Qualifizierungsarbeit schreiben, sollten Sie Ihren Datensatz auf eine CD brennen und Ihrem Gutachter gemeinsam mit Ihrer Arbeit aushändigen. Dies erlaubt prinzipiell die Kontrolle Ihrer Ergebnisse und erhöht das Vertrauen in die Seriosität Ihrer Arbeit.

ser. Doch in der überwiegenden Mehrzahl der Fälle existieren zumindest Varianten der von Ihnen gewählten Methode und Sie müssen Ihre Auswahl begründen.

In quantitativen Analysen können Sie die Vor- und Nachteile der eigenen Methode gut gegeneinander abwägen, wenn Sie wissen, was die gewählte und die konkurrierenden Methoden jeweils mit den Daten machen. Nur unter dieser Bedingung lassen sich die Ergebnisse letztlich interpretieren. Es reicht nicht aus, den entsprechenden Befehl oder Schalter des Statistikprogramms zu kennen.

9. Darstellung der Ergebnisse

Fassen Sie die Ergebnisse der Analyse so sauber und so übersichtlich wie möglich zusammen. Fertigen Sie Tabellen und Schaubilder an, um dem Leser die Ergebnisse auf einen Blick zu präsentieren.

10. Diskussion der Ergebnisse

Unabhängig von der gewählten Analysemethode ist eine sorgfältige Diskussion der Ergebnisse erforderlich. Zunächst sollten Sie die Ergebnisse der Kontrollvariablen kurz interpretieren. Wenn Sie wenig Platz besitzen, reicht es aus, diese Ergebnisse in drei Sätzen zusammenzufassen und lediglich die Vorzeichen zu nennen. Diese Vorgehensweise reicht dann aus, wenn die Ergebnisse der Kontrollvariablen dem theoretisch Erwarteten entsprechen. Weichen Ihre Ergebnisse davon oder von den Ergebnissen anderer Analysen ab, müssen Sie die Gründe dafür angeben. Greifen Sie auf einen Untersuchungszeitraum, andere Fälle oder andere Kontrollvariablen zurück? Oder ist eine unterschiedliche Methodenwahl für die Abweichungen verantwortlich?

Je kürzer Ihre Arbeit ausfällt, desto mehr Sinn macht es, die Diskussion der verschiedenen Kontrollvariablen zugunsten der Diskussion der eigenen Hypothese knapp zu halten. Denn in der Hauptsache geht es Ihnen ja um den Test Ihrer Theorie. Dahinter steht die Diskussion der Kontrollvariablen zurück.

Einen wichtigen Bestandteil der Diskussion Ihrer Ergebnisse stellt der Vergleich mit den Resultaten anderer Veröffentlichungen dar. Auch hier gilt: Wenn Sie andere Ergebnisse erhalten als vergleichbare Studien, dürfen Sie die Unterschiede nicht nur anführen; Sie müssen die Abweichung Ihrer Ergebnisse auch gut begründen. Als in dieser Hinsicht übliche Verdächtige kommen erneut die „Rahmenbedingungen" in Frage: Haben Sie den Beobachtungszeitraum, die Fälle oder sogar die Analysemethode variiert? Lässt sich die Abweichung ursächlich auf diese Änderung zurückführen?

Wenn Sie die letzte Frage positiv beantworten, fallen Ihre Ergebnisse nicht ‚robust' aus. Falls eine andere Operationalisierung die Abweichungen in den Ergebnissen verursacht, müssen Sie die Überlegenheit Ihrer Operationalisierung begründen und zeigen, welche Fälle Sie anders einschätzen und wie diese Einschätzung die Ergebnisse verändert.[51] Schließlich

---

[51] Dazu sollten Sie dem Autor, der abweichende Ergebnisse gefunden hat, eine Mail senden und ihn um seine Daten bitten. Normalerweise wird er Ihnen die Daten zur Verfügung stellen.

können die Differenzen aus unterschiedlichen Methoden resultieren. In diesem Fall sollten Sie ausführlich begründen, warum Sie Ihre Methode als überlegen ansehen.

Diskutieren Sie, ob die eigene Interpretation aus Ihrer Sicht zwingend ist, oder ob es andere, konkurrierende Interpretationen der Ergebnisse gibt. Lehnen Ihre Ergebnisse tatsächlich alle konkurrierenden Theorien ab? Trifft dies nicht zu, dann wägen Sie die relative Plausibilität der konkurrierenden Interpretationen gegeneinander ab und formulieren – falls möglich – Vorschläge, wie (künftige Forschung) zwischen den konkurrierenden Interpretationen diskriminieren kann.

11. Diskussion der Robustheit der Ergebnisse[52]

Optimaler Weise sollten Sie Robustheitstest theoretisch begründen (warum sind Zweifel an Ihrer Fallauswahl, Ihrem Forschungsdesign oder Ihrer Analysemethode möglich?), die Veränderungen erläutern, die Ergebnisse vor allem dahingehend diskutieren, ob sie robust sind (das bedeutet: ändern sich Ihrer Ergebnisse signifikant? Müssen Sie Ihre Schlussfolgerungen modifizieren?). Es ist nicht zwingend erforderlich aber wünschenswert, die Ergebnisse quantitativer Analysen in der Robustheitsdiskussion in Tabellen darzustellen. Es genügt, diese Ergebnisse in einem Anhang zu präsentieren, um keinen Platz im Hauptteil Ihres Manuskriptes dafür zu opfern. Dies gilt insbesondere, wenn Sie das Manuskript bei einem Journal einreichen wollen, das eine niedrige Obergrenze für die Länge von Manuskripten aufweist.

12. Diskussion der Generalisierbarkeit der Ergebnisse

Danach thematisieren Sie die Generalisierbarkeit Ihrer Ergebnisse. Je weniger Fälle analysiert wurden, desto notwendiger wird diese Diskussion. Sind die Ergebnisse generell gültig, d.h. über den Analysegegenstand hinaus? Hier zahlt es sich wiederum aus, kritisch zu sein und mögliche Geltungseinschränkungen offen zu legen.

13. Diskussion der Ergebnisse im Licht Ihrer und konkurrierender Theorien

Nachdem Sie die Generalisierbarkeit Ihrer Ergebnisse diskutiert haben, können Sie unschwer Aussagen über die relative Erklärungsrelevanz Ihrer und konkurrierender Theorien formulieren.

Wurden alle Arbeitsschritte sorgfältig ausgeführt, schließen Sie den Analyseteil ab. Vermutlich lässt sich die Sprache noch verbessern, aber mit stilistischen Fragen beschäftigen wir uns erst im nächsten Kapitel.

---

[52] Ich verzichte hier auf die Diskussion eines eigenständigen Robustheitsteiles, obwohl ich denke es spricht einiges dafür, die Robustheit empirischer Analysen in einem eigenen Abschnitt zu diskutieren. Der Aufbau wäre allerdings dem des Analyseteiles sehr ähnlich.

6.3.3 Tipps und Tricks für die Formulierung des Analyseteils

Für die Erstellung eines Analyseteils gibt es nicht sehr viele Tipps und Tricks. Wenn Sie die Analyse sorgfältig (und im steten Bewusstsein der Notwendigkeit, Replizierbarkeit herzustellen) durchgeführt haben, schreibt sich der Analyseteil beinahe von selbst.

Aus stilistischer Sicht kann ich jedoch einige wichtige Anmerkungen ergänzen: Zum einen darf der Analyseteil nicht mit Abbildungen und Tabellen überfrachtet werden. Andererseits will und soll man auf diese Hilfsmittel auch nicht verzichten (Hilfen zur Erstellung von Tabellen und Grafiken finden sich in Anhang 9.5). Hier kommt es auf das richtige Gewicht zwischen Fließtext, Grafiken, Tabellen und den dazugehörigen Beschreibungen an.

Grundsätzlich gilt das Kriterium, dass Informationen effizient kommuniziert werden sollen. Wenn Sie die Inhalte einer Tabelle oder einer Grafik auch in zwei Sätzen wiedergeben können, hat die entsprechende Tabelle oder die Grafik in Ihrer Arbeit nichts verloren. Und selbst wenn Sie eine Tabelle oder eine Grafik aufnehmen, müssen Sie die Inhalte und die Logik verständlich beschreiben sowie eine Interpretation anbieten. Keine, auch nicht die schönste und eleganteste Abbildung kann für sich alleine stehen.

Ein Analyseteil schreibt sich am schnellsten und problemlosesten, wenn Sie sich zunächst überlegen, welche Informationen Sie tabellarisch oder grafisch berichten wollen. Erstellen Sie dann die Tabellen und Abbildungen und beschreiben diese sorgfältig.

6.4 Die Formulierung der ‚Literaturdiskussion'

Der Unterschied zwischen einer geglückten und einer missglückten, zwischen einer guten und einer schlechten Literaturdiskussion erkennt der Leser sofort: Beim Lesen einer schlechten Literaturdiskussion stellt sich für ihn permanent die Frage, wie die wiedergegebene Literatur mit der Fragestellung der Untersuchung und dem Argument des Autors zusammenhängt. Offensichtlich verknüpft der Autor die Literaturdiskussion zu lose mit dem eigenen Argument.

Eine mögliche Erklärung für die große Distanz zwischen der Literaturdiskussion und dem Argument der Untersuchung liefert die gängige Vorstellung, im Literaturteil müsste der Forschungsstand geschildert und aufgearbeitet werden. Diese Anforderung an den Literaturteil besteht in der Tat, doch lässt sich der „Forschungsgegenstand" in vielen Fällen schwer eingrenzen. Im Zweifel fassen Diplomanden und Doktoranden den Literaturteil lieber zu weit als zu eng.

Eine zweite mögliche Erklärung für die mangelnde Prägnanz ergibt sich daraus, dass die eingebürgerten Begriffe ‚Literaturbericht' und ‚Literaturüberblick' Fehlbezeichnungen darstellen, die bereits ganze Generationen von Diplomierenden und Promovierenden davon abhielten, eine gut funktionierende Literaturdiskussion zu verfassen.

Ausgehend von dem Bestreben, Ihnen eine argumentierende Literaturdiskussion nahe zu legen, behandle ich im Folgenden drei Fragenkomplexe:

1. Welche der gelesenen Texte sollen in der Literaturdiskussion auftauchen? Welche bekommen gegebenenfalls eine zentrale Bedeutung zugewiesen?
2. Wie hoch darf der Anteil an wörtlichen Zitaten sein? Wie wird die Literatur integriert? Wie vermeidet man Reihungen der Art: Autor x argumentiert, dass...; Autor y hält dem entgegen, dass...?
3. Wie schafft man eine enge Verbindung zwischen dem Literaturbericht und dem Hauptargument der eigenen Untersuchung?

6.4.1 Beurteilungskriterien der Literaturdiskussion

Eine gute Literaturdiskussion erfüllt fünf Kriterien.

1. Die *relevante* Literatur wird vollständig aufgenommen.
Dieses Kriterium sollte selbstverständlich sein. Wenn Sie bedeutsame Literatur ignorieren, sind Sie außerstande, die Innovation Ihrer eigenen Ausführungen fair herauszuarbeiten.

2. Die *irrelevante* Literatur wird vollständig ignoriert.
Auch dieses Kriterium spricht für sich selbst. Erstens ergibt es sich aus der Notwendigkeit eines klaren roten Fadens, und zweitens können Sie die Leistungsfähigkeit Ihrer Argumentation nicht im Vergleich zu irrelevanter Literatur herausstellen.

3. Die Literatur wird kategorisiert.
Die von Ihnen diskutierten Monografien und Artikel diskutieren Sie nicht als Individualbeiträge, sondern als herausragende und innovative *Beispiele* für einen bestimmten Ansatz. Wenn Sie die Literatur nicht kategorisieren, stehen die einzelnen Texte unverbunden nebeneinander. Bilden Sie Schubladen für die einzelnen Beiträge der Literatur und geben Sie an, welches Ordnungsprinzip diesen Schubladen zugrunde liegt.

4. Die Literatur wird fair bewertet.
Stellen Sie die Vorzüge und Nachteile der einzelnen Ansätze *für den von Ihnen analysierten Forschungsgegenstand* deutlich heraus. Nehmen Sie keine Zweckargumentation vor: Nur um Ihrem Argument den Weg zu bahnen, sollten Sie keine unfairen Bewertungsmaßstäbe anwenden oder einen Ansatz gar verfälschend darstellen.

5. Schaffen Sie Raum für Ihr eigenes Argument
Denken Sie daran, dass die Literaturdiskussion einen Zweck erfüllen muss: Sie sollte die Leistung Ihres Arguments relativ zu allen anderen Theoriesträngen deutlich herausstellen. Also müssen Sie nicht nur Raum schaffen, sondern auch begründen, warum Ihre Theorie etwas leistet, was andere Theorien nicht leisten.

6.4.2 Typische Fehler

Gerade an den Literaturteilen guter Qualifizierungsarbeiten sieht man immer wieder, wie schwierig die Herstellung eines Zusammenhanges zwischen der eigenen Theorie und der vorliegenden Literatur wirklich ist. Dabei besitzen Literaturdiskussionen einen großen Einfluss auf die wahrgenommene Qualität einer wissenschaftlichen Arbeit.

Zum Glück lassen sich nur wenige Passagen einer Qualifizierungsarbeit mit ähnlich geringem Aufwand so nachdrücklich verbessern. Ich werde in diesem Abschnitt die typischen Fehler vorstellen und Abhilfen vorschlagen.

Der verbreitetste Fehler besteht darin, vom Thema her zu denken und die Literatur zum Thema zu sichten. Doch die entscheidende Bedeutung für die Auswahl der relevanten Literatur besitzt nicht die Thematik, sondern Ihr eigenes Argument. Die relevante Literatur ist demnach nicht alle andere Literatur zu Ihrem Thema sondern lediglich diejenige Literatur, die Argumente formuliert, die Ihrem Argument gleichen oder widersprechen.

Mit anderen Worten: Insofern Sie meinem Rat folgen und eine Arbeit schreiben, in der der Einfluss von x auf y diskutiert wird, dann diskutieren Sie in Ihrem Literaturteil nicht alle Arbeiten in denen y vorkommt, sondern lediglich Arbeiten in denen der Einfluss beziehungsweise der Nicht-Einfluss von x auf y oder der Einfluss beziehungsweise Nicht-Einfluss von anderen Faktoren z auf y begründet wird.

Da Sie vor dem Verfassen des Literaturteiles bereits die Analyse durchgeführt und Ihre Ergebnisse diskutiert haben, sollte Ihnen die Eingrenzung der Literatur und die Herstellung eines engen Zusammenhanges zwischen Ihrer These und der Literatur leicht fallen.

Ich will das an einem Beispiel verdeutlichen: In seiner Diplomarbeit formulierte ein Student die These, dass die Ausschüsse des EU-Parlaments dazu neigen, solche Ausschussmitglieder als Berichterstatter auszuwählen, die eine relativ radikale Position im Ausschuss vertreten. Das Puzzle der Untersuchung besteht in der Abweichung der Position des Berichterstatters von der Position des mittleren Ausschussmitgliedes. Die Begründung für dieses unerwartete Verhalten liegt in der diskretionären Macht des Berichterstatters in den Verhandlungen mit dem EU Ministerrat. Da der Ministerrat häufig eine andere Position bezieht als der Ausschuss, wählt dieser einen Unterhändler, der zu der Seite von der mittleren Position des Ausschusses abweicht, welche der Rat nicht vertritt. Auf diese Weise steigt die Wahrscheinlichkeit für das mittlere Mitglied des Ausschusses, dass es seine Position durchsetzen kann.

Ein interessantes Argument mit vielfältigen Bezugspunkten zur Mehrebenen-Verhandlungstheorie und zur Prinzipal-Agent-Theorie. Doch der Student zog in seinem Literaturteil Aufsätze heran, in denen die Funktion des Rates und des Parlamentes erläutert und in denen argumentiert wird, wie sich Ausschüsse konstituieren und welche Parlamentsmitglieder einen Anreiz besitzen, in Ausschüsse zu gehen. Diese Literatur behandelt zwar den empirischen Gegenstandsbereich der Untersuchung, aber sie ignoriert die zugrunde liegende eigenständige Theorie des Studierenden. Da der Student letztlich ein theoretisches Argument formulieren will, wäre es für die Stringenz seiner Argumentation und für deren Überzeugungskraft wesentlich günstiger, sich auf die ebenfalls verfügbare theoretische Literatur zu beziehen und die vorliegenden empirischen Erkenntnisse bestenfalls kursorisch einfließen zu lassen.

Fazit: Man muss die empirische Literatur kennen und gegebenenfalls auch zitieren. Sie verdient aber keine ausführliche Diskussion, wenn sie von der eigenen Argumentation zu weit entfernt liegt. Das Problem des Studierenden wird dennoch leicht verständlich: Es existieren schlicht keine konkurrierenden Erklärungen für die Auswahl von Berichterstattern in EU-Ausschüssen. Deshalb musste der Student die Abstraktionsebene erhöhen. Doch anstatt die Literatur zur Auswahl von Unterhändlern einzusehen, befasste sich der Student mit der ihm weit besser bekannten EU Literatur.

Dieses Beispiel verdeutlicht den engen Zusammenhang zwischen dem eigenen Argument und der Auswahl der Literatur. Ohne das eigene Argument präzise formulieren zu können, vermag man keinen (guten) Literaturteil zu schreiben.

Ich hatte schon in der Diskussion der Literaturrecherche und Literaturauswahl darauf hingewiesen, dass Sie zunächst nach Literatur suchen sollten, die exakt Ihre Kombination von abhängiger und unabhängiger Variable diskutiert. Wenn man den Einfluss demokratischer Institutionen auf das Wirtschaftswachstum untersucht, kann man die Literaturdiskussion problemlos mit Arbeiten bestreiten, die exakt denselben Einfluss zwischen Demokratie und Wirtschaftswachstum analysieren. In diesem Forschungsgebiet liegen ausreichend viele konkurrierende Erklärungen und voneinander abweichende empirische Ergebnisse vor.[53] Wenn die Literatur zu Ihrer Problematik ungenügend umfangreich ausfällt, suchen Sie in der Datenbank nach Arbeiten, die ebenfalls Ihr Phänomen, Ihre abhängige Variable, erklären wollen. Ein Fokus des Literaturteiles auf Ihrer bedeutsamsten unabhängigen Variable ist prinzipiell möglich, ruft jedoch unmittelbar Begründungsnotstände hervor und lässt sich schwerlich eingrenzen.

Der zweite klassische Fehler bei der Verfassung eines Literaturüberblicks besteht darin zu denken, die Aufgabe dieses Teiles bestünde in der Wiedergabe aller publizierten Arbeiten zu dem behandelten Thema. Dieser Eindruck ist falsch. Der Literaturteil dient primär dazu, das Vorhandensein einer Lücke in der Literatur zu identifizieren, die Sie mit Ihrer Arbeit schließen. Natürlich setzt die Identifikation einer Lücke einen vollständigen und fairen Bericht der vorliegenden publizierten Arbeiten voraus, aber dieser Bericht stellt keinen Selbstzweck dar. Wenn Ihr Gutachter von Ihnen einen „ausführlichen Literaturbericht" verlangt, benutzt er Sie vermutlich zur Literaturrecherche und zum Lesen.

Kurz: Sie müssen ganz sicher nicht zwölf Artikel zum Einfluss von z auf x diskutieren und zitieren, sondern lediglich solche, die innovativ sind. Wenn es drei Gründe gibt, warum z einen Einfluss auf x aufweist, diskutieren Sie die (kurz). Wenn es nur einen gibt, diskutieren Sie nur diesen einen Grund. Wenn Sie dann drei bis sechs Artikel zu diesem Zusammenhang zitieren, genügt das ganz sicher den Ansprüchen an Wissenschaftlichkeit.

---

[53] In solchen Fällen ist es allerdings schwierig, ein neues Argument zu finden. Für Diplomarbeiten mag das Beschreiten solch ausgetretener Pfade deshalb zwar clever sein, für Promotionen ist es nicht oder nur in Ausnahmefällen ratsam, einen Forschungsgegenstand zu wählen, der bereits derart umfassend untersucht wurde.

Jenseits dieser Anforderung müssen Sie in Ihrem Literaturteil *argumentieren* und dürfen nicht lediglich berichten. Ihr Literaturteil besitzt eine Botschaft, die Sie deutlich rüberbringen müssen. Nichts liest sich ermüdender als aneinander gereihte Aufzählungen, wer was gesagt hat. Rekapitulieren Sie die Argumente, schreiben Sie lebendig.

Der dritte klassische Fehler stellt die Aufnahme zu vieler wörtlicher Zitate dar. Arbeiten, die sich von wörtlichem Zitat zu wörtlichem Zitat hangeln, mögen dem Schreibenden schnell von der Hand gehen, die Wirkung auf den Leser ist allerdings verheerend. Nur die für Ihre Arbeit *wirklich* zentralen Aussagen dürfen wörtlich zitiert werden. Eine Daumenregel für die Anzahl wörtlicher Zitate in einer Literaturdiskussion lautet: Weniger als drei wörtliche Zitate pro Kapitel oder Artikel und weniger als fünf Prozent des Textes in diesem Teil der Arbeit. Wie alle Daumenregeln handelt es sich um eine Annäherung an optimales Verhalten, doch ein Überschreiten der genannten Maxima muss wohldurchdacht sein. Niemals sollte man diese Maxima ‚aus Versehen', also aus Unachtsamkeit und Faulheit überschreiten.

Auf Arthur Schnitzler wird der folgende Satz zurückgeführt, den ich aus naheliegenden Gründen wörtlich zitieren muss: „Anführungszeichen sind oft nichts als faule Ausrede, mittels deren der Autor die Verantwortung für eine Banalität (...) dem schlechten Geschmack seiner Zeitgenossen aufzubürden versucht."

Dieses Problem unschöner Zitationsketten hält sich bis heute. Ich bekam einmal eine Diplomarbeit zur Begutachtung, in welcher der Studierende innerhalb von knapp 40 Seiten Literaturüberblick etwa 160 wörtliche Zitate unterbrachte. Das Verhältnis zwischen ‚Eigentext' und ‚Fremdtext' betrug bestenfalls 1:2. Die ‚Eigenleistung' bestand neben der Auswahl der Zitate lediglich in der Formulierung sprachlicher Übergänge zwischen den wörtlichen Zitaten. Erschwerend kam in diesem Fall hinzu, dass sich die diskutierte Literatur auf knapp 5 Bücher und 5 Artikel beschränkte. Diese ‚Leistung' lässt sich mit dem Begriff mangelhaft nur unzureichend fassen. Hier liegt ein Ausbildungsfehler vor und es mangelt dem Studierenden an einem grundsätzlichen Verständnis für Wissenschaft. Leider geht die Ausbildungsleistung der Dozenten, bei denen Sie studiert haben, nicht in die Benotung Ihrer Abschlussarbeit ein, wenn Sie den Dozenten wechseln.

Am einfachsten und besten vermeidet man wörtliche Zitate, indem man die Literaturdiskussion ‚blind' formuliert, soll heißen: Ohne die Literatur neben die Tastatur zu legen. Da kaum jemand längere Passagen auswendig wörtlich zitieren kann, findet das Problem eine einfache Lösung.

Wichtig! Legen Sie die einschlägige Literatur nicht offen auf den Schreibtisch, während Sie schreiben. Sie bleiben ansonsten zu eng an den Texten, Ihr eigener Text beginnt zu mäandern und Ihre Sprache bleibt nicht durchgängig gleich. Wenn Sie aus keinen Texten direkt wörtlich abschreiben können, werden Ihre Sätze einfacher und aussagekräftiger und der rote Faden tritt deutlicher hervor.

Der vierte klassische Fehler bei der Verfassung eines Literaturüberblicks liegt darin, obskure Quellen zu zitieren und „Klassiker" zu übersehen. Wer für das Kollektivhandlungsproblem ein seltsames Lehrbuch zitiert anstatt Mancur Olson, wer für Theorien und Argumente den deutschen ‚Importeur' anstatt des Originalautors zitiert, wer für Definitionen Wikipedia anstatt der klassischen Originalquelle zitiert, der macht nicht nur einen vermeidbaren Fehler, der beweist geradezu, die Literatur nicht zu kennen. Solche Fehler sollten Sie meiden. Sie führen unmittelbar zu einer schlechten Bewertung Ihrer Arbeit.

Benutzen Sie das *Web of Science* für Ihre Literaturrecherche und berücksichtigen Sie, wie häufig einzelne Arbeiten zitiert wurden. Zitieren Sie Arbeiten, die bereits vielfach zitiert wurden. Zitieren Sie auch neuere Arbeiten, die nicht zitiert worden. Seien Sie zurückhaltend, nicht-zitierte, aber alte Veröffentlichungen zu zitieren. Suchen Sie im Zweifelsfall lieber weiter. Zitieren Sie niemals aus Sekundärliteratur. Tippfehler, die sich wie ein Kettenbrief durch die Literatur ziehen, sind Legende. Beteiligen Sie sich nicht daran. Man kann heute mittels des Internet sehr schnell Literatur sammeln. Verzichten sie selbst dann nicht darauf die von Ihnen benutzte Literatur auf Ihrem Computer zu speichern, wenn Sie diese hinterher nur querlesen.

Der fünfte klassische Fehler betrifft die Art der zitierten Literatur. Wenn Sie primär ein theoretisches Argument machen, hat die Diskussion empirischer Ergebnisse im Literaturteil nichts verloren. Sie gehört ausschließlich in den Empirieteil. Wenn Sie dagegen ein empirisch oder ein methodisches Argument machen, diskutieren Sie im Literaturteil ausschließlich empirische Analysen und deren Spezifikation und die Theorie bestenfalls kurz. Falls Ihr Gutachter aus welchen Gründen auch immer auf einer umfassenden Literaturdiskussion besteht, diskutieren Sie die Literatur, die nicht in den Literaturteil gehört, in Fußnoten. Ihre Arbeit mag dann letztlich einem juristischen Text ähneln, aber daran ist nichts zu ändern. Sie können alternativ versuchen, Ihrem Betreuer davon zu überzeugen, dass der Literaturteil nicht dazu da ist, Ihre vollständige (was immer das ist) Literaturkenntnis nachzuweisen. Sondern um Platz zu schaffen, für Ihr eigenes Argument, aber das sagte ich bereits.

6.4.3 Inhalt und Aufbau der Literaturdiskussion

Der Literaturteil soll verdeutlichen, dass der eigene Beitrag eine Lücke der existierenden Publikationen schließt und zugleich einen Anschluss der eigenen Argumentation an andere Argumente herstellt. Darüber hinaus ordnet der Literaturüberblick die Literatur in plausible Kategorien ein und bringt sie auf einfache Begriffe. Die verschiedenen Argumentationsstränge sollten so deutlich wie möglich voneinander unterschieden werden. Stellen Sie Gemeinsamkeiten heraus, solange ein Bezug zu Ihrer eigenen Forschungsfrage besteht.

Ein vernünftiger Aufbau einer Literaturdiskussion sieht etwa folgendermaßen aus:

     a) Rekapitulation des primär interessierenden Phänomens
     b) Benennung und Diskussion der Ordnungskriterien der Literatur
     c) das erste in der Literatur vertretene Argument
     d) das zweite in der Literatur vertretene Argument
     e) das dritte in der Literatur vertretene Argument
     f) Würdigung der Relevanz der Literatur
     g) Herausarbeiten der Lücke, die Ihr Argument füllt

1. Rekapitulation des primär interessierenden Phänomens

Literaturdiskussionen beginnen mit einer Einleitung, in der Sie den Zweck der Literaturdiskussion und den Aufbau des Kapitels erläutern. Gerade Literaturteile führen den Leser von Qualifizierungsarbeiten oftmals nicht ausreichend durch den Text, so dass die berüchtigte Frage, warum man eine Passage eigentlich lesen soll, den Leser regelmäßig beschäftigt.

2. Benennung und Diskussion der Ordnungskriterien der Literatur

In dieser Einleitung können Sie bereits die Kriterien offen legen, auf deren Grundlage Sie die Literatur einzelnen Kategorien zuweisen. Eine Kategorisierung der Literatur mag verzichtbar sein, aber sie hilft nicht nur Ihnen beim Verfassen der Literaturdiskussion, sie erhöht auch das Verständnis des Lesers.

3. Diskussion der in der Literatur vertretenen Theorien

Diskutieren Sie dann die Erklärungsrelevanz der einzelnen Literaturkategorien. Bewerten Sie die Erklärungsrelevanz stets auch und vor allem im Hinblick auf das Phänomen, welches Sie erklären wollen. Es mag zutreffen und eine tolle Leistung sein, dass die von Ihnen diskutierte Literatur ein von Ihnen nicht analysiertes Phänomen perfekt zu erklären vermag. Doch für Ihre Arbeit bleibt das solange irrelevant, wie Sie nicht an diesem Vergleich die Kriterien herausarbeiten, welche die Leistungsfähigkeit der von Ihnen besprochenen Literatur bestimmen.

Im Literaturteil sollten Sie Mut zur eigenen Meinung besitzen und diesen Mut zum Ausdruck bringen. Was leistet die existierende Literatur, was leistet sie nicht? Kritik, die Sie formulieren, müssen Sie auch begründen. Greifen Sie auf empirische Phänomene zurück, um die Nachteile existierender Theorien herauszuarbeiten und stellen Sie keine wilden, unbelegten Behauptungen auf.

Auch hier gilt wieder: Raum schaffen für das eigene Argument! Analytische Defizite deutlich herausarbeiten! Abschließend kann das eigene Argument als fehlendes Element der Literatur herausgestrichen werden. Dies mag durchsichtig sein, aber es ist effektiv und stützt Ihre Argumentation.

Vermeiden Sie die häufige Nutzung von „Autor A sagt X, Autor B sagt Y, Autor C hält dem Z entgegen, woraufhin Autor A sein Argument X leicht modifiziert wiederholt. Schlechter geht es (fast) nicht.

Nennen Sie stattdessen lediglich die für Ihren Untersuchungsgegenstand zentralsten Autoren wörtlich, benutzen Sie eine Kategorisierung der einzelnen Ansätze in der Literatur, um Zugehörigkeiten klar zu benennen. Vermeiden Sie es, Ihren ‚Helden' zu regelmäßig zu erwähnen. Zitieren Sie lieber einmal ein zentrales Argument als sechs aufeinander folgende Verweise zu machen. Belegen Sie Argumente nicht über mehrere Schritte hinweg mit Referenzen eines Autors. Das wirkt abgeschrieben.

4. Würdigung der Theorien

Anschließend stellen Sie die Leistungsfähigkeit der vorliegenden Theorien heraus. Hier sind Sie besser nicht nur fair sondern geradezu großzügig. Sind oder scheinen Sie zu kritisch, wirken Sie nicht glaubhaft oder sogar arrogant. Denken Sie auch daran, dass Sie Ihre Arbeit letztlich publizieren wollen. Die Autoren der Texte, die Sie gerade runterputzen, werden später vermutlich Ihre Gutachter und wer weiß, ob Sie Ihre Ausführungen so überzeugend finden werden wie Sie selbst.

5. Arbeiten Sie die Defizite der Literatur deutlich heraus

Schließlich müssen Sie trotz allen Lobes auch die Defizite der Literatur deutlich herausstellen. Da dieser Punkt zentral ist, verwenden Sie hierauf sehr viel Sorgfalt und bemühen sich um Glaubwürdigkeit und Überzeugungskraft. Schreiben Sie diesen Teil lieber zweimal zu oft als einmal zu wenig. Falls Sie in argumentative Schwierigkeiten geraten, schlagen Sie in guten Journalen nach, wie professionelle Könner ihres Faches Defizite herausarbeiten. Ahmen Sie die besten Autoren nach; vielleicht übernehmen Sie sogar einige Formulierungen.

Verwenden Sie auch im Literaturbericht einen ‚roten Faden'. Der Leser soll erkennen, worauf Sie mit Ihrem Literaturüberblick hinaus wollen. Die Fülle der Literatur in den meisten Forschungsgebieten erlaubt es ohnehin nicht, alle Beiträge aufzunehmen, die je zu Ihrem Thema publiziert wurden. Es ist weit besser, wichtige Vertreter eines Forschungsfeldes zu benennen, als eine Argumentation noch bis in die kleinsten Verästelungen hinein verfolgen zu wollen.

6.4.4 Tipps zur Erstellung der Literaturdiskussion

Falls Sie die Literaturdiskussion schreiben, nachdem Sie Ihre eigenen Ergebnisse vorgestellt und Ihre eigene Leistung eindeutig benannt haben, gelingt Ihnen die Formulierung des Literaturteiles leichter. Achten Sie auf einen engen Bezug zwischen der diskutierten Literatur und Ihrer eigenen These. Es kommt in diesem Teil nicht darauf an, Unterstützung für die eigene These zu finden. Die eigene Leistung wird umso erkennbarer, je deutlicher die Defizite der existierenden Theorien herausgearbeitet werden.

Wenn Sie wissen, worauf Ihre Literaturdiskussion hinausläuft und welche unterschiedlichen Ansätze existieren, sollten Sie in der Lage sein, einen ersten Entwurf zu formulieren, ohne auch nur einmal in die zu besprechende Literatur zu schauen. Erst wenn Ihr erster Entwurf fertig ist, zitieren Sie die Literatur nachträglich hinein. Diese Verfahren erhöht die Schreibgeschwindigkeit dieser Passagen enorm, es erhöht den roten Faden des Kapitels und befreit zugleich von zu großer Nähe zu den Originalquellen.

6.5 Einleitung und Schluss

Was lesen Sie im Buchladen, um ein Buch zu kaufen? Die Einleitung oder den Schluss? Und was lesen Sie in der Bibliothek um zu entscheiden, ob Sie einen Text kopieren? Die Einleitung oder den Schluss?

Was auch immer Sie lesen: Einleitung und Schluss kommt eine überragende Bedeutung zu.

Nicht immer sind Einleitung und Schluss Substitute, aber immer sind sie nahe Verwandte. So sollten zum Beispiel sowohl in der Einleitung als auch im Schluss die Hauptergebnisse benannt werden. Darüber hinaus hat die Einleitung eine zusätzlich zentrale Funktion für den Text: Sie muss die Motivation des Forschungsprojektes benennen und glaubhaft an die Leser vermitteln. Wenn Sie deutlich herausstellen, warum Sie den Text geschrieben haben, dann kann der Leser besser beurteilen, warum er ihn lesen soll.

6.5.1 Einleitung

Eine gute Einleitung ist von zentraler Bedeutung. Nach dem Lesen der Einleitung entscheidet der Leser (wenn es sich nicht um Ihren Gutachter handelt, hoffe ich), ob er Ihren Text liest oder weglegt.

Leider verwenden Diplomanden und Doktoranden auf den Analyseteil und den Theorieteil meist mehr Aufmerksamkeit als auf die Einleitung. Bevor der Leser (und das ist letztlich derjenige, der die nicht unwichtige Note für die Arbeit vergibt) erfährt, worum es geht und bevor seine Aufmerksamkeit gefesselt wird, quält er sich durch mitunter mehr als 20 lieblos zusammengeschriebene Seiten. Es kann Ihrer Note nicht gut tun, den Leser zu quälen.

Jeder Autor sollte sich vor Augen führen, dass Texte Gesamtkunstwerke darstellen, die an der schwächsten und nicht an der stärksten Passage gemessen werden. Unfair? Ich glaube nicht.

Die Einleitung besitzt die zentrale Funktion, das Interesse eines zufälligen Lesers zu wecken. Um diesen Zweck zu erreichen, präsentieren Sie zunächst einen Aufhänger und teilen dem Leser mit, was ihn erwartet. Sie sollten möglichst früh, sagen wir als Daumenregel: Spätestens im vierten Absatz der Einleitung, Ihr Argument deutlich nennen. Hier gilt: Je früher, desto besser und optimalerweise im ersten oder zweiten Absatz.

1. Der Aufhänger

Wie alle anderen Kapitel besitzen Einleitungen eine relativ einfache Struktur. Anders als in anderen Kapiteln weicht die optimale Reihenfolge der Bestandteile einer Einleitung je nach Thematik stark voneinander ab. Deswegen sollten Sie dem im Anschluss vorgeschlagen Aufbau keineswegs sklavisch folgen.

Der erste Absatz sollte einen Aufhänger besitzen. Nach dem Lesen dieses Absatzes muss der Leser bereits verstehen, dass sich der Text mit einem wichtigen Phänomen befasst und warum Sie diesen Untersuchungsgegenstand wählten. Die Bedeutsamkeit eines wissenschaftlichen Gegenstandes kann sich aus der sozialen, politischen oder wirtschaftlichen Umwelt oder aus der wissenschaftlichen Diskussion ergeben. Ein wirklich relevantes Phänomen besitzt meist eine realweltliche *und* eine wissenschaftliche Bedeutung, so dass Sie die Auswahl zwischen drei Aufhängern besitzen:

Erstens können Sie eine (kurze!) Geschichte erzählen, die das analysierte Forschungsproblem repräsentiert.

Zweitens können Sie eine theoretische Kontroverse skizzieren, was immer dann sehr überzeugend wirkt, wenn Ihr Papier eine Lösung verspricht.

Und drittens können Sie ein Rätsel skizzieren, also einen Fall, welcher der dominanten oder einer wichtigen Theorie entgegenläuft.

Wie auch immer: achten Sie darauf im ersten Satz den zentralen Begriff Ihrer Untersuchung zu nennen. Kommen Sie zum Punkt.

Wenn ich einen ersten Abschnitt schreibe, achte ich darauf, dass in meinem ersten Satz die bedeutsameren Worte der Arbeit – das sind diejenigen, die auch im Titel auftauchen – aufgegriffen werden. Erste Sätze sollten schön, kurz und interessant sein. Dann feile ich solange an dem Satz herum, bis er maximal 6 bis 8 Worte aufweist. Und abschließend formuliere ich ihn hin und her, bis er eine Melodie besitzt. Sie denken, ich übertreibe? Sie haben vermutlich Recht, aber ich mag viele (nicht alle) erste Sätze in meinen Artikeln und wer weiß, wofür sie gut sind. Ich denke, ein guter erster Satz ist fast die halbe Miete. Auch das ist vermutlich nicht richtig, aber es ist genauso falsch zu denken, dass der erste Satz lediglich ebenso wichtig oder unwichtig wie der einhundertsiebenundvierzigste Satz. Das ist er ganz sicher nicht.

2. Das Argument

Anschließend sollten Sie Ihr Hauptargument mit konzisen Formulierungen und in wenigen Sätzen benennen und die Evidenz, die für dieses Argument spricht, grob aber verständlich skizzieren.

In meinen bislang durchgeführten Essaywriting-Seminaren entstand über die Notwendigkeit, den Leser in der Einleitung über die Argumentation aufzuklären, stets eine Kontroverse. Doch auch diejenigen, die in ihren eigenen Texten das Argument möglichst lange im Geheimen halten wollen, betonen, wie wichtig ihnen als Leser ist, die ‚Message' frühzeitig präsentiert zu bekommen. Folglich scheint Konsens zu herrschen, dass die Message deutlich und möglichst früh genannt wird.

Ich formuliere diesen Absatz wieder und wieder. Nahezu immer, wenn ich das Dokument neu öffne, formuliere ich diesen Absatz um. Die endgültige Fassung schreibe ich natürlich erst, wenn der Text fertig ist. Es geht darum, das Argument so präzise und verständlich zu formulieren, wie gerade möglich. Das klappt nicht beim ersten Versuch.

3. Realistische Eigenwürdigung

Nachdem Sie Ihre Argumentation zusammengefasst haben, sollten Sie die Leistungen und Ergebnisse der Untersuchung deutlich herausstellen. Hier zahlt es sich aus, die eigene Leistung in Abgrenzung von den Defiziten der bislang veröffentlichten Literatur zu betonen. Übertreiben Sie nicht: Der Grat zwischen wahrgenommenem Selbstbewusstsein und unterstellter Arroganz ist in Deutschland sehr schmal.

4. Schilderung des Aufbaus

Wenn Ihre Arbeit keinen trivialen Aufbau besitzt, sollten Sie dem Leser Ihre Vorgehensweise und Argumentationsschritte umfassend erläutern. Dies kann Ihnen kaum Probleme bereiten, weil Sie ja bereits einen ersten Entwurf Ihrer Arbeit besitzen.

Ich neige dazu, den Aufbau meiner Texte nicht zu diskutieren. Der Aufbau meiner Texte folgt von sehr wenigen Ausnahmen abgesehen dem Standard:

Einleitung, Literatur, Theorie, Forschungsdesign, Analyse, Robustheit, Schluss

Von daher gehe ich davon aus, dass die Leser stets verstehen, was ich ihnen gerade mitteilen möchte.

6.5.2 Schluss

Viele Wissenschaftler lesen zunächst selektiv die letzten beiden Absätze der Einleitung und die ersten beiden Absätze des Schlussteils. Auf diese Weise prüfen sie, ob sich die Lektüre des gesamten Textes für sie lohnt. Obwohl sich das Problem, Leser zu finden, in Qualifizierungsarbeiten nicht stellt (gleichwohl variiert die Aufmerksamkeit der Leser!), macht die Anpassung an typische Lesegewohnheiten dennoch Sinn. Bedenken Sie, dass der Gutachter Ihrer Qualifizierungsarbeit vor allem wissenschaftliche Texte liest und keinesfalls einen Kriminalroman erwartet.

Die objektiv wichtigsten Ergebnisse der Untersuchung fassen Sie deshalb in den ersten Absätzen des Schlusses nochmals zusammen. Je nachdem, ob Sie zunächst den Schluss oder erst die Einleitung schreiben, kopieren Sie die entsprechenden Passagen entweder von vorne nach hinten (aus der Einleitung in den Schluss) oder von hinten nach vorne (aus dem Schluss in die Einleitung). Aber vermeiden Sie die wörtliche Übernahme von Passagen. Schreiben Sie die Sätze sorgfältig um; identische Sätze in einem Text verbieten sich von selbst.

Anschließend bestehen die Schlussfolgerungen im Wesentlichen aus freier Improvisation. Üblicherweise werden künftige Forschungsprojekte skizziert oder die Möglichkeit erörtert, die Ergebnisse auf andere Forschungsgebiete zu übertragen. In den Sozialwissenschaften bietet es sich an, die realweltlichen Implikationen zu diskutieren. Dabei sollte man nicht übertreiben: Es wird Ihnen nicht gelingen, in Ihrer Qualifikationsarbeit ein Ergebnis zu finden, dass der Menschen ein grundsätzliches Umdenken nahebringt. Grundsätzlich gilt die Regel: Nicht übertreiben und auf dem Boden bleiben. Sie wirken souverän, wenn Sie in der

Schlussfolgerung die Defizite Ihrer Untersuchung (nochmals?) kurz betonen und Vorschläge unterbreiten, wie künftige Forschung diese Defizite angehen und reduzieren kann.

Ein seltsames Phänomen lässt sich hinsichtlich des schwierig zu formulierenden ‚letzten Satzes' beobachten. Wenn dieser Satz Ihnen Schwierigkeiten bereitet, löschen Sie probehalber den letzten Abschnitt (gelegentlich auch nur den letzten Satz) des Schlusses. Oft, wenn auch leider nicht immer, fällt der letzte Satz des *vorletzten* Abschnittes wirklich gelungenen aus. Und den letzten Absatz vermisst niemand.

6.6 Check-Liste Kapitel 6

Haben Sie die einzelnen Kapitel Ihrer Arbeit funktional deutlich ausdifferenziert?

Lassen sich Makro- und Mesostruktur Ihrer Arbeit beim ersten Blick in das Inhaltsverzeichnis erkennen?

Haben Sie den roten Faden nicht nur jedes einzelnen Kapitels sondern auch der gesamten Arbeit deutlich gemacht?

Orientieren sich die Inhalte Ihres Manuskripts in ausreichendem Maße an den Vorkenntnissen Ihrer Leser (Gutachter)? Setzen Sie kein nicht-vorhandenes Wissen voraus und berichten Sie keine (wenige) unnötigen, bekannten Sachverhalte?

Theorieteil:

Gelingt es Ihnen, Ihre Leser ‚abzuholen'?

Begründen Sie Ihre Annahmen ausreichend? Belegen Sie die Annahmen durch Verweise auf die Literatur?

Lassen sich Ihre Hypothesen logisch korrekt aus den Annahmen ableiten?

Verfügt Ihr Theorieteil über eine Diskussion der Intuition Ihres Argumentes?

Diskutieren Sie die Leistungsfähigkeit und die Leistungsgrenzen Ihrer Argumentation in einer fairen Art und Weise?

Analyseteil:

Haben Sie einen Bestätigungsbias vermieden?

Haben Sie die Fundstelle der Daten angegeben?

Begründen Sie die Auswahl der Kontrollvariablen, die Operationalisierung der Variablen, die Auswahl der Fälle und die Wahl der Methode ausreichend?

Kann Ihre Studie repliziert werden?

Haben Sie die Ergebnisse ausführlich beschrieben und ggf. mit den Ergebnissen anderer Studien verglichen?

Interpretieren Sie Ihre Ergebnisse angemessen, selbstkritisch und ohne Übertreibung?

Haben Sie die Ergebnisse auf ihre Generalisierbarkeit geprüft?

Diskutieren Sie die Ergebnisse im Hinblick auf Ihre Vereinbarkeit mit Ihrer und mit konkurrierenden Theorien? Ist diese Diskussion der konkurrierenden Theorie deren Leistungsfähigkeit angemessen und im Ton moderat?

Literaturteil:

Identifiziert Ihr Literaturteil die ‚blinde Stelle', das Forschungsdesiderat der existierenden Literatur?

Haben Sie die diskutierte Literatur so ausgewählt, dass die für Ihr Argument bedeutsame Literatur ausreichend diskutiert, die unbedeutende Literatur aber ignoriert wird?

Unterschreitet die Anzahl der wörtlichen Zitate eine vernünftige Obergrenze?

Haben Sie die von Ihnen diskutierte Literatur kategorisiert?

Bewerten Sie die von Ihnen diskutierte Literatur fair?

Arbeiten Sie die Defizite der von Ihnen kritisierten Literatur sorgfältig heraus? Kann der Leser die von Ihnen identifizierten Desiderate ebenfalls erkennen?

Einleitung:

Besitzt Ihre Einleitung einen Aufhänger?

Wird dem Leser Ihre Motivation klar?

Fassen Sie Ihr Argument in für den Leser verständlicher Weise zusammen?

Schildern Sie den Aufbau und den roten Faden?

Lesen Sie den ersten Satz einige Male. Ist er prägnant genug? Können Sie ihn verbessern? Enthält er die Catchwords aus dem Titel Ihrer Arbeit?

Lesen Sie das Argument einige Male. Ist es verständlich genug formuliert? Wird dem Leser die Bedeutung Ihres Argumentes klar?

Schildern Sie Ihren wissenschaftlichen Beitrag ausführlich genug? Machen Sie dem Leser klar, was Sie anders machen als die Literatur vor Ihnen? Wird deutlich, warum Sie denken, dass Ihr Beitrag bedeutsam ist?

Schluss:

Fassen Sie die Inhalte und wichtigsten Ergebnisse Ihrer Arbeit in knapper Form zusammen?

Berichten Sie die Leistung und die Defizite Ihrer Arbeit ohne Über-, aber auch ohne Untertreibungen?

Diskutieren Sie die Implikationen Ihrer Arbeit für Politik und Menschheit (ohne gleichfalls in Pathos zu verfallen)? Sind diese Implikationen realistisch?

Diskutieren Sie die Implikationen Ihrer Arbeit für Ihre Disziplin im Allgemeinen? Was hat Ihre Arbeit Kollegen zu sagen, die außerhalb Ihres eng umrissenen Feldes arbeiten?

Endet Ihr Manuskript mit einem klassischen letzten Satz?

7 Die sprachliche Gestaltung

Wenn Sie alle Teile Ihrer inhaltlichen Arbeit in einem ersten Entwurf geschrieben haben, fängt die eigentliche Arbeit erst an – und zwar damit, dass Sie Ihr Manuskript weglegen und sich mindestens eine Woche mit etwas anderem beschäftigen. Es lohnt auch nicht, Ihren Text in dieser Zeit jemand anderem zu geben, um ihn korrigieren und kommentieren zu lassen. Soweit ist es noch nicht.

Das Weglegen der Arbeit verfolgt einen einfachen Zweck: Sie müssen Distanz zu Ihrem Text gewinnen.

Seien Sie kritisch, wenn Sie Ihr Manuskript danach das erste Mal wieder lesen. Überzeugt Sie Ihre eigene Argumentationskette? Verknüpfen Sie alle Passagen ausreichend miteinander? Gibt es Redundanzen oder Lücken? Treten roter Faden und Argumentationskette ausreichend deutlich erkennbar hervor?

Nachdem der Klärung dieser Fragen und wenn Sie ein Gefühl für die Defizite besitzen, kann die Arbeit in vier einfachen, wenngleich zeitraubenden Schritten abgeschlossen werden.

7.1 Das Ziel: Sprachliche Eleganz

Vermutlich vertreten viele Wissenschaftler die Meinung, dass wissenschaftliche Texte komplizierter sein dürfen als beispielsweise Zeitungsartikel. Das stimmt. Manche würden vielleicht sogar behaupten, dass wissenschaftliche Texte komplizierter sein *müssen*. Das stimmt nicht.

Wissenschaftliche Texte benötigen präzise Formulierungen und diese Präzision gibt es gelegentlich nur zum Preis einer abstrakteren Sprache. Aber trotz aller sprachlichen Präzision muss Wissenschaft stets verständlich bleiben. Sie *dürfen* deshalb maximal so kompliziert formulieren, wie es unbedingt sein *muss*. Wer mit Fremdworten und sprachlichen Neuschöpfungen um sich wirft, versucht vermutlich, das Fehlen einer ausgereiften innovativen wissenschaftlichen Idee zu verbergen. Hinter Wortungeheuern und Satzkonstruktionen, die sich über eine halbe Seite strecken, steckt in der Regel heiße Luft. Der Autor will kaschieren, dass er nichts zu sagen hat; er hofft, die Leser würden die Ursache ihres ausbleibenden Textverständnisses bei sich selbst suchen.[54]

Der Autor eines schlecht verständlichen Textes kann sich nicht damit rausreden, dass der wissenschaftliche Anspruch eine präzise und deshalb zwangläufig komplizierte Sprache erzwingt. Oder wie Arthur Schopenhauer trefflich gegen seine akademischen Intimfeinde, die Schellingianer und Hegelianer, vorbrachte: „Und doch ist nichts leichter, als so zu schreiben, daß kein Mensch es versteht: wie hingegen nichts schwerer, als bedeutende Gedanken so auszudrücken, daß Jeder sie verstehen muß." (Schopenhauer 1977 I: 565f.)

Wer sich an diese Einsicht hält und versucht, „sich so ausdrücken, dass jeder verstehen muss", hat bereits halb gewonnen.

Texte sollen Inhalte vermitteln. Dabei kann derjenige, der Informationen ,sendet' anders als in einem Gespräch die Reaktion des ,Empfängers' der Information nicht beobachten. Der Leser fragt zudem nicht nach, wenn er etwas nicht verstanden hat. Deshalb müssen Texte so geschrieben werden, dass sie bereits beim ersten Lesen verständlich sind.

Auch bei wissenschaftlichen Texten kommt der sprachlichen Qualität des geschriebenen Wortes eine große Bedeutung zu. ,Gut' geschriebene, leicht verständlichen Texte werden erfahrungsgemäß wesentlich häufiger zitiert als schlecht formulierte Texte. Eine Ursache könnte darin liegen, dass der Leser wissenschaftlicher Texte eher oberflächlich als präzise liest. Wenn ein wissenschaftlicher Text stilistisch hervorragend formuliert wurde, bleiben selbst bei oberflächlichem Lesen mehr Inhalte hängen. Der Leser wird die Argumentation letztlich überzeugender finden.

Darüber hinaus suggeriert ein gut formulierter Text dem Leser einen sorgfältigen Umgang des Schreibenden mit seiner Aufgabe. Vielleicht ganz unbegründet und sicherlich unbewusst zieht der Leser Rückschlüsse aus der stilistischen Qualität des Textes auf die wissenschaftliche Sorgfalt des Autors. Je besser der Text formuliert wurde, desto großzügiger sieht der Leser über kleinere Probleme in der Argumentationskette hinweg.

Der vermutlich wichtigste einführende Hinweis zuletzt: Der Schritt zu guten Texten führt über die Löschtaste. Wenn Sie sich nicht trauen im Zweifelsfall mehr als 30 Prozent des geschriebenen Textes zu löschen, bekommen Sie keine stringente Argumentation zusammen. Eine Alternative zur Löschtaste stellt eine ‚Restedatei' dar, in der Sie die gelöschten Passagen ablegen.[55] Sie werden zweifellos irgendwann merken, dass Sie diese genauso gut hätten löschen können. Doch psychologisch fällt vielen Autoren die Verbannung ungebrauchter Passagen in eine Restedatei wesentlich einfacher als die rigide Verwendung der Löschfunk-

---

[54] Scott und Garrison (2002: 35) meinen dasselbe: Some writers „may hope to obscure damaging information or potentially unpopular ideas in confusing language. In other cases the problem could simply be unclear thinking by the writer. Whatever the reason, (…) papers too often sound like prose made by machines to be read by machines."

[55] Sie werden sehen, dass Sie im späteren Verlauf Ihrer akademischen Karriere (so Sie eine solche einschlagen) deutlich weniger löschen werden.

tion. Da das Ergebnis letztlich identisch sein wird, bleibt die Wahl der Mittel Ihnen überlassen.

7.2 Korrekturen an der Grobstruktur der Arbeit

Die Makrostruktur der Arbeit ist dann gelungen, wenn der Leser den roten Faden der Argumentation bereits beim ersten Lesen deutlich erkennt, wenn jeder Argumentationsschritt an der richtigen Stelle steht (nicht beispielsweise Anmerkungen zur Literatur im Analyseteil auftauchen) und unnötige Schlaufen in der Argumentation vermieden werden. Mit dem letztgenannten Problem beginnen Sie die Überarbeitung.

Prüfen Sie in jeder Passage, ob Sie den jeweiligen Argumentationsschritt benötigen. Sollte dies nicht der Fall sein, schieben Sie den Text zunächst in eine Fußnote. Passt der Übergang von der davor stehenden Passage zur folgenden? Trifft das nicht zu, streichen Sie entweder eine längere Passage oder schreiben die entstandene Lücke zu. Wenn Ihnen spontan kein Übergang einfällt, fügen Sie einfach einige Absatzmarken ein und markieren die Stelle deutlich, beispielsweise durch Hinzufügen eines Sonderzeichens, das Sie mit der Suchfunktion Ihres Schreibprogramms später leicht auffinden. Beispiel: „§§%". Gegebenenfalls ergänzen Sie diese Markierung durch einen kurzen Kommentar, was Sie an dieser Stelle noch tun müssen. Also „§§% ÜBERGANG". Wenn Sie diesen Standard durchhalten, können Sie an einem Tag, an dem beispielsweise Ihre Konzentrationsfähigkeit nicht ausreicht, sinnvolle Ergänzungen Ihrer Arbeit vorzunehmen, unschwer kleinere Problemchen ausbügeln. Auf diese Weise nutzen Sie auch unkreative Tage sinnvoll.

Nachdem Sie alle überflüssigen Passagen in Fußnoten verbannt haben, gehen Sie durch die Fußnoten. Prüfen Sie, ob die Fußnote dem Leser wirklich relevante Zusatzinformationen zur Verfügung stellt. Wenn das nicht zutrifft, löschen Sie die Fußnote. Sie können überflüssige Passagen selbstverständlich auch sofort löschen.

Wenden Sie sich nun den einzelnen Kapiteln zu. Gehen Sie aber nicht der Reihe nach durch den Text, fangen Sie nicht mit der Einleitung an und hören Sie nicht mit den Schlussfolgerungen auf.

Jedes einzelne Kapitel sollte eine Einleitung und einen Schluss aufweisen. In der Einleitung erläutern Sie den Zweck des Kapitels für die Gesamtargumentation und im Schluss fassen Sie die Ergebnisse des Kapitels im Licht der Gesamtargumentation zusammen. Wenn Sie sich an die Ausführungen dieses Buches gehalten haben, dann besitzt Ihre Arbeit bereits diese Struktur.

Lesen Sie dann die Kapitel unabhängig voneinander und sorgfältig. Steht jede Passage an der richtigen Stelle? Behandelt der Literaturteil die Literatur, der Theorieteil die Argumentation und der Analyseteil die Analyse und jeweils nichts anderes? Wenn dies nicht der Fall sein sollte, verschieben Sie einzelne Passagen. Die eingefügten Passagen können Sie farblich mit der Hervorheben-Taste aus der Befehlsleiste Ihres Schreibprogramms hinterlegen, da der eingefügte Text ein Fremdkörper darstellt und einer sorgfältigen Einbindung bedarf.

Sie können sich gleich damit befassen, den hinzugefügten Text zu integrieren. Doch es ist effizienter, wenn Sie mit dieser Aufgabe bis zum nächsten Überarbeitungsschritt warten. Sollten Sie dann nämlich nicht mehr nachvollziehen können, warum Sie die Textstelle ausgerechnet an diese Stelle verschoben haben, fällt es Ihnen leichter, die gesamte Passage zu löschen.

Prüfen Sie anschließend die Zwischenüberschriften Ihres Kapitels. Falls Ihr Text Passagen aufweist, die trotz einiger Länge ohne Zwischenüberschriften auskommen, fügen Sie nach Möglichkeit welche ein. Eine gute Daumenregel besagt, dass alle drei oder vier Seiten eine Überschrift stehen sollte. Man kann sich nicht immer an dieses Kriterium halten. Achten Sie trotzdem darauf, dass sich einzelne Passagen nicht über zehn Seiten ohne Zwischenüberschriften ziehen.

Anschließend lesen Sie das Kapitel, welches Sie überarbeiten, an einem Stück. Stellt Sie der Aufbau des Gesamtkapitels und der einzelnen Passagen zufrieden? Wird der Bezug des Teiles zur allgemeinen Argumentation deutlich genug? Ist das nicht der Fall, überarbeiten Sie die Einleitung und den Schluss des Kapitels nochmals und verdeutlichen Sie sich die Argumentation des Kapitels – gegebenenfalls mit Hilfe eines Pfeildiagramms.

Nun fügen Sie strategische Redundanzen ein, die der Verdeutlichung des ‚roten Fadens' dienen. Der rote Faden wird umso deutlicher, je häufiger Sie auf Ihre eigene Argumentation Bezug nehmen. Oftmals mangelt es nämlich an der Herstellung eines Zusammenhanges zwischen den Teilschritten und dem Gesamtargument. Dieses Problem lösen Sie durch Rückgriffe auf strategische Redundanzen. Immerhin kennen Sie aus der Disposition und der Einleitung Ihr Argument.

Redundanzen sind nicht schön und stören manche Leser. Aber es um so viel besser, Sie sagen etwas einmal zu viel als einmal zu wenig. Eine kleine Minderheit liest wissenschaftliche Texte mit großer Sorgfalt. Die meisten von uns „überfliegen" Texte oder „lesen sie quer" oder „benutzen Schnell-Lese Techniken". Dies ist ebenso unvermeidlich wie gefährlich. Ich habe gelegentlich Manuskripte abgelehnt bekommen auf der Grundlage von Gutachten, die verdeutlichen, dass der Referee meinen Text entweder nicht gelesen oder wenigstens nicht verstanden hat. Vielleicht hat er/sie schneller gelesen als dem Verständnis zuträglich, vielleicht habe ich auch unklar formuliert. Wie auch immer: Redundanzen dienen dazu, dem Leser querlesen zu erlauben. Im Zweifelsfall weist Sie Ihr Gutachter darauf hin, dass Ihr Manuskript redundant ist. Abgelehnt worden ist deswegen aber noch kein Manuskript.

Prüfen Sie, ob der letzte Absatz des Literaturberichtes einen Bezug zwischen der von Ihnen identifizierten Lücke in der Literatur und Ihrem Argument herstellt. Ansonsten ergänzen Sie diesen Absatz und benennen Sie das Argument. Vermeiden Sie, das Argument per *cut and paste* aus der Einleitung zu holen. Formulieren Sie es neu. Prüfen Sie, ob Sie in der Interpretation der Ergebnisse im Analyseteil ausführlich auf das zentrale Argument eingehen. Auch in dieser Passage muss das Argument nochmals skizziert werden. Diese Diskussion sollte ausführlich sein, wahrscheinlich ausführlicher, als sie nach der ersten Niederschrift ausfällt!

Zuletzt prüfen Sie, ob Ihr zentrales Argument im ersten Absatz des Fazits wiederholt wird. Wenn nicht, schreiben Sie: „Diese Arbeit hat argumentiert, dass..." oder : „Diese Arbeit hat die Bedeutung von X für Y herausgearbeitet...".

Anschließend lesen Sie alle Kapitel der Arbeit nochmals im Ausdruck. Funktionieren die Übergänge noch? Können Sie jeweils pro Teil eine Einleitung, einen Hauptteil, und einen Schluss identifizieren?

Wenn Sie keine Probleme mehr sehen, wenden Sie sich den §§$%-Passagen zu. Haben Sie alle auf diese Weise markierten Stellen bereinigt, weist die Arbeit eine zufriedenstellende Makrostruktur auf.

Dann wenden Sie sich den Details zu.

7.3 Der Aufbau der Absätze

Während fast alle Diplomanden und Doktoranden der Makrostruktur ausreichend Aufmerksamkeit widmen, vernachlässigt die Mehrheit, auch die Absätze zu überarbeiten. Diesem zeitraubenden aber unverzichtbaren Überarbeitungsschritt wenden wir uns nun zu.

7.3.1 Kriterien gelungener Absätze

Die wenigsten Verfasser wissenschaftlicher Texte verfügen über das Glück oder das Können, aus dem Handgelenk Absätze zu formulieren, die dem Leser auf den ersten Blick ihren Inhalt preisgeben. Sehr präzise Absätze sind notwendig, um auch dem oberflächlichen Leser in möglichst kurzer Zeit einen möglichst präzisen und in sich schlüssigen Inhalt zu vermitteln.

Dieses Ziel kann ausschließlich dann erreicht werden, wenn Sie a) in jedem Absatz nur einen Gedanken entwickeln und wenn b) jeder erste Satz den wesentlichen Inhalt des Absatzes kurz zusammenfasst.

Das Lesen der leitmotivischen ersten Sätze eines Absatzes ermöglicht dem Leser, zwei Seiten Text mit vielleicht acht Absätzen in maximal 30 Sekunden zu erfassen.

Absätze beginnen idealerweise mit der Grundthese des Abschnittes. Optimal ist ein Absatz dann, wenn man lediglich die ersten Sätze aller Absätze lesen muss, um den gesamten Text zu verstehen.

Je kürzer Sie diesen bedeutsamen ersten Satz eines jeden Absatzes formulieren, desto verständlicher wirkt nicht nur der Satz sondern der gesamte Absatz. Zwar sind kurze Sätze generell besser als lange Sätze, doch diese Regel besitzt für die jeweils bedeutsamsten Sätze (den ersten Satz des Textes, jedes Kapitels, jedes Abschnittes, jedes Absatzes) eine besondere Bedeutung. Gelingen Ihnen diese bedeutsamen Sätze gut, fällt den Lesern das Verständnis Ihres Textes sehr viel leichter.

Der weitere Inhalt des Absatzes dient dann dazu, den Inhalt des ersten Satzes näher zu erläutern. Der Inhalt dieser zweiten, dritten, vierten Sätze eines jeden Absatzes mag für die Plausibilität der Argumentation wichtig, ja von entscheidender Bedeutung sein, doch der Leser sollte den Inhalt des gesamten Textes ohne diese Erläuterungen verstehen können. Damit ihm dies gelingt, bedarf es Querlesehilfen, und diese sollten, nein müssen, im ersten Satz jedes Absatzes stehen.

Testen Sie Texte, die Sie als sehr leicht verständlich erachten. Lesen Sie lediglich die ersten Sätze eines Abschnittes. Verstehen Sie die Argumentationskette des Textes? Wenn Sie diese Frage bejahen, hat sich der Autor bewusst oder unbewusst an die Regel gehalten, jeden Absatz mit der Kernthese des Absatzes zu beginnen. Vergleichen Sie nun einen Text, den Sie als schwer verständlich erachten. Typischerweise sind entweder die Sätze länger und verschachtelter, oder die Absätze enthalten zu viele Gedanken und weisen eine unzugängliche Struktur auf.

Achten Sie auf die Länge (die Kürze!) der Absätze. Wenn sich einzelne Absätze Ihres Textes über mehr als eine Seite erstrecken, liegt möglicherweise etwas mit der Feinstruktur Ihres Textes im Argen. Bei doppelzeiligen Texten mit großen Rändern stellt eine dreiviertel Seite die maximale Länge für einen Absatz dar.

Sie erschweren das Lesen Ihres Textes unnötig, wenn die Absätze zu lang werden und eventuell sogar mehr als einen argumentativen Schritt enthalten. Hier gilt wieder, dass Texte umso besser ausfallen, je einfacher sie es dem Leser machen. Und denken Sie nicht einmal im Traum daran, die stilistischen Fein- und Besonderheiten von James Joyces ‚Ulysses' aufzunehmen. Selbst wenn die Literaturkritik (aus welchen Gründen auch immer) den Ulysses als Meisterwerk der Literatur und Ausdruck der Sprachgewalt Joyces feiert: Wenn Ihre Arbeit nur einen Millimeter in diese Richtung rückt, verschließt sich dem Leser Ihre Argumentation. Oder kennen Sie die Kernthese des Ulysses? Na also. Undurchschaubarkeit schlägt sich zwingend negativ auf Ihre Note und gegebenenfalls Ihre wissenschaftliche Reputation nieder.

7.3.2 Überarbeitungsschritte

Absätze überarbeitet man am besten einzeln und keineswegs in der Reihenfolge, in der sie im Text auftauchen. Fangen Sie bei einem beliebigen Absatz, beispielsweise auf Seite 27 an. Lesen Sie den Absatz genau und ohne den vorherigen und den folgenden Absatz zu lesen. Ist der Absatz gelungen oder zu lang? Weist er einen primären Gedanken auf, der im ersten Satz des Absatzes bereits inhaltlich klar wiedergegeben wird?

Falls Ihre Absätze zu lang geraten sind, fügen Sie an geeigneter Stelle eine Absatzmarke ein. Viele lange Absätze weisen nach etwa zwei Dritteln eine Sollbruchstelle auf, an der Sie den Absatz leicht trennen können. Wenn Ihr Absatz nur einen Gedanken aufweist, denken Sie darüber nach, wie Sie zwei argumentative Schritte daraus machen können. Fügen Sie einen argumentativen Schlenker ein oder paraphrasieren Sie den Gedanken.

Häufig müssen Sie einen oder beide Absätze neu formulieren. Sie werden feststellen, dass der erste der beiden geteilten Absätze im Normalfall erhalten bleiben kann. Der zweite Absatz verlangt aber nach einem neu hinzugefügten ersten Satz, nach einer Veränderung der Reihenfolge, in welcher der Gedanke des Absatzes entwickelt wird, oder nach einigen ergänzenden Erläuterungen. Der Text gerät auf diese Weise nicht nur lesbarer; Sie entwickeln Ihr Argument auch in einer inhaltlich leichter nachvollziehbaren Weise.

Selbst wenn ein Absatz nicht zu lang geriet, doch mehr als einen Gedanken aufweist, müssen Sie den Absatz trennen. In jedem Absatz darf lediglich ein Gedanke, ein kleiner argumentativer Schritt auftauchen. Finden Sie Absätze mit mehr als einem argumentativen Schritt, teilen Sie diese und ergänzen jeden der beiden Teile um einige illustrierende Sätze, so dass der Gedanke des Absatzes sorgfältig entwickelt und erläutert wird.

Nun prüfen Sie die ersten Sätze der Absätze. Enthalten diese nicht bereits das Motiv des Satzes, formulieren Sie den ersten Satz um oder stellen Sie einen zusätzlichen Satz vor den bisherigen ersten Satz. Dieser neue Satz sollte dann das Thema des Absatzes ausreichend klar zum Ausdruck bringen.

Wenn Sie mit dem überarbeiteten Absatz zufrieden sind, heben Sie den Absatz farblich hervor. Dazu markieren Sie den gesamten Absatz (beispielsweise durch ein Doppelklick auf den Seitenrand. Anschließend klicken Sie in der Symbolleiste *Überarbeiten* auf das abwärts gerichtete Dreieck des *Hervorheben*-Schalters und markieren Sie bereits überarbeitete Absätze in einer beliebigen Farbe.[56]

Sie korrigieren die Absätze am besten und gründlichsten, indem Sie sich einzelne Absätze vornehmen und – wenn Sie einen Absatz durchgearbeitet haben – im Text über mehrere Seiten springen. Auf diese einfache Weise sinkt Ihre Aufmerksamkeit nicht. Gehen Sie deshalb nach der Überarbeitung eines Absatzes einige Seiten in Ihrem Text vor oder zurück, und überarbeiten Sie einen Absatz, der inhaltlich mit dem ersten Absatz nicht direkt zusammenhängt. Mit dem ausgewählten Absatz verfahren Sie wie zuvor: Nach Abschluss der Überarbeitung heben Sie den jeweiligen Absatz farblich hervor.

Haben sie alle Absätze überarbeitet, ist der gesamte Text mit der ausgewählten Farbe hervorgehoben. Dann betrachten Sie diesen Überarbeitungsschritt als abgeschlossen und heben die Hervorhebung auf, beispielsweise indem Sie den Text mit Ctrl-A ganz markieren und in der Schaltfläche *Hervorheben* „keine" wählen.

Abschließend lesen Sie die ersten Sätze der Absätze Ihres Textes. Sind Sie mit dem Textfluss zufrieden?

Achten Sie an dieser Stelle darauf, dass zwei aufeinander folgende Absätze niemals mit dem gleichen Wort beginnen. Wenn ein Leser sehr oberflächlich vielleicht nur die ersten Sätze jeden Absatzes liest, um den Inhalt einer Passage ohne große Zeitinvestition nachvollziehen zu können, werden ihm zwei mit dem gleichen Wort beginnende Absätze als unschöne Wie-

---

[56] Vgl. Anhang 9.6.

derholung erscheinen. Sie beginnen – außer als stilistisches Mittel – zwei aufeinander folgende Sätze ebenfalls nicht mit dem gleichen Wort.

Wenn Sie diesen Arbeitsschritt abgeschlossen haben, kann die Arbeit bereits von einem Leser überflogen werden, ohne dass wichtige Inhalte verloren gehen und ohne dass der Leser den roten Faden verliert. Bitten Sie einen Kommilitonen, der die Arbeit nicht kennt, Ihren Text in 15 Minuten zu überfliegen und lassen Sie sich dann die Inhalte erklären. Wenn die Wiedergabe Ihres Kommilitonen deutlich von Ihrer inhaltlichen Intention während des Verfassens abweicht, versuchen Sie herauszubekommen, woraus die Verständnisprobleme resultieren und überarbeiten Sie die entsprechenden missverständlichen Passagen nochmals.

7.4 Sätze

Manche Sätze klingen einfach schöner als andere und immer beeinflusst die Formulierung eines Satzes seine Verständlichkeit. Auch in wissenschaftlichen Texten liegt einer der Hauptaugenmerke auf der Verständlichkeit; gleichwohl bleibt dem Autor bei gleicher Verständlichkeit ein großer stilistischer Spielraum. Man kann vermutlich jeden Gedanken in einigen gelungenen und in unzähligen missratenen Varianten ausdrücken.

Gut geschriebene Sätze sind wie einzelne Takte innerhalb einer Komposition: Sie schmiegen sich unauffällig in das Gesamtwerk ein. Einige Sätze entsprechen „dem Thema" aus Beethovens fünfter Symphonie, andere Sätze entsprechen lediglich dem Übergang zwischen zwei Phrasierungen derselben Melodie. Doch so wenig Symphonien ohne diese unauffälligen Übergänge auskommen, so bedeutend geraten die unauffälligen Sätze für einen geschriebenen Text. Ein Buch, eine Magisterarbeit, eine Promotion besteht eben nicht ausschließlich aus zitierfähigen Passagen.

Sätze besitzen deshalb vor allem eine Funktion. Jeder einzelne Satz lässt sich nicht unabhängig von den Sätzen bewerten, mit denen er unmittelbar in einem Kontext steht. Er muss mit allen anderen Sätzen harmonieren, um im Zusammenklang einen wohlformulierten Absatz, ein gut lesbares Kapitel, ein Buch zu ergeben.

Jenseits dieser Problematik lassen sich dennoch Regeln über qualitativ gute Sätze formulieren. Diese habe ich hier zusammengetragen.[57]

7.4.1 Kriterien stilistisch gelungener Sätze

Zunächst einmal gilt: Kurze Sätze sind besser als lange. Oder – wie Ernest Hemingway treffend meinte: „Autoren sollten stehend an einem Pult schreiben. Dann würden ihnen ganz von selbst kurze Sätze einfallen."

---

[57] Dieser Abschnitt profitierte von Ratschlägen Christian Martins.

Kurze Sätze sind verständlicher. Ihr Inhalt erschließt sich auf einen Blick. Der Leser muss nicht suchen, wo welcher Teilsatz nach einem eingeschobenen Relativsatz fortgesetzt wird, auf welches Substantiv sich ein Relativpronomen bezieht und so weiter.

Aber: Sprachliche Varianz dynamisiert Texte. Es wirkt sprachlich elegant, relativ kurze und relativ lange Sätze zu kombinieren und ohne feste Abfolge abzuwechseln. Streuen Sie gelegentlich sehr kurze Sätze ein, insbesondere wenn Sie etwas sehr wichtiges sagen. Die Aufmerksamkeit des Lesers steigt auf diese einfache Weise an und Sie erzeugen einen Spannungsbogen.

Ein großes Problem der deutschen Sprache stellen Schachtelsätze dar. Oftmals greifen Wissenschaftler absichtlich auf einen hochkomplexen Satzbau zurück, um ihrem Text den Anschein von Wichtigkeit zu geben. Studierende kopieren diese Unsitte gerne, um einen Eindruck von Wissenschaftlichkeit zu erzeugen. Manchmal entstehen Schachtelsätze aber auch unbeabsichtigt, durch Unaufmerksamkeit oder durch ungenügend geordnete Gedanken. In allen Fällen sollte man die Informationen dieser Konstruktionen auf mehrere Sätze aufteilen.

Um einen unnötig komplizierten Satzbau zu vermeiden, ist innerhalb eines Satzes vor allem auf eindeutige Bezüge zu achten: Welches Prädikat bezieht sich auf welches Objekt? Die Missachtung dieser Regel führt mitunter zu grotesken Stilblüten, in dem der Esel getroffen wird, obwohl der Sack gemeint war. Das Problem unklarer Bezüge taucht vor allem bei eingeschobenen Relativsätzen auf. Eine bessere Alternative besteht darin, den Relativsatz direkt an jenen Satzteil anzuschließen, auf den er sich bezieht. Auf diese Weise werde „Schachtelsätze" vermieden. Auch die Verwendung von „dieser" und „jener" kann zur Klärung von Bezügen beitragen.

Solange die vorstehende Regel beachtet wird, spricht nichts gegen die Verwendung langer Sätze. Allerdings muss sich der Schreiber sicher fühlen, wenn er sie formuliert – nur so bleibt ihre Verständlichkeit gewährleistet. Sie müssen Tage, nachdem Sie Sätze formuliert haben, noch verstehen, was Sie ausdrücken wollten: Entsprechen sich das Gemeinte und das Geschriebenen? Oder verschleiert ein allzu langer Satz nur die Tatsache, dass bei seiner Abfassung Unordnung in den Gedanken herrschte?

In Stilfibeln findet sich zuweilen der Rat, Konstruktionen nicht mit „dass" zu beginnen. Diese Regel hat ihren Sinn. Doch wie jede Regel lässt sie Ausnahmen zu. Dass es stilistisch sinnvoll sein kann, gelegentlich einen Satz mit „dass" zu beginnen, zeigt eben dieser Satz. „Dass" kann Signale setzen, Aufmerksamkeit erzeugen, den Textfluss strukturieren. Allerdings erzeugt ein „dass" Distanz zwischen dem Autor und dem Text. Wenn Sie sich ertappen, viele „dass" Konstruktionen zu verwenden, prüfen Sie die Übereinstimmung zwischen Ihrem Text und Ihrer eigenen Meinung. Beinahe das gleiche gilt für Konstruktionen, die den erweiterten Infinitiv verwenden. Nicht in allen Fällen besteht die bessere Alternative darin, den Infinitiv an das Ende eines Satzes zu stellen. Den Infinitiv gelegentlich als erstes Satzglied zu verwenden, vermeidet Monotonie und fördert den Lesefluss.

Die deutsche Sprache erlaubt dem Schreibenden ein hohes Maß an Flexibilität bei der Anordnung einzelner Satzglieder. Es gilt, diese Flexibilität zu nutzen. Freilich darf dies nicht unreflektiert geschehen: Wie alles, was gut werden soll, erfordert auch gutes Schreiben einen gewissen Aufwand an Zeit und Mühe. Der erste Satz dieses Abschnitts lässt sich „besser" formulieren: „Die deutsche Sprache erlaubt es dem Schreibendem, einzelne Satzglieder in hohem Maße flexibel anzuordnen." Diese Variante vermeidet es, Nominalkonstruktionen zu häufen und benennt zudem exakter, welchen Sinn der Schreibende dem Satz beilegen wollte. In der ersten Version bleibt der Zusammenhang zwischen „Flexibilität", „Anordnung" und „Satzglieder" schwammig; die Alternative bezieht „anzuordnen" deutlich auf die „Satzglieder" und ordnet das Adverb „flexibel" eindeutig zu.

Gerade Diplomanden und Doktoranden greifen gerne auf sprachliche Einschränkungen zurück. Die wiederholte Verwendung von ‚oft', ‚häufig', ‚regelmäßig', ‚typischerweise' und ähnlichen Worten stellt hierfür der beste Indikator dar. Dahinter steckt die Idee, dass jeder einzelne Satz für sich allein genommen, nicht falsch sein darf. Wenn diese Regel gelten würde, wäre man gezwungen, eine Aussage und ihre Geltungsbedingungen in einem Satz zu formulieren. Zum Glück aber muss man das nicht, da sinnentstellende Zitate gegen die wissenschaftliche Vorgehensweise verstoßen.

Auch wenn Sie die gesamte Wahrheit nicht in einem Satz formulieren, darf niemand Ihre Sätze sinnentstellend aus dem Zusammenhang mit vor- oder nachstehenden Einschränkungen reißen. Man muss also nicht in einem Satz schreiben: x beeinflusst y positiv, außer wenn $a\ b$ entspricht, weil in diesem Falle c gegen unendlich geht und der Einfluss von x auf y negativ wird. Sie können diese Bedingungen problemlos auf mehrere Sätze oder Absätze verteilen. Sie sollten diese Einschränkungen von All-Aussagen dennoch in großer räumlicher Nähe zu der Hauptaussage positionieren.

Und schließlich überstrapazieren viele Diplomanden und Doktoranden die Verwendung von Passivkonstruktionen. Passive Formulierungen benennen den Handelnden weniger eindeutig und weniger deutlich als aktiv formulierte Sätze. Dies gilt auch für ein „verstecktes" Passiv, wie es sich beispielsweise im vorigen Abschnitt findet („lässt sich ... formulieren").

7.4.2 Überarbeitungshinweise

Am einfachsten kann man gegen zu lange Sätze vorgehen. Lesen Sie sich Ihren Text einfach laut vor oder – besser noch – bitten Sie jemanden, Ihnen den Text laut vorzulesen. Wenn der Vorleser während eines Satzes atmet, sollten Sie erwägen, den Satz zu kürzen. Und wenn Sie am Satzende nicht mehr wissen, wie Ihr Satz begann, ist Kürzen unverzichtbar.

Wenn Sie nicht ausreichend Zeit besitzen, um eine vollständige Leseprobe des Manuskriptes zu organisieren, drucken Sie Ihren Text aus und streichen zunächst alle zu langen Sätze an. Am besten, Sie lesen die Sätze nicht in der Reihenfolge, in der sie geschrieben stehen. Wenn Sie am Computerbildschirm lesen (nicht empfohlen!), können Sie lange Sätze mittels der „hervorheben" Funktion des Schreibprogramms kenntlich machen. Anschließend (oder einige Tage später) nehmen Sie sich die markierten Sätze vor und prüfen, ob diese geteilt werden können. Das gelingt fast immer. Im Zweifelsfall schreiben Sie die Passage vollständig neu. Vergleichen Sie die Varianten und nehmen Sie die gelungenere, die schönere, die prägnantere.

Eine zeitsparende Vorgehensweise besteht darin, alle Punkte im gesamten Text hervorzuheben. Je weniger hervorgehobene Stellen Ihr Text aufweist, desto länger sind die Sätze an dieser Stelle. Dabei gehen Sie wie folgt vor: Ersetzen Sie (Menü: Bearbeiten, Suche/Ersetze oder Strg+F) PUNKT_LEERZEICHEN durch PUNKT_LEERZEICHEN. Wenn Sie „alle ersetzen" anklicken, wissen Sie, wie viele Punkte Ihr Text ungefähr aufweist. Das nutzt aber noch nicht viel. Positionieren Sie nun den Cursor in das „Ersetzen durch..." Fenster. Anschließend klicken Sie im Untermenü „erweitern" auf die Schaltfläche „Format" und aktivieren „hervorheben". Achten Sie darauf, dass der *Hervorheben-Schalter* im Bearbeitungsmenü nicht auf „kein(e)", sondern auf eine beliebige (am besten eine helle) Farbe eingestellt ist. Beenden Sie das Kommando durch einen Klick auf den Schalter „alle ersetzen". In Ihrem Text sind nun alle PUNKT_LEERZEICHEN Kombinationen, farblich hinterlegt. Lange Sätze lassen sich nun unschwer erkennen. Die Hervorhebung werden Sie wieder los, indem Sie den gesamten Text markieren [durch gleichzeitiges Tippen von Strg+A oder Ctrl+A] und dann den *Hervorheben-Schalter* auf „keine" setzen. Wenn Sie nicht wissen, wie man Textstellen hervorhebt, finden Sie Auskunft darüber in der Hilfefunktion des Schreibprogramms, in MS-Word unter „Hervorheben wichtiger Textstellen".

Passivkonstruktionen finden Sie schnell über die Sache nach „sich", war", „wurde" und so weiter. Verfahren Sie reziprok zur Schilderung des Ersetzens von *Punkten* durch *hervorgehobene Punkte*. Eine ausführlichere Schilderung der Funktion findet sich in Anhang 9.6 und im nächsten Abschnitt, der die Wortwahl thematisiert.

7.5 Worte (und Unworte)

„Schreiben ist leicht, man muss nur die falschen Wörter weglassen." (Mark Twain)

Jeder, der einmal einen Text verfasst hat, weiß: Twain hat das Problem verstanden. Nur: Was sind die „falschen Wörter"?

7.5.1 Kriterien der Wortwahl

Zumindest wenn man die Ironie Twains außer Acht lässt, können tatsächlich Aussagen über ‚falsche Wörter' formuliert werden. Mindestens vier Regeln sollten beachtet werden: Vermeiden Sie Hilfsverben, vermeiden Sie Wiederholungen gleicher oder ähnlicher Begriffe, vermeiden Sie Füllworte, die den Inhalt der Sätze nicht beeinflussen, und vermeiden Sie Fremdworte, die nicht zu den unverzichtbaren *termini technici* Ihrer Disziplin zählen; nehmen Sie keine Eindeutschungen von Worten aus dem Englischen vor.

Darüber hinaus legt jedes Thema eine zu regelmäßig wiederholte Verwendung einzelner Schlüsselbegriffe nahe. Es hängt von der Disziplin ab, ob Sie diese Begriffe mit Synonymen abwechseln. In den Wirtschaftswissenschaften und den Rechtswissenschaften rufen Sie eher Verwirrung hervor, wenn Sie gleiche ‚Variablen' oder ‚Konzepte' mit unterschiedlichen Begriffen belegen. Ich bekam beispielsweise einmal ein Gutachten über einen bei einem

Ökonomie-Journal eingereichten Artikel, in dem der Gutachter seine Verwirrung über die synonyme Verwendung von ‚Demokratie' und ‚politische Partizipation' zum Ausdruck brachte. Nun kann man lange darüber debattieren, ob beide Termini exakt das gleiche meinen oder nur ungefähr. Darum geht es hier nicht: In der Soziologie und der Politikwissenschaft wäre so eine kritische Bemerkung nahezu ausgeschlossen. Hier nehmen Leser eher sprachliche Inkonsistenzen in Kauf, wenn die Formulierungen dadurch gefälliger und abwechslungsreicher geraten.

Jenseits der Kernbegriffe aber erhöht eine abwechslungsreiche Sprache die Eleganz und die Lesbarkeit eines Textes.

Besondere Aufmerksamkeit verdienen die Verben. Viel zu oft greifen Autoren wissenschaftlicher Texte auf Hilfsverben zurück, die um ein mit einem im Infinitiv gebrauchten Hauptverb ergänzt werden. Durch die Lösung dieses Problems verbessert sich das sprachliche Ausdrucksvermögen. Und mit einem kleinen Trick lässt sich dieses Problem auch sehr leicht lösen. Zum Beispiel können Sie das Hauptverb aus dem Infinitiv in den korrekten Tempus überführen und auf das Hilfsverb verzichten. Obiger Satz lautete dann: „Viel zu oft greifen Autoren wissenschaftlicher Texte auf Hilfsverben zurück, die ein im Infinitiv gebrauchtes Hauptverb ergänzt. Auf diese Weise bin ich nicht nur die Passivkonstruktion losgeworden, der Satz fällt auch wesentlich aussagekräftiger aus als zuvor.

Unglücklicherweise besitzen unterschiedliche Autoren jeweils eigene ‚falsche Wörter'. Ich neige beispielsweise dazu, die Begriffe ‚jedoch' und ‚allerdings' überzustrapazieren und ich benutze wie so viele Autoren zu oft Hilfsverben. Andere Autoren kennen von sich vielleicht andere sprachliche Eigen- und Unarten. Wenn Sie Ihre eigenen nicht kennen, sollten Sie Texte (Hausarbeiten) analysieren, die Sie im Rahmen Ihres Studiums verfasst haben.

Die meisten problematischen Begriffe kann man durch Synonyme ersetzen. Dies erlaubt, den sprachlichen Ausdruck zu variieren, Häufungen zu vermeiden und schwierige Worte durch einfachere, verständlichere Begriffe zu ersetzen.

Auch die Wortwahl lässt sich leicht verbessern. Prüfen Sie zunächst, ob Sie Fremdworte gegen deutsche Begriffe austauschen können. Viele Wissenschaftler benutzen einen seltsamen Slang, um Texte wissenschaftlich aussehen und klingen zu lassen. Dieser orientiert sich möglicherweise an dem grauenhaften Deutsch der Frankfurter Schule. Doch die Wissenschaftlichkeit ergibt sich aus den Inhalten, nicht aus der Sprache und der Begrifflichkeit. Übersetzen Sie einmal einen amerikanischen Text ins Deutsche: Sie werden sehen, dass der amerikanische Wissenschaftsbetrieb mit relativ einfachen Sätzen und einer vergleichsweise alltäglichen Wortwahl auskommt. Selbst wenn man den amerikanischen Wissenschaftsbetrieb nicht idealisieren möchte, lassen sich wenig gute Gründe für eine unnötige Verkomplizierung der Sprache finden. Je einfacher Sie einen schwierigen Zusammenhang ausdrücken, desto eleganter wirkt Ihr Schreibstil.

Natürlich kann eine Sprache die präzise sein will und muss auf Fachtermini nicht völlig verzichten. Dennoch besteht kein Grund, aus dem Lateinischen stammende Verben zu verwenden, wenn bedeutungsidentische deutsche Verben vorhanden sind. Vermeiden Sie den Eindruck, durch gestelztes Daherreden über die Trivialität Ihrer Aussagen hinwegtäuschen zu wollen. Gutes Deutsch findet sich in guten Zeitungen, zumal Journalisten eine zwar einfache, aber dennoch präzise Sprache wählen.

Eine besondere, leider vom Aussterben bedrohte Spezies der deutschen Sprache stellt die Genitivkonstruktion dar. Ersetzen Sie einmal probeweise „von" durch „von". Auf wie viele „von" pro Seite kommen Sie? Wie viele davon ersetzen die weitaus eleganteren Genitivkonstruktionen?

Der erste Satz dieses Buches lautete beispielsweise zunächst: „Die Vermittlung von berufsrelevanten Fähigkeiten droht im deutschen universitären Alltag verloren zu gehen." Nun lautet der Anfang: „Die Vermittlung berufsrelevanter Fähigkeiten droht im deutschen universitären Alltag verloren zu gehen." Ein kleiner Unterschied mögen Sie einwerfen. Doch ein Unterschied, der nicht nur die Satzbetonung stärker auf das Wort „Fähigkeiten" legt, sondern auch die innere Rhythmik des Satzes verbessert und nebenbei ein Wort spart, bei exakt gleicher Satzbedeutung.

Ein weiteres Beispiel bildet der in einem ersten Entwurf vorhandene Satz: „Da auf den Jahrestagungen die jüngste Forschung diskutiert wird und da diese neuen Forschungsthemen üblicherweise zunächst in den USA und mit einer Verzögerung von 2-5 Jahren in Europa analysiert werden, bestehen gute Chancen, dass die Thematik etwa gleichzeitig mit der Fertigstellung Ihrer Promotion nach Europa schwappt."

Vielleicht keine Katastrophe, aber ‚schön' geht anders. In der Tat stellt das Wort „von" nicht das einzige Problem des Satzes dar. Der Satz fällt insgesamt zu lang aus und er ist zerklüftet. Er transportiert schlicht zu viel Inhalt für einen einzelnen Satz. Aber durch die Ersetzung des Wortes „von" lässt er sich bereits geringfügig verbessern: „Da auf den Jahrestagungen die jüngste Forschung diskutiert wird und da diese neuen Forschungsthemen üblicherweise zunächst in den USA und mit einer 2-5jährigen Verzögerung in Europa analysiert werden, sollte die Thematik etwa gleichzeitig mit der Fertigstellung Ihrer Promotion nach Europa schwappen." In der aktuellen Version lautet die entsprechende Passage übrigens: „Wenn Sie über eine Promotion und eine anschließende Hochschulkarriere nachdenken, lohnt ein Besuch auf den Internetseiten der amerikanischen Wissenschaftlervereinigungen. Dort finden Sie in aller Regel die Vorträge, die auf der letzten Jahrestagung der Assoziation gehalten worden. Deren Manuskripte stellen neue, unveröffentlichte Forschungsergebnisse zur Diskussion. Bis zur breiten Rezeption in der akademischen Öffentlichkeit vergehen mehrere Jahre; bis auch die zuständigen deutschen akademischen Zirkel diese neuen Forschungsthemen diskutieren, verstreicht meist noch etwas mehr Zeit. Sie benötigen nur ein wenig Glück, damit die neue Thematik etwa gleichzeitig mit der Fertigstellung Ihrer Promotion in Europa an akademischer Aufmerksamkeit gewinnt. Diese Konstellation des Reitens auf der Welle verschafft Ihnen einen hervorragenden Start in eine wissenschaftliche Karriere."

Das Umschreiben der Passage kostete mich zwei Minuten. Wenn Sie 30 dieser Problemsätze in der Abschlussarbeit identifizieren und beseitigen, benötigen Sie (bei gleichem Überarbeitungstempo) eine Stunde länger für die Diplomarbeit oder Promotion. Und der sprachliche Ausdruck fällt im Ganzen deutlich besser aus.

Größere Probleme bereitet die Tatsache, dass jeder beim Schreiben einzelne Worte zu häufig benutzt. Dem Leser werden solche Begriffshäufungen schnell lästig. Doch wie gesagt, es gibt eine Hilfe, die Synonyme. Zunächst müssen Sie Ihre ureigensten Problemfälle identifizieren. Dazu können Sie den vorliegenden Text, aber selbstverständlich auch frühere Texte heranziehen. Erstellen Sie eine Liste mit Ihren eigenen überstrapazierten ‚Unworten'.

Eine Liste mit für viele Autoren problematischen Begriffen umfasst:

Hilfsverben	Anschlusstermini	unschöne Grammatikkonstruktionen	Füllworte
ist	allerdings	dass	allein
sind	jedoch	sich	lediglich
wird	freilich	von	nur
werden	also		bloß
war (-en)	demnach	nicht	aber
wurde (-n)	doch		auch
	aber	lässt	hier
habe (-n)	somit	lassen	nun
hat (-ten)	damit		jetzt
habt	dabei		natürlich
	folglich		selbstverständlich
lass (-en)	schließlich		immerhin
	zumindest		

Modalverben			Einschränkungen
müss (-en, t)	soll (-en, -t, -st)	kann (-st)	oft (-mals)
muss (-t)		können	häufig
		konnte (-n)	regelmäßig
dürfen	woll (-en, -t)		vielfach
darf	will (-st)	mögen	
darfst		mag (-st)	

Diese Liste beinhaltet Hilfs- und Modalverben, überflüssige Füllworte (Begriffe deren Löschen den Satzinhalt nicht verändert), Begriffe, die auf unschönen Satzbau schließen lassen („von", „dass") und einschränkende Begriffe, welche die Argumentation unnötig schwammig erscheinen lassen.

Füllworte verdienen abschließende Aufmerksamkeit. Eine radikale Methode, die darauf abzielt, Füllworte zu eliminieren, hat Howard Becker vorgeschlagen: Wenden Sie sich einem Satz zu und lesen Sie ihn mehrmals, wobei Sie jedes Mal ein anderes Wort weglassen bis Sie jedes Wort einmal weggelassen haben. Wenn trotz des Weglassens eines (oder mehrerer) Worte der Satz noch immer funktioniert und seine Aussage nicht verändert, sind diese Worte offenkundig überflüssig. Becker (2007: 81) meint abschließend, dass dieses Löschen überflüssiger Worte in vielen Fällen deutlicher macht, was der Satz eigentlich sagen will.

Probieren wir das hier einmal aus:

Füllworte verdienen Aufmerksamkeit. Eine Methode, die darauf abzielt, Füllworte zu eliminieren, hat Howard Becker vorgeschlagen: Wenden Sie sich einem Satz zu und lesen Sie ihn mehrmals, wobei Sie jedes Mal ein anderes Wort weglassen bis Sie jedes Wort einmal weggelassen haben. Wenn trotz des Weglassens eines (oder mehrerer) Worte der Satz funktioniert und seine Aussage nicht verändert, sind diese Worte überflüssig. Becker (2007: 81) meint, dieses Löschen macht deutlicher, was der Satz sagen will.

Vielleicht etwas zu radikal, aber Sie verstehen, worauf diese Übung abzielt.

7.5.2 Eine computergestützte Lösung für das Finden und Ersetzen sprachlich unschöner Wörter und Sätze

Die Wortwahl lässt sich ebenso leicht wie schnell korrigieren, wenn Sie über eine persönliche ‚Unwortliste' verfügen. Dazu kann man die Leistungsfähigkeit modernen Schreibprogramme ausnutzen. Nehmen wir an, Sie greifen zu häufig auf Hilfsverben zurück. Demnach überstrapazieren Sie ‚ist', ‚sind', ‚wird', ‚werden', ‚war', ‚waren', ‚wurde', und ‚wurden'. Ein durchaus typisches Problem. Ob diese Annahme auf Sie zutrifft, lässt sich leicht feststellen:

Dazu ersetzen Sie (Menü: Bearbeiten, Suche/Ersetze oder Strg+F) der Reihe nach die einzelnen Begriffe. Sie tragen ein

Suchen nach: ist

Ersetzen durch: ist

Dies können Sie probehalber einmal machen. Der Computer teilt Ihnen mit, wie häufig die Buchstabenfolge ‚ist' in Ihrem Text auftaucht, da er ausgibt, wie oft eine Ersetzung vorgenommen wurde. Auf diese Weise ändert sich der Text nicht. Allerdings zählt das Programm beispielsweise das ‚ist' aus ‚Leistung' mit. Dies verhindern Sie, indem Sie das Kästchen „Nur ganzes Wort suchen" in dem Untermenü „Erweitern" aktivieren. Nun bekommen Sie eine präzise Zählung. Damit ist Ihnen noch nicht wirklich geholfen. Sie wissen jetzt nur, ob Sie über ein Problem mit dem Begriff ‚ist' verfügen. Wenn Sie dieses Wort im Schnitt mehr als zweimal pro Seite verwenden, sollten Sie dringend Hilfsverben ersetzen.

Positionieren Sie nun den Cursor in das „Ersetzen durch..." Fenster. Anschließend klicken Sie wiederum im Untermenü „erweitern" auf die Schaltfläche „Format" und aktivieren „hervorheben". Achten Sie darauf, dass der *Hervorheben-Schalter* im Bearbeitungsmenü nicht auf „kein(e)", sondern auf eine beliebige, bevorzugt eine helle Farbe eingestellt ist. Beenden Sie das Kommando durch einen Klick auf den Schalter *„alle ersetzen"*. Diese Prozedur dauert lediglich 15 Sekunden.

Im Text sind nun alle Stellen, an denen Sie das Wort ‚ist' verwendet haben, farblich hinterlegt. Häufungen treten auf diese Weise deutlich hervor.

Bevor Sie die Verwendung von Hilfsverben reduzieren, sollten Sie die Prozedur für alle verwandten Begriffe, also ‚sind', ‚wird', ‚werden', ‚war', und ‚wurde' wiederholen. Erst dann betrachten Sie Ihren Text und überarbeiten ihn. Je ‚bunter' der Text am Bildschirm erscheint, desto dringlicher sollten Sie die Hilfsverben ersetzen. Wenn Sie damit fertig sind, heben Sie die farbliche Hinterlegung durch *Strg-A Hervorheben* kein(e) wieder auf.

In der hier beschriebenen Weise verfahren Sie mit allen Problembegriffen. Auf jeden Fall sollten Sie mit ‚wird', ‚werden', ‚wurde', ‚wurden' nach Passivkonstruktionen suchen. Passivkonstruktionen nennen die Akteure nicht. Diese werden zum Beispiel eingesetzt, um die Unsicherheit des Autors über das handelnde Subjekt zu kaschieren. Verwenden Sie niemals in zwei aufeinander folgenden Sätze Passivkonstruktionen. Reduzieren können Sie Passivkonstruktionen, indem Sie die Passivkonstruktion ins Aktive übersetzen (dazu müssen Sie lediglich ein geeignetes Verb finden, gelegentlich aber auch ein Subjekt ergänzen).

Am besten Sie überlegen zuvor jeweils, wie häufig ein bestimmter Begriff zulässig ist. Auf 30 Seiten sollte beispielsweise höchstens dreimal der Begriff ‚also' auftauchen, zumal ‚also' in der Regel ohne Einbuße an Satzinhalten gestrichen werden kann. Wenn Sie den Begriff nicht ersatzlos löschen können oder wollen, ersetzen Sie ihn (gegebenenfalls ziehen Sie die Synonymfunktion des Schreibprogramms (Shift+F7) oder besser ein gedrucktes Synonymlexikon zu Rate).

7.6 Endkontrolle

Nun verfügen Sie über einen inhaltlich ansprechenden und stilistisch schönen Text. Leider fällt aber keine auf Geschwindigkeit ausgerichtete Überarbeitung perfekt aus. Vielleicht schlichen sich während der Überarbeitung sogar neue Fehler und Probleme ein, die Sie nun auf die traditionelle Art, durch sorgfältiges Korrekturlesen, entfernen müssen.

Prüfen Sie deshalb, ob der Text Sie zufrieden stellt. Lesen Sie sich den Text laut vor. Wenn Sie ausreichend Selbstvertrauen besitzen, lesen Sie den Text einem Freund laut vor oder besser noch: Lassen Sie ihn sich vorlesen. Während des Vorlesens sollte der Zuhörer nicht unterbrechen, sondern seine Anmerkungen im Ausdruck des Manuskripts notieren. Sie hören sofort, welche Sätze nicht funktionieren. Wenn Sie mehr als einmal atmen müssen, um einen Satz zu beenden, stimmt etwas nicht. Schachtelkonstruktionen fallen Ihnen ebenfalls sofort auf.

Freunde und Bekannte sollen Ihren Text Korrektur lesen. Wenn Sie selber Korrektur lesen, heben Sie den Text wieder hervor und lesen Sie die einzelnen Passagen nicht in der Reihenfolge, in der sie im Text verkommen. Falls Sie nämlich ‚chronologisch' vorgehen, schweifen Ihre Gedanken zu leicht ab; die Konzentration sinkt. Springen Sie willkürlich durch den Text und lesen Sie immer drei Absätze, korrigieren Sie dann ausschließlich den mittleren Absatz. Wenn Sie ‚springen' zu aufwendig finden, lesen Sie den Text besser von hinten nach vorne als von vorne nach hinten.

Abschließend gestalten Sie das Manuskript ‚ansprechend' und passen ihn an die Kriterien wissenschaftlicher Texte an (falls Sie das nicht ohnehin schon getan haben). In Abschlussarbeiten (in Manuskripten generell) sollten die Ränder und die Zeilenabstände ausreichend groß ausfallen, um handschriftliche Anmerkungen und Kommentare zu erlauben. Prüfen Sie die exakte und konsistente Durchnummerierung der Kapitel und Abschnitte sowie der Tabellen und Schaubilder. Achten Sie dabei auf aussagekräftige Titel der Tabellen und Schaubilder. Prüfen Sie die korrekte Paginierung des Textes, gleichen Sie diese mit den Verzeichnissen ab. Kontrollieren Sie auch scheinbare Kleinigkeiten wie ein durchgängiges Design der Abbildungen und Tabellen. Dies gilt vor allem für die Rahmen.

Hinweise zur Gestaltung der Details wissenschaftlicher Arbeiten entnehmen Sie dem Chicago Manual of Styles, welches Sie sicherlich in Ihrer Bibliothek einsehen können, oder der Kurzfassung von Kate L. Turabian (1996), die für wenig Geld in gut sortierten Buchläden oder im Internet erhältlich ist. Einige knappe Hinweise auf die Standards habe ich in den Anhang 9.5 aufgenommen. Allerdings greift dieser Anhang keine Details auf. Wenn Sie Zweifel besitzen, sollten Sie ohnehin das Chicago Manual of Styles konsultieren und sich nicht den in Deutschland reichhaltig vorhandenen einschlägigen Büchern begnügen.

Wenn Sie damit durch sind: Herzlichen Glückwunsch. Nun können Sie ein Inhaltsverzeichnis erstellen, Verzeichnisse der Abbildungen und Tabellen hinzufügen,[58] vielleicht ein Vorwort verfassen oder ein Glossar, das Titelblatt entsprechend dem Standard Ihrer Universität beziehungsweise Ihres Fachbereiches entwerfen, den Text ausdrucken, kopieren und zum Binden bringen. Zwei Tage später reichen Sie offiziell ein und warten gelassen auf die Gutachten.

7.7 Check-Liste Kapitel 7

Ist Ihr Text durchgängig verständlich formuliert? Verzichten Sie auf unnötigen Slang?

Haben Sie unnötige Inhalte gelöscht?

Grobstruktur:

Stimmt die Grobstruktur Ihres Manuskripts?

Unterscheiden sich die Inhalte der einzelnen Kapitel funktional voneinander?

Absätze:

Beginnt jeder Absatz mit einem Satz, der seinen Inhalt zusammenfasst?

---

[58] Sowohl Inhalts- wie auch Tabellen- und Abbildungsverzeichnisse können Sie automatisch erstellen, wenn Sie mit Druckformatvorlagen arbeiten und Absätze nicht ‚händisch' formatieren.

Ist dieser erste Satz verständlich und kurz formuliert?

Besitzt jeder Absatz nur einen Gedanken?

Sätze:

Haben Sie Schachtelsätze vermieden?

Sind Ihre Sätze insgesamt kurz genug?

Variieren Sie lange und kurze Sätze?

Lassen sich die Bezüge in Ihren Sätzen leicht erkennen?

Haben Sie Ihre Sätze überwiegend im Aktiv formuliert?

Worte:

Haben Sie Hilfsverben und Füllworte vermieden?

Weist Ihr Text keine unschönen Wortwiederholungen auf?

Benutzen Sie eine möglichst einfache, allgemeinverständliche Wortwahl?

8 Publizieren in begutachteten Fachzeitschriften

Akademische Karrieren hängen in zunehmendem Maße von Veröffentlichungen in internationalen Fachzeitschriften ab. Es mag zwar Disziplinen geben, die sich als renitent gegen diese Art der Professionalisierung erweisen (Plümper und Schimmelfennig 2007), doch die Europäisierung der Bildung und der wachsende Zwang zu englischsprachigem Unterricht erhöhen den Wettbewerb um Studierende zwischen den Universitäten. Insofern sich potentielle Studenten an der wissenschaftlichen Qualität von Universitäten und Fachbereichen orientieren, und sich die Bezahlung eines Professors zudem immer stärker an dem wirtschaftlichen Erfolg seines Fachbereichs und seiner Universität orientiert, wird sich die Professionalisierung der Berufungskriterien zwar verzögern, aber letztlich nicht verhindern lassen.

Darüber hinaus sollten Sie den Gedanken aufgeben (falls Sie ihn überhaupt besitzen), dass der akademische Arbeitsmarkt an den Grenzen Ihres Landes aufhört. Am Government Department der *Universität Essex* arbeiten etwa 30 Wissenschaftler aus 12 unterschiedlichen Ländern. Briten mögen (noch) die größte Minderheit stellen, aber sie besetzen nicht mehr als jede dritte Stelle. An den besten US amerikanischen Universitäten sieht es kaum anders aus. Konkurrenz führt zwingend zu einer Internationalisierung des Kollegiums.

Wenn Sie sich diesem internationalen Wettbewerb stellen wollen, müssen Sie in internationalen Fachzeitschriften publizieren – und zwar am besten noch während ihrer Promotion und nicht erst danach. Man kann zweifellos die Ergebnisse von Diplomarbeiten veröffentlichen und es gibt keinen Grund, das nicht zu versuchen falls Ihre Diplomarbeit mehr als nur halbwegs gelungen ist. In diesem abschließenden Kapitel diskutiere ich, wie Sie einen Weg in die sichtbareren internationalen Fachzeitschriften finden.

8.1 Änderungen am Manuskript vor der Ersteinreichung

Wenn Sie den Aufbau, den Ihnen dieses Buch nahe legt, umgesetzt haben, eignet sich Ihr Manuskript beinahe für ein Journal. Falls Sie aus welchem Grund auch immer eine andere Struktur benutzen, sollten Sie Ihre Entscheidung jetzt noch einmal überdenken. Der Aufbau, den dieses Buch vorschlägt, folgt dem, was Fachzeitschriften generell publizieren. Wenn die

Struktur Ihres Manuskripts abweicht, müssen Sie einen guten Grund aufweisen. Sollten Sie Ihr Manuskript anders aufbauen, sollten Sie Ihre Entscheidung jetzt vermutlich revidieren. Doch selbst wenn Sie sich an den vorgeschlagenen Aufbau gehalten haben: Eine Abschlussarbeit und ein Artikelmanuskript weisen kleine Unterschiede auf, die sich aber unschwer korrigieren lassen.

Diese Unterschiede resultieren letztlich daraus, dass Fachzeitschriften auf ein Begutachtungssystem zurückgreifen, um eingereichte Manuskripte auf ihre Eignung prüfen zu lassen. Je nach Journal lesen einer bis vier (ich hatte auch schon einmal sieben) Gutachter das Manuskript. Diese Gutachter identifizieren Stärken und Schwächen des Manuskripts und nehmen in der Regel eine Bewertung vor, die dem Herausgeber eine Annahme, ein ‚revise und resubmit' (auch r&r genannt, Aufforderung zur Überarbeitung und Neueinreichung) oder eine Ablehnung nahe legen. Allerdings erscheint es zunehmend unmöglich, ein Manuskript schon in der ersten Runde angenommen zu bekommen. Das beste Ergebnis in Runde 1 ist in der Regel ein ‚r&r'. Wiederum in Abhängigkeit des Journals kann sich diese Übung einige Male wiederholen. Bei schlechteren Journalen kann man in der zweiten Runde eine endgültige Entscheidung des Gutachters erwarten – zumeist werden die Manuskripte dann angenommen. Bei besseren Journalen sinkt nicht nur die Annahmewahrscheinlichkeit bei wiedereingereichten Manuskripten deutlich, auch die Chance nochmals zum Wiedereinreichen aufgefordert zu werden, steigt an.

Lohnt sich die Mühe? Ja natürlich, keine Frage. Wenn Sie sichtbar publizieren und von Ihren Kollegen zitiert werden wollen, können Sie nicht im *Journal of Redundant Research Results* veröffentlichen. Sie müssen in den weithin sichtbaren Fachzeitschriften veröffentlichen, die deswegen gelesen werden, weil Sie in der Vergangenheit einige der besten Artikel publizierten.[59]

Leider befindet sich Ihr Manuskript noch nicht exakt in dem Zustand, der für die Einreichung bei einem guten internationalen Journal erforderlich ist.[60] Um die Gutachter und den Herausgeber ‚milde zu stimmen', müssen Sie fünf weitere Arbeitsschritte durchführen:

Erstens sehen Sie sich alle bedeutenden Teile des Manuskriptes nochmals genau an. Oftmals entscheiden Gutachter beim Lesen der Einleitung über Annahme oder Ablehnung. Motivieren Sie Ihren Artikel ansprechend und beschreiben Sie den wissenschaftlichen Erkenntnisgewinn Ihres Artikels präzise und ohne große Übertreibungen. Ich habe schon Manuskripte abgelehnt oder zumindest nicht angenommen bekommen, weil ein Gutachter meinte, der Artikel würde keinen Beitrag zu der Forschung leisten, die er persönlich als sehr wichtig ansehe. Diese Aussage des Gutachters war richtig und falsch zugleich. Sie traf zu, weil sich der Gutachter für ein ganz anderes als das in meinem eingereichten Manuskript analysierte Phänomen interessierte. Sie war zugleich falsch, weil meine Theorie durchaus etwas über das den Gutachter interessierte Phänomen hätte aussagen können. Der Review-Prozess zwang

---

[59] Vermutlich auch ein paar der schlechtesten Artikel.

[60] Gegebenenfalls müssen Sie Ihr Manuskript natürlich auch ins Englische übersetzen, um es bei einem internationalen Journal einreichen zu können. Schlauer ist es natürlich, gleich Englisch zu schreiben.

mich letztendlich, ein recht schlankes und gradlinig argumentierendes Manuskript sinnloser Weise aufzublähen und die Gradlinigkeit zu reduzieren.

Zweitens sollten Sie alle Hinweise auf Ihre Autorenschaft aus dem Manuskript entfernen. Ganz schlecht wirken sich Aussagen wie „Andernorts zeige ich, dass ... (Plümper, Jahr)" auf die Annahmewahrscheinlichkeit aus. Aber selbst eine Literaturliste, die sechs Ihrer eigenen Veröffentlichungen aufführt, enthält ein deutliches Indiz für Ihre Autorenschaft. Gleiches gilt für die Selbstzitation eines unveröffentlichten Manuskripts ohne klare Angabe der Fundstelle. Entweder Sie entfernen solche Passagen ersatzlos und streichen Ihre Publikationen aus der Literaturliste, oder Sie zitieren als (Autor, Jahr). Vergessen sie nicht, die Literaturliste zu bereinigen.

Drittens sollten Sie die von Ihnen zitierte Literatur daraufhin prüfen, ob Sie alle wahrscheinlichen Gutachter in angemessenem Ausmaß und ‚Ton' zitieren. Ihre ‚peers' ertragen es oftmals nicht, sich kritisiert zu fühlen. Wissenschaftler können leicht sensible Seelen sein. Negative Aussagen über die Forschungsleistung anderer Wissenschaftler senkt deshalb die Wahrscheinlichkeit eines Manuskriptes, von einem Journal angenommen zu werden. Allzu menschlich. Leider sinken die Wahrscheinlichkeit einer Annahme oder eines r&r auch, wenn Sie die Forschung Ihrer Gutachter ignorieren. Wenn diese nett sein wollen, geben sie Ihnen ein r&r und weisen darauf hin, dass Sie bahnbrechende Forschungsleistungen übersehen. In diesen sauren Apfel würde ich an Ihrer Stelle gerne beißen.

Am problematischsten erscheint mir, wenn Gutachter einen Artikel ablehnen, der etwas behauptet, was Forschungsergebnisse der Gutachter in Frage stellt, oder vielleicht einfach nur besser ist als das, was sie selbst zum Thema publiziert haben. Dies passiert. Und zwar nicht unbedingt selten.

Schlauer ist es deshalb, sich bereits vor dem ersten Einreichen des Artikels ein paar strategische Gedanken zu machen. Zum Beispiel können Sie die Wahrscheinlichkeit erhöhen, dass eine bestimmte Person Gutachter wird, indem Sie diese auf Seite 1 Ihres Manuskriptes bereits zitieren. Oder Sie zitieren eine recht große Zahl von Artikeln, die das Journal publiziert hat, in das Sie einreichen wollen. Damit können Sie eventuell erreichen, dass der Herausgeber Ihr Manuskript an eher als gnädig bekannte Gutachter sendet.

Die Qualität von Fachzeitschriften wird an der Häufigkeit bemessen, mit der dort veröffentlichte Artikel zitiert werden. Herausgeber besitzen zunehmend einen Nerv für Artikel, die wahrscheinlich oftmals zitiert werden – und sie besitzen einen Anreiz, Artikel anzunehmen, die von Ihnen bereits zuvor veröffentlichte Artikel zitieren. Beides erhöht den *Impact Factor* des Journals und daran wird letztlich die Qualität des Herausgebers bewertet. Ich glaube, ich sagte bereits, dass Wissenschaftler eitel sind.

Und viertens habe ich mühsam gelernt, dass sich Manuskripte in weit besseren Journalen unterbringen lassen, wenn man die Robustheit der Analysen ausführlich diskutiert. Robustheitstest fragen, ob die Ergebnisse immer noch Ihre Hypothese bestätigen, wenn Sie die USA ausschließen oder einen anderen Schätzer benutzen oder wenn Sie nur die Jahre nach 1985 betrachten und so weiter. Es existieren unzählige denkbare Robustheitstests. Einige plausibel, andere eher schräg. Fragen Sie sich, was Ihre ärgsten Kritiker Ihrem Argument entgegnen können. Und dann zeigen Sie, dass Ihre Ergebnisse robust sind, wenn man genau das tut, was Ihre Kritiker glauben, würde Ihre Ergebnisse zerstören.

Fünftens schließlich sollten Sie Ihr Manuskript noch einmal von einem ‚native speaker' Korrektur lesen lassen. Optimal sind Korrekturleser, die eine Vorstellung von dem Fachgebiet sowie ein gutes bis sehr gutes Sprachgefühl besitzen, und die sich trauen, stilistisch in den Text einzugreifen statt nur Fehler zu korrigieren.

Danach müssen Sie sich – sollten Sie Ko-Autoren haben – nur noch auf die Reihenfolge der Autorennamen verständigen. Vier ‚Lösungen' dieses Problems haben sich in den Sozialwissenschaften etabliert:

Die am weitesten verbreitete Lösung führt die Autorennamen in alphabetischer Reihenfolge auf. Alternativ kann man die Autoren auch in der Reihenfolge ihrer Wichtigkeit für den Artikel nennen, wobei ich denke, dass über die relative Bedeutung der Autoren nur in Ausnahmefällen Konsens zu erzielen ist. Möglich erscheint ebenfalls die Randomisierung der Autorennamen. Für die eleganteste Lösung müssen Sie dagegen mehr als einen Artikel mit dem- oder denselben Koautoren schreiben. Dann nämlich können Sie die Reihenfolge alternieren.

In der ersten Fußnote können die Autoren problemlos auf ‚equal authorship' verweisen – außer natürlich, wenn der Anteil der Autoren an der Autorenschaft nicht gleich war. Dies klärt den Sachverhalt auch für diejenigen, die es immer schon genauer wissen wollten. Inakzeptabel scheint mir im Übrigen die hierarchische Reihung der Autoren nach dem Motto, Professoren und Betreuer zu erst.

Die Existenz unterschiedlicher Praktiken in Bezug auf die Reihenfolge der Autoren sollte im Übrigen hinreichend verdeutlichen, dass die Reihenfolge der Autoren keinerlei Schlussfolgerungen über deren relative Arbeitsanteile aufweist.

8.2 Vor dem Einreichen

Die wenigsten Manuskripte lassen sich nicht weiter verbessern. Nach den Arbeitschritten zuvor können Sie Ihr Manuskript einreichen, aber optimal ist es noch nicht. Sie können Ihr Manuskript inhaltlich weiter verbessern, wenn Sie überprüfen, welche typischen Reaktionen Ihre Argumentation auslöst. Gelegentlich werden Sie finden, dass Ihre Kollegen Ihr Argument missverstehen oder Ihre empirische Analyse unzureichend halten, oder, oder, oder...

Was Ihre Kollegen von Ihrem Manuskript halten sagt Ihnen, wie Ihre potentiellen Gutachter reagieren werden. Dummerweise werden Ihre Kollegen (und vor allem Ihre Freunde) Ihr Manuskript freundlicher betrachten als etwaige Gutachter. Letztere verstecken sich bequem hinter der Anonymität, die Ihnen die Herausgeber zubilligen. Journale begutachten meistens im double blind Verfahren – weder kennen Autoren ihre Gutachter noch kennen Gutachter die jeweiligen Autoren, wobei letzteres kaum wirklich gewährleistet werden kann. Entweder

Sie kennen einen sehr offenen und direkten Gutachter oder dergleichen Freunde, oder Sie haben ein kleines Problem: Woher nehmen Sie offene Einschätzungen über die potentiellen Probleme und Problemchen Ihres Manuskriptes?

Vier unterschiedliche, mehr oder weniger Erfolg versprechende Lösungen bieten sich an:

Bitten Sie Kollegen und Freunde um offene, ehrliche und kritische Kommentare. Signalisieren Sie ihre Bereitschaft zu der gleichen freundlichen Geste möglichst eindeutig.

Organisieren Sie ein Kolloquium, in dem unfertige Papiere vorgestellt werden und in aller Kollegialität und Freundschaft offen und ohne große Rücksicht diskutiert werden. Wenn Sie Diskussionen über Ihr Manuskript in kleinen Gruppen organisieren, wollen alle Anwesenden etwas Schlaues sagen. Sie argumentieren und kritisieren deshalb oftmals offener, ehrlicher und direkter als wenn Sie dieselben Personen um Kommentare ‚unter vier Augen' bitten.

Stellen Sie Ihr Manuskript auf einer guten Konferenz, oder besser noch einem guten Workshop vor. Workshops eignen sich besser, da Sie mehr Zeit bekommen, um Ihr Manuskript vorzustellen. Die Kommentare werden besser. Große Konferenzen, Kongresse, lohnen sich zumeist nicht, um unfertige Manuskripte vorzustellen. Hier gibt es wenig Zeit und die meisten Kollegen interessieren sich mehr für Networking als für inhaltliche Diskussionen.

Veröffentlichen Sie Ihr Manuskript auf einer Online-Manuskript-Datenbank wie dem *Social Science Research Network*.[61] Sehr selten erhältlich man Kommentare, aber es kann durchaus passieren. Falls Sie den Titel Ihres Manuskriptes nicht mehr ändern, werden Sie als Autor jedoch identifizierbar, wenn Ihre Gutachter den Titel Ihres Manuskriptes googeln. Das mag ein Vorteil sein, wenn Sie berühmt sind (dann allerdings werden Sie dieses Buch eher nicht lesen, oder?). Sind Sie dagegen noch eher unbekannt, sollten die Nachteile überwiegen. Der einzige Vorteil der Veröffentlichung online stellt dann die Sicherung des Copyrights dar. Ein kleiner Vorteil, wenngleich diese Art des Publizierens langfristig größere Verbreitung finden sollte. Wofür benötigt man Journale, und Herausgeber, und Gutachter? Damit sie uns sagen, was gut ist und wir lesen sollen? Wissen wir das nicht selber?

Vielleicht. Doch zurzeit generieren Journale Reputationseffekte. Ein SSRN-Artikel wird vielleicht fünf Mal zitiert, der gleiche Artikel, wenn er in einem A-Journal veröffentlicht wird, hundert Mal. Solange sich das nicht ändert, scheinen Journale nicht unmittelbar vom Konkurs oder von einem Mangel an publizierbaren Manuskripten bedroht.

8.3 Die Auswahl des Journals

Mit dem Wort *A-Journal* (welches für erstklassige Journale steht) nähern wir uns dem nächsten Problem: Wo einreichen? Wie findet man das richtige Journal für das jeweilige Manuskript? Aufschluss gibt zunächst Ihre eigene Literaturliste. Wenn 30 Prozent der zitierten

---

[61] www.ssrn.com

Literatur aus einem Journal stammen, liegt der Verdacht nahe, dass dieses Journal den geeigneten Publikationsort für Ihr Manuskript abgibt. Der zweite Einflussfaktor ist die Qualität Ihres Manuskripts. Wie innovativ fällt Ihr Argument aus, wie bedeutsam ist Ihr Thema in der gegenwärtigen Diskussion? Fallen Ihre Ergebnisse wirklich ausreichend robust aus? Entspricht Ihre Vorgehensweise dem Stand der wissenschaftlichen Diskussion?

Wenn Sie alle diese Fragen positiv beantworten, sollten Sie eine wichtige, das heißt eine viel zitierte, generell anerkannt Fachzeitschrift ins Auge fassen – wenn nicht, sollten Sie wenig Zeit verlieren und bei einem Journal einreichen, welches eine höhere Annahmewahrscheinlichkeit aufweist. Allerdings kann man nicht einfach annehmen, dass schlechtere Journale per se eine höhere Wahrscheinlichkeit aufweisen, einen Artikel anzunehmen. Einige Manuskripte weisen zu viel Methodendiskussion für bestimmte Journale auf oder sie benutzen Methoden, die in einem Journal typischerweise nicht benutzt werden.

Fachzeitschriften besitzen nämlich nicht nur möglicherweise eine inhaltliche Abgrenzung, sie besitzen auch einen gewissen Stil. Manuskripte, die diesem Stil entsprechen, werden sehr viel wahrscheinlicher angenommen, als Manuskripte, die von diesem Stil abweichen. Dies gilt mitunter selbst für Journale, die sich selbst als allgemein klassifizieren. Die *American Political Science Review* vor der Ära Sigelman oder das *Quarterly Journal of Economics* nahmen nur sehr vage inhaltliche Abgrenzungen vor, aber beide pflegen und pflegten einen gewissen Stil.

Explizite Abgrenzungen der Journale finden sich auf deren Webseiten oder im Heft selbst. *International Organization (IO)* zum Beispiel schreibt über seine inhaltliche Ausrichtung:

> *"International Organization seeks to publish the best and most innovative scholarly manuscripts available on international political and economic relations. A study that does not emphasize any international or cross-border phenomenon (...) falls outside the journal's domain. Additionally, IO features articles that contribute to the improvement of general knowledge or empirical theory defined broadly. Although we may publish a manuscript designed to propose a solution to a current world problem, we prefer to publish those that also apply theoretical ideas and findings or address general questions debated in scholarly publications."*[62]

Andere Journale nehmen ähnliche Abgrenzungen vor. Gehen Sie davon aus, dass Ihr Manuskript nicht an Gutachter geleitet wird, wenn es nicht innerhalb den definierten Bereich des Journals fällt. IO beispielsweise schreibt, dass 20% der eingereichten Manuskripte ohne Begutachtung an die Autoren zurückgesendet werden. Nehmen Sie die Selbstbeschreibungen der verschiedenen Journals ernst – Ihr Manuskript bei einem ungeeigneten Journal einzureichen wäre Zeitverschwendung. Nicht ernst nehmen sollten Sie dagegen die Formatierungsangaben der Fachzeitschriften. Sollte Ihr Manuskript zur Veröffentlichung angenommen werden, müssen Sie es natürlich entsprechend den Vorgaben formatieren, doch solange Ihr Manuskript nicht angenommen wurde, stellt jeder dementsprechende Aufwand reine Zeitverschwendung dar.

---

[62] http://journals.cambridge.org/action/displayMoreInfo?jid=INO&type=ifc

Stellt sich die Frage, woran man ein gutes Journal erkennt. Drei Kriterien sollten für Sie relevant sein:

1. Was lesen Ihre Kollegen und die Mitglieder potentieller Berufungskommissionen in Deutschland?
2. Wie verbessern Sie die internationale Sichtbarkeit Ihres Manuskriptes?
3. Wie schaffen Sie es, zitiert zu werden?

Je nach Ihrer Disziplin korrelieren diese drei Dimensionen nicht perfekt miteinander. Ihre Kollegen publizieren eventuell nicht in internationalen Journalen, vielleicht lesen sie diese nicht einmal. Ihre nicht deutschen Kollegen dagegen zitieren deutsche Wissenschaftler nur dann, wenn diese in einer sehr eng begrenzten Gruppe von guten (meist amerikanischen) Journalen publizieren.

Die folgende Tabelle 1 gibt Ihnen verschiedene Kriterien für eine Einschätzung der Qualität ausgesuchter Fachzeitschriften in unterschiedlichen Disziplinen.

Die ‚Anzahl der Zitationen' gibt die Summe der Zitationen aller in den jeweiligen Journalen veröffentlichten Artikel im Jahr 2006 an. Der viel genutzte, wenngleich wenig verstandene ‚Impact Factor' misst die durchschnittliche Anzahl der Zitationen von Journal-Artikeln in den ersten zwei Jahren nach dem Veröffentlichungsjahrgang – eigentlich kein Kriterium auf dessen Grundlage man Journals bewerten sollte. Der h-Index zählt die Anzahl k aller Artikel, die mindestens k Mal zitiert wurden. Der Wert ‚40' den die American Economic Review erreicht bedeutet also, dass zwischen 2001 und 2007 40 Artikel in dem Journal erschienen, die mindestens 40 Zitationen aufweisen.

Vielleicht denken Sie, dass Sie keine Chance besitzen, auf absehbare Zeit in einem dieser Journale zu publizieren. Dieser Gedanke trifft nicht zu. Alle meine Doktoranden haben noch vor ihrer Promotion oder kurz danach in mindestens einer der obigen Fachzeitschriften publiziert.

Gehen Sie nicht davon aus, dass Ihre Manuskripte ohne weiteres in einem dieser Journale angenommen werden. Vor dem Erfolg müssen Schweiß und nicht selten sogar Tränen vergossen werden. Aber wenn Sie Ihre Wissenschaft ernst nehmen und ernsthaft betreiben, werden Sie auch Erfolg haben.

Journal	Anzahl an Zitationen 2010	2 Jahres Impact 2010	5 Jahres Impact 2010
MANAGE SCI	18787	2.22	3.97
J FINANC	17621	4.15	6.53
ACAD MANAGE J	17239	5.25	10.78
ACAD MANAGE REV	15782	6.72	11.66
STRATEGIC MANAGE J	15626	3.58	6.82
J MARKETING	13189	3.77	7.24
J FINANC ECON	11815	3.81	5.63
ADMIN SCI QUART	11539	3.68	7.54
J MARKETING RES	9586	2.80	4.01
ORGAN SCI	9120	3.80	5.84
HARVARD BUS REV	9000	1.88	2.67
J CONSUM RES	8508	2.59	3.64
OPER RES	8250	2.00	2.71
RES POLICY	7539	2.51	4.24
MIS QUART	7419	5.04	9.82
J MANAGE	7184	3.76	6.21
ORGAN BEHAV HUM DEC	6391	2.48	3.59
J INT BUS STUD	6307	4.18	5.54
J BUS ETHICS	5974	1.13	1.60
J BUS RES	5141	1.77	2.48
REV FINANC STUD	4958	4.60	5.02
J MONETARY ECON	4822	1.65	2.51
J ORGAN BEHAV	4747	2.35	4.41
J BANK FINANC	4707	2.73	2.53
J OPER RES SOC	4537	1.10	1.48
J MANAGE STUD	4457	3.82	4.68
HUM RELAT	4234	1.70	2.60
PERS PSYCHOL	4062	3.37	6.40
J OPER MANAG	4040	5.09	6.03
J ACAD MARKET SCI	4008	3.27	3.61

Tabelle 1a: Qualitätsindikatoren führender BWL-Journale

Die Auswahl des Journals

Journal	Anzahl an Zitationen 2010	2 Jahres Impact 2010	5 Jahres Impact 2010
AM ECON REV	25786	3.15	4.28
ECONOMETRICA	19858	3.19	5.33
J FINANC	17621	4.15	6.53
J POLIT ECON	15535	4.07	6.90
Q J ECON	13983	5.94	8.05
J FINANC ECON	11815	3.81	5.63
J ECONOMETRICS	8246	1.82	2.82
REV ECON STAT	7462	2.88	4.16
ECOL ECON	7172	2.75	3.23
ECON J	7039	2.27	2.71
REV ECON STUD	6831	3.11	4.30
WORLD DEV	5687	1.61	2.53
J ECON PERSPECT	5399	3.70	5.96
REV FINANC STUD	4958	4.60	5.02
J ECON THEORY	4884	1.11	1.51
J ECON LIT	4846	7.43	8.08
J MONETARY ECON	4822	1.65	2.51
J PUBLIC ECON	4799	1.73	2.32
J BANK FINANC	4707	2.73	2.53
AM J AGR ECON	4256	1.23	1.61
J ACCOUNT ECON	3704	2.82	5.27
ECON LETT	3693	0.45	0.63
J INT ECON	3666	1.79	2.89
EUR ECON REV	3535	1.16	1.78
RAND J ECON	3521	1.28	2.44
J HEALTH ECON	3381	2.23	2.78
J ECON BEHAV ORGAN	3111	0.92	1.36
J ENVIRON ECON MANAG	3089	2.99	3.03

Tabelle 1b: Qualitätsindikatoren führender VWL-Journale

Journal	Anzahl an Zitationen 2010	2 Jahres Impact 2010	5 Jahres Impact 2010
ENVIRON PLANN A	3986	2.07	2.42
LANDSCAPE URBAN PLAN	3860	2.00	2.79
ANN ASSOC AM GEOGR	3204	1.89	2.99
GLOBAL ENVIRON CHANG	2722	4.92	7.84
REG STUD	2338	1.26	2.21
PROG HUM GEOG	2260	3.79	4.29

Tabelle 1c: Qualitätsindikatoren führender Geographie-Journale

Journal	Anzahl an Zitationen 2010	2 Jahres Impact 2010	5 Jahres Impact 2010
AM POLIT SCI REV	7459	3.28	3.85
AM J POLIT SCI	5546	2.59	3.96
INT ORGAN	3641	3.55	5.06
J POLIT	3228	1.43	2.25
PUBLIC OPIN QUART	3184	1.93	3.57
J CONFLICT RESOLUT	2562	1.88	3.17
EUR J POLIT RES	2305	1.47	2.45
WORLD POLIT	2011	2.89	3.90
PUBLIC CHOICE	1965	0.89	1.00
ANN AM ACAD POLIT SS	1876	1.04	1.51
FOREIGN AFF	1775	2.56	2.26
INT STUD QUART	1690	1.52	2.43
COMP POLIT STUD	1636	1.81	2.36
J PEACE RES	1566	1.48	2.04
BRIT J POLIT SCI	1544	1.82	2.24
INT SECURITY	1525	3.44	4.21

Tabelle 1d: Qualitätsindikatoren führender Politikwissenschafts-Journale

Journal	Anzahl an Zitationen 2010	2 Jahres Impact 2010	5 Jahres Impact 2010
AM SOCIOL REV	11353	3.69	5.84
AM J SOCIOL	10734	3.36	5.11
J MARRIAGE FAM	7127	1.85	3.18
ANNU REV SOCIOL	4759	3.59	5.03
SOC FORCES	4651	1.34	2.51
ANN TOURISM RES	3698	1.95	3.14
J SOC ISSUES	3463	1.52	2.43
SOC PROBL	2335	1.63	2.57
SOCIOLOGY	2057	1.49	2.11
SOC INDIC RES	2053	1.00	1.24
J MED ETHICS	1978	1.39	1.30
SOCIOL HEALTH ILL	1974	1.86	2.46
POPUL DEV REV	1910	1.51	2.38
GENDER SOC	1749	2.09	2.88
J SCI STUD RELIG	1708	1.35	1.69
SOCIOL METHOD RES	1704	2.00	2.45
SOC NETWORKS	1676	1.82	3.30
LAW SOC REV	1614	1.56	2.08
SOCIOL EDUC	1613	1.34	2.42
SOCIOL METHODOL	1587	0.88	2.00

Tabelle 1e: Qualitätsindikatoren führender Soziologie Journale

8.4 Kommunikation mit dem Herausgeber

Kommunikation mit Herausgebern verursacht zunächst kaum Probleme, zumal Sie, wenn Sie bei besseren Journalen einreichen, meistens mit Redaktionsassistenten kommunizieren. Sie brauchen sich folglich erst gar keine Mühe geben, geistvoll zu erscheinen. Probleme und Konflikte können hingegen leicht entstehen, wenn die Gutachter Ihren Job nicht richtig machen beziehungsweise wenn Sie denken, die Gutachter hätten ihren Job nicht richtig gemacht. Dass Sie so etwas denken, könnte natürlich mit einer Ablehnung zusammenhängen. Hier werden kurz alle Kommunikationsschritte während eines typischen Review-Prozesses durchleuchtet.

8.4.1 Einreichen

Seit einigen Jahren erwarten nahezu alle Journale, dass man seine Manuskripte elektronisch einreicht. Sie müssen demnach auf die Webseite des Journals gehen, sich und gegebenenfalls Ihre Co-Autoren registrieren ein anonymisiertes Manuskript, ein Titelblatt und gegebenenfalls Anhangmaterial elektronisch einreichen.

Wesentlich mehr gibt es zum Prozess des Einreichens nicht zu sagen. Sie können dem Herausgeber ein paar Zeilen anfügen, in denen Sie ihm oder ihr mitteilen, dass Sie den Artikel zur Begutachtung einreichen und dass sich das Manuskript bei keinem anderen Journal in Begutachtung befindet. Ein Verstoß gegen das implizite Verbot, Artikelmanuskripte bei mehr als einem Journal gleichzeitig einzureichen, kann durchaus ernste Konsequenzen nach sich ziehen – unterlassen Sie das besser.

Einige Journale bieten die Möglichkeit an, Gutachter vorzuschlagen oder sogar potentielle Gutachter abzulehnen. Die erste Option können Sie problemlos wahrnehmen. Stellen Sie sicher, dass Sie keine Kollegen, Co-Autoren oder wirklich enge Freunde vorschlagen. Das sieht nicht gut aus. Die Option, Gutachter abzulehnen, habe ich noch nie wahrgenommen. Zwar haben Wissenschaftler gelegentlich Gegner, manchmal auch Feinde, doch das liefert in den seltensten Fällen einen Grund, eine Person a priori als Gutachter abzulehnen.

Mit den Jahren in der Wissenschaft fällt die Kommunikation mit Herausgebern übrigens leichter. Man lernt sie schlicht kennen und einige sogar schätzen. Darin keinen Vorteil zu sehen wäre naiv. Aber so groß wie Sie vielleicht denken, sind die Vorteile auch nicht.

8.4.2 Mahnen

Journale bitten ihre Gutachter mehr oder weniger freundlich um die Anfertigung der Gutachten in 6-10 Wochen. Dementsprechend kann man als Autor von einem Herausgeber verlangen, nach etwa 4 Monaten eine Entscheidung zu bekommen. Viele Journale halten diese Frist tatsächlich ein, einige entscheiden sogar deutlich schneller. Andere hingegen überziehen, ohne dass sie sich mit dem Autor in Verbindung setzen und um Geduld bitten.

In solchen Fällen sollten Sie nach etwa 4-6 Monaten freundlich an Ihr Manuskript erinnern und nach dem Status fragen. Bevor Sie das tun, schauen Sie zunächst im Submission-Manager nach, ob dort etwas Neues über Ihr Manuskript vermeldet wird.

Auch wenn Sie wiederum mit dem Redaktionsassistenten kommunizieren werden: Seien Sie freundlich und fragen Sie lediglich nach einer Auskunft, wann mit einer Entscheidung zu rechnen ist. Die Aufgabe, ein Journal herauszugeben, stellt eine wichtige Dienstleistung für die Profession dar und Herausgeber werden schon von anderen Personen ausreichend beschimpft – daran müssen Sie sich nun wirklich nicht beteiligen.

8.4.3 Der Umgang mit einer Ablehnung

Niemandem fällt der Umgang mit Ablehnungen leicht. Aber es gibt sicher schmerzhaftere Ablehnungen als die von dem Herausgeber eines Journals – auch wenn es noch so ein angesehenes Journal ist und selbst dann, wenn die Gutachter behaupten, dass Ihr Manuskript das schlechteste ist, das sie in ihrer Karriere gesehen haben. Oder wenn die Ablehnungsgründe an den Haaren herbei gezogen sind und die Referees sich offensichtlich kaum die Mühe machten, Ihr Manuskript zu lesen.

Jeder – und damit meine ich wirklich jeder – Autor hat sich nach derartig unfairen, unqualifizierten, ja dummen Gutachten schon einmal hingesetzt und einen geharnischten Brief oder eine Mail an den Herausgeber geschrieben. Die Schlaueren schickten diesen Brief oder diese Mail anschließend nicht weg.

Seien Sie schlau: Zucken Sie mit den Schultern und schicken Sie Ihr Manuskript an ein anderes Journal. Bevor Sie dies tun, warten Sie ein paar Tage, dann lesen Sie sich die Gutachten nochmals und dieses Mal sorgfältiger durch. Anschließend gehen Sie durch die Gutachten und unterscheiden drei Kommentare:

- diejenigen, die richtig sind und die Sie leicht ändern können,
- diejenigen, die zwar überzeugen können, denen Sie jedoch nur schwer etwas entgegensetzen können,
- und diejenigen, die absolut keinen Sinn machen.

Die einfachen richtigen Kommentare sollten Sie einarbeiten. Was immer die Gutachter von Ihnen wollen, die nächsten Gutachter wollen vermutlich etwas zumindest sehr ähnliches. Also nehmen Sie die Änderungen vor, bevor Sie das Manuskript bei einem anderen Journal einreichen.

Über die schwierigen und unlösbaren Probleme müssen Sie länger nachdenken. Können Sie etwas ganz ähnliches machen, dass nicht so arbeitsaufwendig ist? Wenn nicht, sollten Sie zumindest versuchen, die offensichtlichen Probleme etwas zu kaschieren. Vielleicht stechen sie den nächsten Gutachtern nicht derart ins Auge. Eine richtige Lösung wäre offensichtlich besser. Vielleicht hilft es, wenn Sie das Manuskript eine Zeit weglegen. Bedenken Sie aber, dass Sie das Manuskript ebenso gut bei einem anderen Journal einreichen können, wenn Sie es vier Monate weglegen.

Vielleicht denken Sie, dass Sie die offenkundig falschen Kommentare ignorieren können. Das mag so sein, gilt aber nur, wenn die Kommentare nicht nur offenkundig unbegründet bleiben sondern zugleich wenn dies für alle (außer den Gutachter) unschwer zu erkennen ist. Fragen Sie sich deshalb auch bei erkennbar falscher Kritik, ob Sie Ihr Manuskript nicht in einer Art und Weise umgestalten können, die derartige Missverständnisse und Irrtümer in der Zukunft ausschließt.

Nach diesen Revisionen stellt sich die Frage erneut, bei welchem (anderen) Journal Sie Ihr Manuskript einreichen. Normalerweise wird man sein Manuskript an ein schlechteres Journal schicken, aber das kann die falsche Entscheidung sein. Wenn Sie von der Qualität Ihrer Arbeit trotz der Kommentare der Gutachter oder eventuell wegen der vorgenommenen Revisionen weiterhin überzeugt sind, können Sie das Manuskript genauso gut zu einem besseren Journal schicken.

Die statistische Wahrscheinlichkeit einer Annahme bei sehr guten Journalen fällt nie sehr hoch aus. Die Fachzeitschriften aus Tabelle 1 weisen im Schnitt sicherlich eine Akzeptanzquote von kaum mehr als fünf Prozent auf. Bei schlechten Journalen beträgt die Ablehnungsquote kaum fünfzig Prozent.

Dies kann attraktiv erscheinen. Wenn Sie Ihren Artikel an eher schlechte Journale senden, müssen Sie im Schnitt ein Jahr warten, bis er angenommen wird. Probieren Sie erst zwei sehr gute und drei mittelgute Journale aus, kann es schon mal drei Jahre und mehr bis zu einer Annahme dauern. Zwei meiner Manuskripte durchlaufen seit mittlerweile vier bis fünf Jahren einen Reviewprozess. In dieser Zeit wurden sie keineswegs 8 Mal abgelehnt. Schlimmer: Nichts kann nervender sein als drei r&r's und insgesamt einundzwanzig Gutachten von zwölf verschiedenen Kollegen, die sich besser untereinander einigen würden statt mir mitzuteilen, ich solle gefälligst das machen, was Ihr Kollege genauso vehement ablehnt.

Dieser Qualität-versus-Zeit Trade-Off lässt sich nicht grundsätzlich lösen. Es wird Ihnen vermutlich keine Hilfe sein, wenn ich Ihnen mitteile, dass am Anfang einer Karriere eine schnelle Publikation eine verführerische Versuchung darstellt. Davon rate ich Ihnen ab. Gehen Sie vertretbare Risiken ein und reichen Sie nicht zu schnell bei zu schlechten Journalen ein. Aber denken Sie auch nicht, die besten Journale seien für alle Ihrer Manuskripte gerade gut genug.

8.4.4 Der Umgang mit einem *Revise and Resubmit*

Bei den meisten Journalen bedeutet ein ‚revise und resubmit', dass der Artikel quasi angenommen ist. Doch das gilt keineswegs für alle Journale. Einige Herausgeber vergeben gerne ein r&r; die meisten Artikel werden besser und die anderen kann man immer noch ablehnen.

Wenn Sie ein revise und resubmit erhalten, lesen Sie sich zunächst den Brief des Herausgebers und die referee reports durch. Dann legen Sie diese weg. Eventuell sollten Sie dem Herausgeber eine Mail schicken um ihm mitzuteilen, dass Sie und wann Sie die revidierte Fassung Ihres Manuskriptes wiedereinreichen. Eine Woche später lesen Sie die reports nochmals und überlegen, ob sie die Bedingungen und Auflagen erfüllen wollen und können. Je nachdem wie die Gutachter formulieren, kann bereits eine Nicht-Erfüllung einer Auflage zur Ablehnung des Manuskriptes in der zweiten Runde führen. Wenn Sie die Bedingungen inakzeptabel finden, reichen Sie Ihr Manuskript einfach bei einem anderen Journal ein. Dies stellt kein Verstoß gegen irgendwelche ungeschriebenen Gesetze dar. Allerdings erreichte mich schon einmal die Anfrage eines Herausgebers, wo mein überarbeitetes Manuskript bliebe, sie wollen es eigentlich im übernächsten Heft drucken. Ich frag mich gelegentlich, ob die Herausgeber ihre Gutachten wirklich lesen und damit meine ich: lesen, nicht drauf schauen.

Entscheiden Sie sich, das Manuskript zu überarbeiten und wiedereinzureichen, dann kopieren Sie die einzelnen Punkte der Gutachter in ein Dokument. Dies wird Ihr ‚letter to the editor'. Nummerieren Sie diese Punkte und verdeutlichen Sie, aus welchem Gutachten Sie stammen. Wenn zwei Gutachter denselben Punkt vorbringen, integrieren Sie die Kommentare entweder oder Sie antworten auf einen Gutachter und verweisen bei dem anderen auf Ihre Antwort zu dem anderen Gutachten.

Versuchen Sie die Auflagen der Gutachter soweit wie möglich zu erfüllen. Die Gutachter mögen gelegentlich Unrecht haben, aber das behalten Sie einfach für sich. Wenn Sie irgendeinen Punkt nicht erfüllen wollen, schreiben Sie einfach, dass (und warum) Sie die Auflage nicht erfüllen und dass Sie das Manuskript deutlicher gemacht haben, um dieses Missverständnis in Zukunft auszuschließen.

Seien Sie ausführlich in Ihren Entgegnungen auf die Anmerkungen der Gutachter. Ein ‚letter to the editor' kann schon mal 8 Seiten lang sein. Der längste mir jemals untergekommene letter stammte von Jim Adams und füllte mehr als zwanzig eng bedruckte Seiten.

Ab und zu sollten Sie Nettigkeiten einstreuen. Sagen Sie, dass die Referees einen guten Punkt gemacht haben, sagen Sie, dass die Kommentare hilfreich waren, danken Sie dem Herausgeber für die Chance, das Manuskript überarbeiten zu dürfen, den Gutachtern für konstruktive Vorschläge. Übertreiben Sie nicht. Seien Sie freundlich, nicht unterwürfig. Es existieren andere Journale und viele exzellente Manuskripte, deren Autoren später den Nobelpreis gewannen, wurden zunächst von Gutachtern abgelehnt. Man könnte sogar behaupten, dass nobelpreisfähige Ideen zunächst immer abgelehnt werden. Gutachter sind nicht nur konservativ, sie haben auch etwas zu verlieren. Dies gilt insbesondere dann, wenn Ihre Ideen nicht ganz mit den Ideen der Gutachter konform gehen.

Nach der Einarbeitung aller Änderungen, können Sie das Manuskript eigentlich wiedereinreichen. Aber senden Sie es nicht zu schnell zurück: Der Herausgeber soll nicht denken, dass Sie die Auflagen oberflächlich erfüllt haben.

8.5 Nach der Annahme

Zunächst einmal: herzlichen Glückwunsch. Wissenschaftliches Arbeiten hält wenige unmittelbare Belohnungen bereit. Die Annahme eines Manuskriptes ist definitiv eine davon und sicher nicht die unbedeutendste.

Mit der Annahme durch den Herausgeber können Sie sich kurz zurücklehnen. Aber schlafen sie nicht ein: Fünf Arbeitsschritte wollen noch erledigt werden:

Erstens dürfen Sie nicht vergessen, Ihre Selbstzitationen wieder in den Text und die Literaturliste einzufügen. Seien Sie nicht eitel. Zitieren Sie sich nicht selbst an Stellen, für die sich hunderte von früheren Belegen in der Literatur finden lassen. Aber seien Sie auch nicht zu zurückhaltend. Zitationen sind die Währung der Wissenschaft und vielleicht veranlasst Ihre Selbstzitation andere Autoren, Sie ebenfalls zu zitieren.

Zweitens können Sie noch mal durch den Text gehen und Passagen, die Sie aus reinem Opportunismus oder weil die Gutachter es so wollten, übertrieben ausgeweitet haben, wieder einschränken. Sie machen sich damit vielleicht keine Freunde, wenngleich die Chance, dass Ihre Gutachter Ihren gedruckten Artikel nochmals lesen (oder gar mit ihren referee reports abgleichen), gering ist.

Drittens müssen Sie nun die Formatierungsvorschriften des Journals erfüllen. Hier sollten Sie möglichst sorgfältig vorgehen.

Viertens müssen Sie die Literaturliste abgleichen. Haben Sie alle zitierten Arbeiten in der Literaturliste aufgeführt und weist die Literaturliste keine Publikationen auf, die Sie nicht zitieren?

Anschließend senden Sie die letzte Version an den Herausgeber (oder den Verlag) zurück.

Fünftens und letztens erhalten Sie etwa 2 bis 3 Monate später Druckfahnen, die Sie sehr sorgfältig korrigieren müssen. Die Journals greifen subtil und nicht immer angemessen in Ihren Text ein. Am besten Sie drucken Ihre letzte Version und die Druckfahnen aus und gehen Satz für Satz durch den Text. Dabei sollten Sie auf Tippfehler achten, aber vor allem auch auf redaktionelle Eingriffe in Ihren Text. Finden Sie welche, fragen Sie sich, ob der Text wirklich besser wurde – wenn nicht, versuchen Sie Ihre Originalformulierung zu verbessern und machen Sie die redaktionelle Änderung rückgängig.

Besondere Aufmerksamkeit müssen Sie auf Tabellen, Formeln und Grafiken legen. In Tabellen geht durch die notwendige Umformatierung gelegentlich Information verloren und beides, Grafiken und Tabellen werden häufig an unschönen Stellen im Artikel platziert. Sie sollten vor allem vermeiden, dass Grafiken und Tabellen in Abschnitte gesetzt werden, in die sie nicht gehören.

Dann ist Ihr Job getan.

Willkommen in der Welt der Wissenschaft…

9 Anhänge

9.1 Fachbegriffe der Wissenschaftstheorie

Gesetz: Ein beobachteter deterministischer Zusammenhang zwischen zwei Variablen: Jedes Auftreten von *a* ruft *b* hervor. Typischerweise wird der Terminus *Gesetz* für Kausalzusammenhänge verwandt. Wenn *x* zugleich das Auftreten von *a* und das Auftreten von *b* determiniert, sollte nicht von einem Gesetz sondern von perfekter Korrelation gesprochen werden. Gesetze können kontingent sein: Unter der Bedingung *x* ungleich 0 ruft *a* zwingend *b* hervor.

Theorie: Ein System kausal begründeter Zusammenhänge, die entweder deterministisch oder probabilistisch sein können. Beispiel: *a* verursacht *b*, da *a* die Wahrscheinlichkeit von *x* erhöht, *x* sich negativ auf *z* auswirkt, und *z* sich negativ auf *b* auswirkt. Der kausale ‚Umweg' über *x* und *z* stellt das Kausalmodell dar. Nach Coleman sollte in der Sozialwissenschaft *a* ein Makrophänomen sein, *x* individuelles Verhalten abbilden und *z* die soziale Interaktion zwischen Individuen beschreiben, so dass durch Aggregation letztlich ein soziales Phänomen *b* hervorgerufen wird. Zu einem guten Modell einer Theorie gilt neben der Angabe der Wirkungsrichtung (*a* ‚erhöht' oder ‚senkt' die Wahrscheinlichkeit von *x*) auch die Spezifikation der funktionalen Form zwischen zwei Variablen: Mit linear zunehmendem Auftreten von *a* kommt es zu einer linearen, konvexen oder konkaven (wenn man nur einfache funktionale Formen zulässt) Zunahme von x.[63]

Hypothese: Eine behauptete Verbindung zwischen zwei Variablen. Aus einem Kausalmodell lassen sich mehrere Hypothesen ableiten. Aus dem obigen Beispiel einer Theorie beispielsweise können sechs Hypothesen gewonnen werden: Je mehr *a*, desto mehr *x*. Je mehr *a*, desto weniger *z*. Je mehr *a*, desto mehr *b*. Je mehr *x*, desto weniger *z*. Je mehr *x*, desto mehr *b*. Je mehr *z*, desto weniger *b*. Jede einzelne Hypothese kann (und sollte wenn möglich) geprüft werden.

---

[63] Als Daumenregel, um eine Theorie zu identifizieren, kann man auf die folgende Aussage Stephen van Everas zurückgreifen: „A ‚theory' that cannot be arrow-diagrammed is not a theory and needs reframing to become a theory." (van Evera 1997: 14-15)

Erklärung: Eine Begründung für das Auftreten eines singulären Phänomens. Erklärungen können auf Theorien basieren und diese nutzbar machen.

Variable: Ein Konzept innerhalb einer Theorie, das verschiedene Werte annimmt. Eine Variable muss also variieren.

abhängige Variable (Explanans): Die Variable, deren Varianz erklärt werden soll.

unabhängige Variable (Explanandum): Eine Variable, deren Varianz die Varianz der abhängigen Variable erklärt.

intervenierende Variable: Eine Variable, die den Einfluss einer unabhängigen Variable auf eine abhängige Variable abschwächt oder verstärkt.

konditionale Variable: Eine Variable, die einen bestimmten Wert annehmen muss, damit eine unabhängige Variable eine abhängige Variable beeinflusst.

9.2 Illustrierte Einführung in das Web of Science

Der folgende Screenshot zeigt die Hauptsuchmaske des Web of Science.

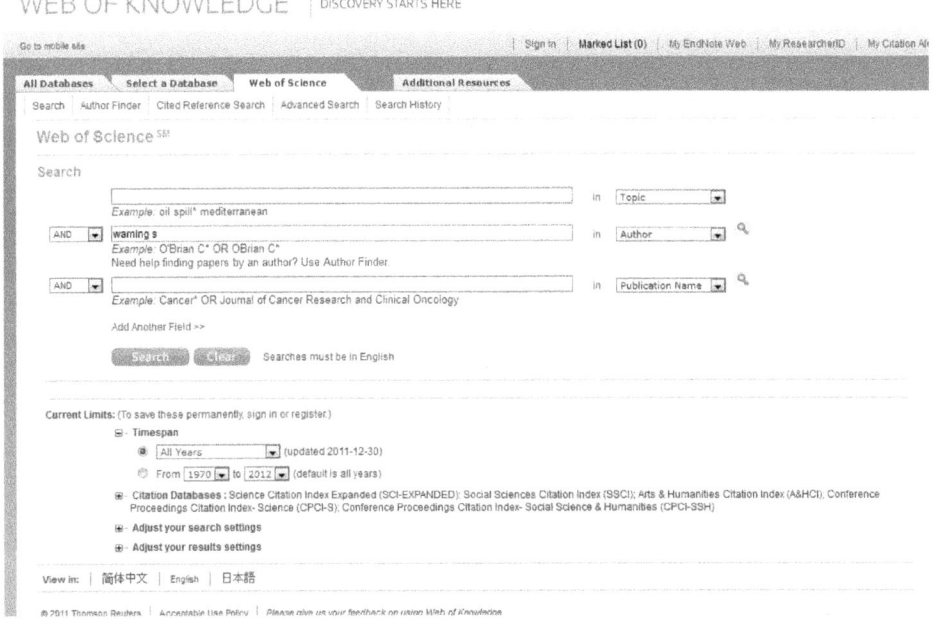

Um die Trefferliste entsprechend der Zitationsäufigkeit sortieren zu können, müssen Sie die Suche auf den Social Science Citation Index einschränken. Dazu

klicken Sie auf ‚Select a Database',

klicken Sie auf ‚Web of Science',

klicken Sie auf ‚Change Limits and Settings',

wählen Sie gegebenenfalls nur den Social Science Catation Index aus (dieser Schritt ist nicht zwingend),

führen Sie Ihre Suche durch, und

klicken abschließend auf ‚create a citation report'.

Wenn Sie die Treffer Ihrer Suche nach Government Spending entsprechend der Zitationshäufigkeit sortieren, erhalten Sie (etwa) das folgende Fenster. In der neuen Version des Web of

Knowledge können Sie nur dann nach Zitationshäufigkeit sortieren, wenn Sie zunächst über die ‚Select a Database' Seite, dann ‚Web of Science' gehen.

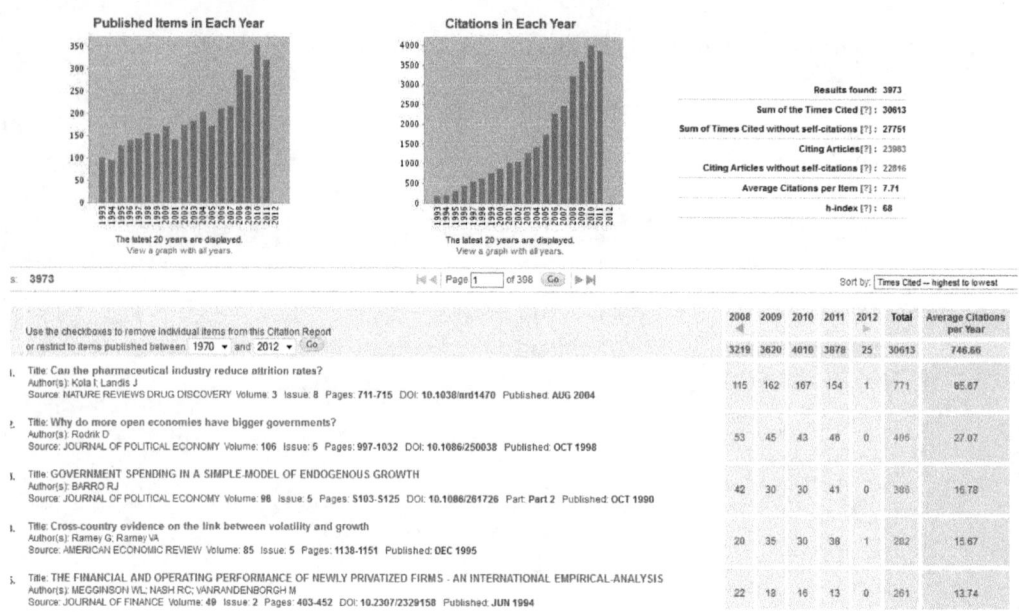

9.3 Umgang mit dem Betreuer

Die vielleicht größte Kunst der Diplom- und Promotionsphase besteht darin, den Betreuer intensiv zu Hinweisen und Hilfsstellungen heranzuziehen ohne sich ausnutzen oder verwirren zu lassen. Beides lässt sich selbst bei einer strategischen Vorgehensweise in den Sprechstunden vermutlich nicht ganz vermeiden. Aber ausreichend einschränken kann man das schon.

Betreuer verwirren Diplomierende und Doktoranden (die schon weniger) aus dem einfachen Grund, dass Sie den Inhalt von Betreuungsgesprächen üblicherweise nicht schriftlich festhalten. Wenn der Diplomand zwei Wochen später wieder in der Sprechstunde sitzt, erinnern sie sich oft nur mit Mühe an den Inhalt der Diplomarbeit und lediglich in Ausnahmefällen an den Inhalt des vorherigen Gespräches. Da Betreuer in den Sprechstunden improvisieren, geben sie beinahe zwangsläufig inkonsistente Vorschläge, die mitunter eine große Verwirrung hervorrufen.

Doch es gibt eine einfache Abhilfe: Lassen Sie sich eine ausreichend lange Besprechungsdauer einräumen, 15 Minuten stellen sicherlich die Untergrenze für typische Probleme mit einer Diplomarbeit dar. Bereiten Sie die Sprechstunde vor, in dem Sie sich Fragen notieren (und dem Betreuer eine Kopie der Fragen in die Hand drücken). Zu Beginn des Gespräches wiederholen Sie die Inhalte der Diplomarbeit und geben den Stand des Betreuungsgespräches wieder. Erst dann tragen Sie Ihre aktuellen Probleme vor. Auf diese Weise erreichen Sie zwei Ziele: Sie wirken organisiert und kompetent und Sie vermeiden eine inkonsistente Beratung des Betreuers.

Übrigens beantworten viele, selbst berühmte Wissenschaftler ausreichend präzise Email Anfragen auch dann, wenn die Frage von einem Studierenden oder Diplomanden kommt. Wenn Ihr Betreuer Ihnen in der ein oder anderen Hinsicht nicht ausreichend weiterhelfen kann, schicken Sie eine Mail an jemanden, der ein Lehrbuch oder einen unlängst veröffentlichten Artikel zu dem entsprechenden Thema geschrieben hat. Allerdings ist es notwendig, dass Sie die Frage ausgesprochen präzise formulieren. Ein: „Ich weiß hier nicht weiter..." wird Ihnen keine Antwort einbringen. Auf eine präzise, leicht zu beantwortende Frage antworten aber die meisten Kollegen.

9.4 Wissenschaftliche Ethik

Ein wesentlich delikateres Thema ist die Frage der Ausbeutung der Doktoranden durch die Betreuer. Naturgemäß befinden sich die Doktoranden in einer schlechten Position, da sie eine Note bekommen wollen, da sie Empfehlungsschreiben und Gutachten benötigen, da sie ein Büro und Computer in Anspruch nehmen wollen und so weiter. Eine geringe Gegenleistung kann da sicherlich erwartet werden, aber alles hat eine Grenze.

Eine kritische Frage ist die der Publikation der Forschungsergebnisse des Doktoranden. Früher war es durchaus üblich, dass der Professor sein Lehrdeputat an seine Mitarbeiter abtrat und sich die wissenschaftlichen Ergebnisse „seiner Schüler" aneignete. Heute schieben Ethikrichtlinien dieser Unsitte einen Riegel vor. In der Ethikrichtlinie der Deutschen Vereinigung für Politische Wissenschaft, die ich hier beispielhaft heranziehe, heißt es eindeutig unter Punkt II.1.:

„Politikwissenschaftler/innen nennen alle Personen, die maßgeblich zu ihrer Forschung und zu ihren Publikationen beigetragen haben. Die Ansprüche auf Autorenschaft und die Reihenfolge der Autoren/innen sollen deren Beteiligung am Forschungsprozess und an der Veröffentlichung abbilden. Daten und Materialien, die wörtlich oder sinngemäß von einer veröffentlichten oder unveröffentlichten Arbeit anderer übernommen wurden, müssen kenntlich gemacht und ihren Urheber/innen zugeschrieben werden. Verweise auf Gedanken, die in Arbeiten anderer entwickelt wurden, dürfen nicht wissentlich unterlassen werden."

Und weiter unter IV.4.:

„Politikwissenschaftler/innen dürfen Leistungen anderer nicht zu ihrem eigenen Vorteil ausnutzen und deren Arbeit nicht undeklariert verwerten."

In Anerkennung dieser Regeln hat sich die Sitte der gemeinsamen Papiere eingeschlichen. Anders als beim Diebstahl lassen sich Ko-Autorenschaften mit stark abweichenden Arbeitsleistungen kaum nachweisen. Wegen eines Verstoßes gegen die ohnehin unsinnige Regel, dass die Reihenfolge der Autorennamen den Arbeitsanteil abbilden soll, wurde meines Wissens bislang niemand vor die Ethikkommission geschleift. Diese wird schlicht von der Konvention unterwandert, Autorennamen entsprechend der alphabetischen Ordnung anzugeben. Wessen Nachname mit Aa beginnt, der kann seine Mehrarbeit keinesfalls durch eine Abweichung von der üblichen Reihung kenntlich machen.

Allerdings besitzen Professoren und Hochschuldozenten einen Informationsvorsprung für die Formulierung publikationsfähiger Aufsätze, der sich für den Doktoranden bezahlt machen kann, auch wenn der Arbeitsanteil ungünstig ausfällt. Zwischen einem ‚revise and resubmit' und einem ‚reject' der Gutachter liegen oftmals lediglich Details der Formulierung, ein etwas eleganterer Aufbau und – sehr häufig – der Unterschied zwischen einem gut verkauften und einem schlecht verkauften Argument. Hierin liegen die Vorteile der erfahrenen Wissenschaftler.

Man sollte aber nicht übersehen, dass auch umgekehrte Fälle der Ausnutzung vorliegen können: Wenn der Betreuer ein Drittmittelprojektantrag schreibt und letztlich die Mittel einwirbt, welche die Promotion des Mitarbeiters finanziert, besitzt der Mitarbeiter sicherlich eine Bringschuld gegenüber dem Antragsteller. Schließlich hat dieser Arbeit und Zeit in die Formulierung des Antrages gesteckt.

Letztlich vermag keine Ethikrichtlinie die Grauzone zwischen Ausbeutung und Zusammenarbeit trennscharf abzubilden. In vielen Fällen hilft allein der aufrechte Gang und das Wort ‚nein'.

9.5 Plagiate

Plagiieren kann jeder. Deswegen können Plagiate auch nicht als Leistungsnachweis anerkannt werden. Wenn jemand plagiiert, dann erhält er (oder sie, aber Sie wissen schon, wen ich meine) einen Leistungsnachweis für eine Leistung, die er nicht erbracht hat. Dieser Leistungsnachweis wird ihm Vorteile erbringen – niemand betrügt, ohne sich einen Vorteil wenigstens zu versprechen.

Plagiieren stellt deshalb in doppeltem Sinne Betrug dar. Zum einen ist es Betrug an denjenigen, die den Leistungsnachweis vergeben. Das ist nicht so sehr die Hochschule des Betrügers, sondern die Gemeinschaft, die eine Leistung verlangt, um ihr anzugehören: alle Wissenschaftler, die sich auf Promotion als Zugehörigkeitskriterium verständigt haben.

Plagiieren stellt aber auch deshalb Betrug dar, da Dritte eine Leistung erbringen, weil der Plagiierende scheinbar eine Leistung nachweisen kann. Zwar ist mir nicht ganz klar, welche Vorteile sich Vermieter von Promovierten versprechen, aber auf dem Wohnungsmarkt verschafft eine Promotion ebenso Vorteile, wie bei einer Verhandlung mit der Hausbank oder beim Besuch beim Arzt. Selbstverständlich verschafft ein Doktortitel Vorteile auf dem akademischen Arbeitsmarkt, und wer weiß, vielleicht lässt sich auch der ein oder andere Wähler vom schnöden Schein des Titels blenden und lieber den Herrn Doktor Müller als den Herrn Müller wählen.

Plagiieren ist also nicht nur moralisch verwerflich, es erfüllt den Straftatbestand des Betruges. Wenn Richter und Gerichte Plagiate als Urheberrechtsverletzung behandeln,[64] missverstehen Sie den doppelten Betrug an dem Stande der Wissenschaftler und die Bedeutung des Doktortitels in der Gesellschaft – zumal der deutschen.

Was aber ist ein Plagiat?

Eine Arbeit wird nicht erst dann zum Plagiat, wenn der Autor über hunderte von Seiten Textstellen aus dem Internet kopiert, oder aus Büchern abschreibt. Ein Plagiat liegt vor, wenn ein Ghostwriter das Manuskript verfasst, welches jemand anderes später als sein eigenes Werk ausgibt. Ein Plagiat liegt vor, wenn der Autor eine Textstelle einer andere Publikation inhaltlich (also nicht wörtlich) wiedergibt, ohne die Herkunft durch entsprechende Hinweise kenntlich zu machen.

Ein einzelnes Plagiat in einem 200seitigen Buch stellt natürlich kein Betrug dar, sondern ist in der Regel lediglich eine Konsequenz der eigenen Vergesslichkeit. Wenn Sie nicht wissen, wo Sie etwas gelesen haben, können Sie die Fundstelle schlechterdings nicht ausweisen. Doch auch wenn dies noch kein Betrug darstellt, ein solches Vergesslichkeitsplagiat ist allemal ein Ausdruck fehlender Sorgfalt. Vermeiden Sie solche Fehler und zitieren Sie lieber zu viel als zu wenig.

Und dann gibt es noch das Beispiel des Doktoranden, der in seiner Dissertation seitenweise Text aus seiner M.A.-Thesis kopierte, die er an einer anderen Universität geschrieben hat. Die moderne Technik ermöglichte der Promotions-Uni, die Übernahme des eigenen Textes aufzudecken. Der Fall wurde richtigerweise als Plagiat und als Betrug gewertet.

Ein Plagiat ist kein Bagatelldelikt. Ihre akademische Karriere hängt auch daran, Plagiate zu vermeiden. Das ist nicht immer leicht, aber etwas Aufwand und Sorgfalt kann unschwer verhindern, später als Betrüger dazustehen.

---

[64] Plagiate können, müssen aber nicht, gegen das Gesetz verstoßen: Die nicht als Zitat gekennzeichnete Übernahme fremder Texte ist in der Regel eine Urheberrechtsverletzung. Die Übernahme fremder Ideen kann eine Patentrechts- oder Geschmacksmusterrechtsverletzung sein. In der Wissenschaft kann ein Plagiat gegen Prüfungsordnungen, Arbeitsverträge oder Universitätsrecht verstoßen. Zwischen rechtswidrigen Übernahmen fremder Leistungen und der legitimen Übernahme freier oder frei gewordener Ideen gibt es eine Grauzone, wo ein Plagiat zwar als legal, nicht aber als legitim gilt.

(Diese Fußnote stellt ein Plagiat dar. Der Text wurde am 1. Dezember 2011 wörtlich aus Wikipedia übernommen.)

9.6 Formale Standards wissenschaftlicher Texte

Die technischen Standards des wissenschaftlichen Arbeitens finden sich im Chicago Manual of Style (CMS) erschöpfend niedergelegt. Wenn Sie sich bezüglich dieser Standards unsicher fühlen, konsultieren Sie das CMS. Damit befinden Sie sich auf der sicheren Seite. Eine extrem hilfreiche (und erschwingliche) Kurzfassung des CMS stellt das ebenfalls von Chicago University Press herausgegebene Buch der 1987 verstorbenen Kate L. Turabian dar, welches nach ihrem Tode unter ihrem Namen weitergeführt wird und 1996 in der sechsten Auflage erschien (Turabian 1996). Dieses Buch fasst die wichtigsten Bestimmungen des CMS kurz zusammen und gibt ausreichende Erläuterungen, so dass stets Klarheit über die korrekte Vorgehensweise herrscht. Es gehört in den Bücherschrank jedes Studierenden. Verletzungen des Standards wissenschaftlichen Arbeitens dürfen deshalb nicht auf Unkenntnis sondern auf die mangelnde Sorgfalt des Autors zurückgeführt werden und sollten im Falle von Qualifizierungsarbeiten zu Abstrichen in der Note führen.

Da dieses Buch eine andere Intention verfolgt als die Vermittlung technischer Anleitungen und da diese technischen Anleitungen im CMS und von Turabian ohnehin in einer nicht zu übertreffenden Qualität und Vollständigkeit diskutiert werden, fasse ich mich hier kurz und lasse stilistische Fragen in die Vorstellung der technischen Details einfließen.

9.6.1 Zitieren

Die Verwendung von Literarverweisen (Zitationen) innerhalb eines wissenschaftlichen Textes stellt die Verbindung zwischen den eigenen Gedanken des Autors und den bereits von anderen Autoren veröffentlichten Vorarbeiten her. Prinzipiell müssen für wörtliche Zitate ab einer bestimmten, von den jeweiligen Verlagen individuell festgesetzten Länge Abdruckrechte eingeholt werden. Als Daumenregel können 10 bis 15 übernommene Zeilen angesehen werden, wenngleich die Bestimmungen der verschiedenen nationalen Copyright Gesetzgebungen erheblich variieren und oftmals nicht präzise sind.

Zitationen (selbst nicht wörtliche Übernahmen von Ideen) ohne Anführung eines entsprechenden Belegs stellt ein Plagiat dar. Plagiate sind demnach nicht nur wörtliche Übernahmen ohne Verweis auf die Quelle; bereits inhaltsgleiche Übernahmen ohne Verweise konstituieren ein Plagiat. Niemand wird Ihnen einen Strick daraus drehen, dass Sie ein- oder zweimal auf eine bekannte Idee zurückgreifen, ohne die Quelle exakt anzugeben. Doch wenn sich solche Stellen in einem Text häufen, liegt der böse Verdacht des Plagiats nahe. Ein solcher Verdacht kann Ihre (eventuell vorhandenen) wissenschaftlichen Ambitionen rapide stoppen und wirkt sich ungünstig auf die Note aus. Nehmen Sie Zitationen also ernst.

Unter einem stilistischen Gesichtspunkt gilt: Zitieren Sie so wenig wie möglich wörtlich. Ihre Sprache besitzt einen eigenen Rhythmus, dieser geht verloren, wenn Sie wörtlich zitieren. Sie sind deshalb gut beraten, die Aussagen anderer Autoren in Ihrer eigenen Sprache wiederzugeben. Dann ergänzen Sie selbstverständlich einen Verweis auf den Text, dem Sie die Aussage entnommen haben.

Falls Sie wörtlich zitieren, dann *müssen* Sie zwingend *exakt* zitieren und etwaige Auslassungen als solche kennzeichnen. Dafür verwendet man typischerweise drei Punkte, die überwiegend in Klammern gesetzt werden: (...). Wenn Sie dem Zitat ein Wort hinzufügen wollen, setzen Sie dieses in eckige Klammern [sic!]. Zitate werden grundsätzlich in Anführungszeichen gesetzt, um sie als solche zu kennzeichnen. Wenn Sie mehrere Sätze wörtlich übernehmen, bietet es sich an, das Zitat als gesonderten Absatz hervorzuheben. Zitieren Sie dagegen ‚halbe Sätze', sollten Sie diese in Ihren Satz und Absatz integrieren.

Grundsätzlich existieren zwei Zitationsstandards: Im weiter verbreitete Chicago Manual of Style Standard werden die Autorenfamiliennamen mit den Publikationsnamen in Klammern hinter den Gedanken des Autoren oder hinter ein wörtliches Zitat gesetzt. Dabei werden der Name des Autors und das Erscheinungsjahr nicht durch Kommata getrennt (Turabian 1996: 176). Besitzt der von Ihnen zitierte Artikel oder das zitierte Buch mehrere Autoren, so sieht das CMS eine Aufzählung mit „und" vor (Scott und Garrison 2002: 80; Turabian 1996: 176). Existieren drei Autoren, so werden die ersten beiden Namen mit einem Komma getrennt, während zwischen dem zweiten und dem dritten Namen ein „und" eingefügt wird (Autor1, Autor2 und Autor3). Bei mehr als drei Autoren wird lediglich der erste Autor angegeben, gefolgt von einem „et al.". Zitieren Sie mehr als ein Werk eines Autors, wird der Name nur einmal angegeben und die beiden Erscheinungsjahre mit einem Komma getrennt. Beispiel: (Coase 1937, 1965). Zitieren Sie zwei Werke eines Autors aus einem Jahr, so werden diese durch hinzufügen von „a" und „b" unterschieden. Beispiel: Keohane 1984a, b). Zitieren Sie mehrere unterschiedliche Autoren zu einem Gedanken, so werden die Autoren durch ein Semikolon getrennt. Beispiel: (Sachs and Warner 1995; Edwards 1998). Das CMS nennt hier die Regel, dass mehrere Autoren in alphabetischer Ordnung aufgeführt werden. Logischer erscheint mir jedoch eine chronologische Ordnung, da die eigentliche Originalquelle in diesem Fall zuerst genannt wird. Im Zweifelsfall halten Sie sich an das CMS und nicht an das, was ich logisch finde.

In speziellen, hier nicht diskutierten Fällen konsultieren Sie das CMS oder das hilfreiche Buch Kate Turabians. Dort finden Sie Hinweise auf das richtige Zitieren von Zeitungsartikeln, Internetseiten, Gesetzen und so weiter.

Der konkurrierende Standard zitiert in Fußnoten. Er findet sich heutzutage vor allem noch in juristischen Texten. Außerhalb juristischer Texte geht seine Verwendung zurück. Die Ursache für diese Besonderheit ist darin zu suchen, dass juristische Texte nicht lediglich die ersten Autoren einer Idee angeben, sondern alle Texte, die sich mit einem Thema befasst haben und einen Gedanken teilen. Da eine wissenschaftliche Notwendigkeit, jemanden zu nennen, der eine Idee übernommen und zitiert hat, nicht besteht, muss man dieser Praxis nichts Positives abgewinnen, für die Juristen schlägt sie sich immerhin in einer Vielzahl von Zitationen nieder und die studentischen Hilfskräfte sind beschäftigt. Wie auch immer, dieser Standard nennt alle Texte komplett in der Fußnote oder berichtet die Titel der Texte in einer Kurzform. Beispiel: [65]

---

[65] Kate L Turabian: Manual, Chicago 1996, S. 175-184.

Beachten Sie, dass nicht nur wörtliche Zitate eines präzisen Fundstellennachweises bedürfen. Auch allgemeinere Referenzen sollten grundsätzlich mit einer Seitenzahl zitiert werden. Der Verweis lediglich auf einen Artikel oder ein Buch ohne Angabe der Seitenzahl zeugt von Nachlässigkeit des Autors und kann als Beleg für eine unzureichende wissenschaftliche Sorgfalt angesehen werden (siehe Anhang 9.5). Nur wenn sich ein Verweis auf die Hauptthese eines Artikels oder eventuell auf ein ganzes Buch bezieht, können Sie von einer Angabe der Seitenzahl absehen.

9.6.2 Tabellen

Tabellen müssen leicht lesbar sein und die Informationen, die kommuniziert werden, leicht verständlich vermitteln. Das bedeutet, dass Sie in den Zeilen und in den Spalten jeweils nur ein Ordnungsprinzip aufnehmen sollten. Wenn Sie beispielsweise Länder untereinander in die Zeilen aufnehmen, sollten Sie in den Spalten entweder unterschiedliche Variablen oder unterschiedliche Jahresausprägungen einer Variablen berichten, aber nicht unterschiedliche Jahresausprägungen verschiedener Variablen. Selbst mit der Vermengung absoluter und relativer Größen unterschiedlicher Variablen gehen Sie besser vorsichtig um. Wenn Sie die Regel befolgen, lieber mehrere Tabellen anzufertigen als eine einzige, die zu viele Informationen enthält, liegen Sie sicher nicht falsch.

Achten Sie darauf, dass die Einheiten, in der Sie die Variablen berichten, für jede Beobachtung identisch ausfallen. Eine Tabelle, welche die Entwicklung des Bruttoinlandsproduktes der OECD-Länder zwischen 1980 und 1995 in jeweils nationalen Währungen abbildet, besitzt wenig Aussagekraft und verführt zu Fehlinterpretationen. Weisen Sie stattdessen entweder die Bruttoinlandsprodukte in einer einheitlichen Währung aus (in Dollar) oder berichten Sie die Wachstumsraten.

Wenn die Variable, die Sie berichten wollen, Nachkommastellen enthält, berichten Sie in jeder Zelle die gleiche Anzahl an Nachkommastellen, falls die Zahlen vergleichbar sind. Zwei bis maximal drei Nachkommastellen reichen in den meisten Fällen. Suggerieren Sie keine Präzision der Daten, die nicht existiert.

Die Kommata müssen untereinander stehen, wenn die berichteten Zahlen sinnvoll verglichen werden sollen. Das gelingt, indem Sie die Tabellenzellen, in denen Sie die Messgrößen berichten, rechtsbündig setzen und einen positiven rechten Einschub definieren. Markieren Sie diese Zellen mit der Maus oder mit dem Cursor, dann definieren Sie Format Absatz Ausrichtung: rechts, Einzug rechts: (beispielsweise) +0,3cm.

Machen Sie in der Tabelle deutlich erkennbar, was Zeilen und Spalten jeweils für Informationen enthalten. Beschriften Sie die Zeilen und Spalten allgemeinverständlich. Wenn Sie Abkürzungen benutzen, definieren Sie die Abkürzungen am besten in der untersten Zeile der Tabelle und nicht in einem Anhang. Achten Sie darauf, dass der Leser die Tabelle versteht, ohne blättern zu müssen. Geben Sie stets die Quellen aller berichteten Informationen innerhalb der Tabelle an.

Tabellen müssen mit einem aussagefähigen Titel versehen werden und sollten durchnummeriert werden. Letzteres dient dem eineindeutigen Verweisen auf die Tabellen. Die Nummerierung einer Tabelle erlaubt Ihnen im Text direkt Bezug zu nehmen: „Tabelle 4 verdeutlicht..."

Es ist unverzichtbar, dass Sie die Inhalte jeder Tabelle im Text diskutieren und einen Bezug zur Argumentation herstellen. Tabellen sind kein Selbstzweck, um einen Text wissenschaftlich aussehen zu lassen. Wenn Sie keinen Bezug zwischen den Tabelleninhalten und dem Argument herstellen, hat die Tabelle in Ihrem Text nichts verloren.

Die folgende Tabelle berichtet die Bedeutung von Direktinvestitionen und anderen langfristigen Kapitalimporten für ausgesuchte Ländergruppen. Durch den Verzicht auf die Wiedergabe nationaler Werte werden die regionalen Unterschiede sofort deutlich. Allerdings verwischt die Tabelle die bestehende erhebliche Varianz zwischen den Ländern der ausgewiesenen Regionen. Man kann dieser Tabelle logischerweise nicht entnehmen, dass alle lateinamerikanischen Staaten mehr langfristiges Kapital importieren als alle afrikanischen Staaten.

	1978-1981	1982-1989	1990-1993
Afrika südlich der Sahara	2,7	1,5	0,8
Südostasien	1,8	1,5	3,7
Lateinamerika	4,4	1,4	2,5
Arabische Staaten	2,2	1,2	0,3
Südasien	0,4	1,0	1,0
Osteuropa	2,3	0,8	1,4

Quelle: Weltbank, Fernandez-Arias und Montiel 1996: 53

Tabelle 3: Das Verhältnis der langfristigen privaten Kapitalimporte zum Bruttoinlandsprodukt ausgesuchter Ländergruppen (%)

Achten Sie darauf, dass die Tabellengestaltung im gesamten Text einheitlich ausfällt. Wenn Sie *eine* Tabelle erstellen, die auf seitliche vertikale Begrenzungslinien verzichtet, dann darf *keine* Ihrer Tabellen seitliche vertikale Begrenzungslinien aufweisen. Unterlassen Sie grafische Spielereien wie unterschiedliche Rahmenstärken, Schattierungen oder gar Farben.

Ein besonderer Fall von Tabellen stellen die Berichte statistischer Auswertungen dar. Im Prinzip gelten in diesem Sonderfall die gleichen Kriterien. Unterschiede ergeben sich allerdings durch die Tatsache, dass die Koeffizienten in Regressionstabellen nicht verglichen werden dürfen (außer sie sind standardisiert). Deshalb müssen die Kommata nicht notwendigerweise untereinander stehen und die Anzahl der Nachkommastellen muss nicht zwingend identisch sein.

Ich möchte betonen, dass es ratsam ist, keine kryptischen Variablennamen (und schon gar keine griechischen Buchstaben des theoretischen Modells) anzugeben. Stattdessen sollten Sie die Variablen explizit benennen. Schreiben Sie also nicht DEMOC in die linke Spalte, sondern „Demokratie", schreiben Sie nicht logY sondern Logarithmus des Bruttoinlandsproduktes. Diese Vorgehensweise allein erlaubt dem Leser eine schnelle Aufnahme und Interpretation der berichteten Ergebnisse ohne erst im Text blättern zu müssen.

Es scheint mir an dieser Stelle nicht notwendig, die lediglich als Beispiel angeführte Tabelle zu erklären oder gar zu interpretieren. Sie stellt ein Beispiel für eine verständliche Gestaltung von Regressionstabellen dar.

Obwohl die Tabellen 3 und 4 sich in Größe und Inhalt voneinander unterscheiden, weist ihr Design darauf hin, dass sie demselben Text entstammen könnten (dies trifft jedoch nicht zu). Beide Tabellen sind schlicht im Design und recht leicht lesbar.

Die folgende Tabelle berichtet die Ergebnisse vierer Regressionen zur Erklärung der Staatsausgaben. Sie verdeutlicht vor allem einen nicht-linearen Einfluss des Demokratieniveaus auf das Wirtschaftswachstum.

	Modell 1	Modell 2	Modell 3	Modell 4 Robustheitstest
Konstante	0.0887 (5.930) ***	0.0872 (5.836) ***	0.0709 (4.872) ***	0.0698 (4.827) ***
Pro-Kopf-Einkommen (1975) (logarithmiert)	-0.0107 (-5.098) ***	-0.0113 (-5.282) ***	-0.0102 (-5.085) ***	-0.0092 (-4.350) ***
Investitionsquote	0.173 (7.161) ***	0.175 (7.251) ***	0.173 (7.726) ***	0.155 (6.166) ***
Bevölkerungswachstum	-0.442 (-2.335) **	-0.342 (-1.686) *	-0.427 (-2.247) **	-0.430 (-2.282) **
Humankapital	0.00164 (1.963) *	0.0136 (1.581)	0.0150 (1.874) *	0.00135 (1.682) *
Institutionelle Offenheit (Sachs-Warner-Dummy)	0.0149 (3.398) ***	0.0149 (3.392) ***	0.0170 (4.146) ***	0.0135 (2.881) ***
Demokratieniveau (Polity)		0.00081 (1.246)	0.00693 (3.904) ***	0.00585 (3.073) ***
Demokratieniveau quadriert			-0.00059 (-3.644) ***	-0.00478 (-2.710) ***
Südostasien-Dummy				0.0156 (2.538)**
N	83	83	83	83
korr. R²	.641	.649	.674	.679
RMS-Residuum	.0085	0.0084	.0071	.0069
F-Statistik	27.489 ***	23.403 ***	25.198 ***	22.694 ***

Anmerkungen: OLS-Regression mit t-Statistik in der Klammer. Die abhängige Variable ist durchschnittliche jährliche Zunahme des Pro-Kopf-Einkommens, 1975-1997, basierend auf den World Bank: World Development Indicators. * = signifikant auf dem 10 Prozent-Niveau; ** = signifikant auf dem 5 Prozent-Niveau; *** = signifikant auf dem 1 Prozent-Niveau.

Tabelle 4: Regression für die Wachstumsrate des Pro-Kopf-Einkommens (Plümper/ Martin 2003)

9.6.3 Abbildungen

Ein Bild sagt nicht immer mehr als 1000 Worte. In wissenschaftlichen Texten aber sollte es mehr als 1000 (oder sagen wir: 200) Worte sagen, weil es ansonsten besser durch den entsprechenden Text ersetzt würde. Kurz: Das Kriterium der Aufnahme von Abbildungen und Tabellen stellt die Informationsdichte dar.

Trotz der Notwendigkeit, relativ viel Information durch wenige Elemente zu kommunizieren, sollten Abbildungen möglichst einfach sein. Je größer das Verhältnis der Informationen zur Anzahl der Elemente in einer Abbildung, desto besser.

Die Gestaltung guter Abbildungen stellt eine Kunst für sich dar. Nichts ist schwieriger als die Reduzierung eines komplexen Zusammenhanges auf eine einfache Grafik oder die Darstellung vieler Daten in einem leicht interpretierbaren Diagramm.

Da gute Abbildungen schwer zu erzeugen sind, finden sich missglückte Abbildungen zuhauf. Fehlende Beschriftungen, verzerrte Darstellungen und wenig Information in unübersichtlicher Form treten nicht nur in studentischen Arbeiten auf. Deutlichen Aufschluss über die Kriterien, die der Unterscheidung in gute und schlechte Grafiken zugrunde liegen, finden Sie auf einer exquisiten Seite im Internet, die von Michael Friendly von der York University in Kanada angelegt wurde und der ‚graphical excellence' gewidmet ist:

http://www.math.yorku.ca/SCS/Gallery/

Auf dieser Seite finden sich Beispiele für gelungene und missratene Grafiken. Die Unterscheidungslogik lässt sich auf den ersten Blick herausfinden. Gelungene Grafiken verdeutlichen selbst komplexe Zusammenhänge zwischen numerischen Informationen, missratene Grafiken verbergen Informationen und täuschen den Betrachter schlimmstenfalls. Ein empfehlenswertes Buch über die Visualisierung von Daten stammt von Edward Tufte (2001).

Die Kriterien für gute Grafiken lassen sich einfach formulieren, aber sie lassen sich nicht immer leicht einhalten. Michael Friendly meint, dass in 20 Prozent der Zeit 80 Prozent der Qualität einer Grafik zu erzielen sind, die restlichen 20 Prozent Qualität kosten die übrigen 80 Prozent der Zeit.

Grafiken sollten a) die Daten angemessen wiedergeben, b) dem Betrachter erlauben, die Struktur der Daten zu erkennen, c) möglichst viele verständliche Informationen auf wenig Platz zusammenfassen, d) kohärent sein, e) eine schnelle Vergleichbarkeit zwischen Datenpunkten zulassen, f) einen deskriptiven und/ oder analytischen Zweck erfüllen und g) im Text angemessen beschrieben und interpretiert werden.

Um diesen Kriterien gerecht zu werden, müssen die Achsen leicht verständlich beschriftet werden, die Skalierung muss deutlich erkennbar sein, es darf keine Sprünge in der Skala geben, der Nullpunkt sollte in der Grafik ausgewiesen und Funktionen sollten eindeutig definiert werden.

Darüber hinaus sollten Grafiken keine Features aufweisen, welche für die Interpretation nicht zwingend sind. Verzichten Sie auf Farbe, wenn diese nicht absolut notwendig ist, um Informationen sichtbar zu machen. Bis zu einem bestimmten Punkt lassen sich Informationen auch über die Zuweisung verschiedener Graustufen oder schwarz-weiß Muster vermitteln. Greifen Sie nicht auf die Ästhetik der Grafiken in Tages- und Wochenzeitungen zurück: Benutzen Sie keinen dreidimensionalen Schnickschnack und keine Tortendiagramme, in denen einzelne Elemente durch herausrücken hervorgehoben werden. Je unprätentiöser Grafiken ausfallen, desto besser – weil leichter zu verstehen – sind sie.

Die folgende Grafik bietet ein sehr gutes Beispiel dafür, wie man es nicht machen sollte:

Abbildung 5: Beispiel für eine wenig gelungene Grafik

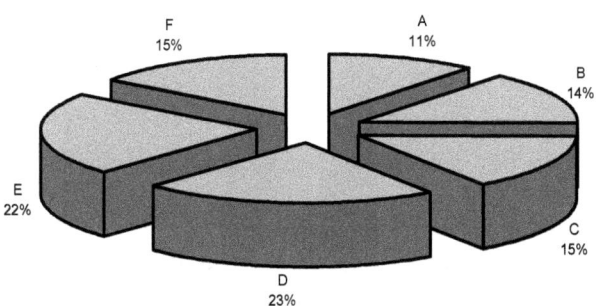

Wenn Sie wirklich sechs Datenpunkte graphisch darstellen wollen (ich rate davon ab), dann sollte Ihre Torten-Grafik wenigstens ungefähr wie folgt aussehen:

Abbildung 6: Beispiel für eine bessere, aber nicht perfekte Grafik

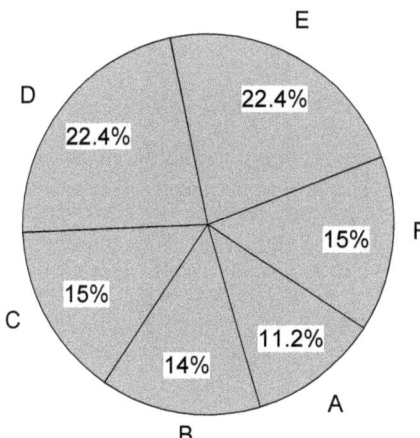

Wie gesagt: Bei sechs Datenpunkten eignet sich eine Tabelle besser. In keinem vernünftigen Journal werden Tortendiagramme abgedruckt. Wenn sie aber schon eine solche Grafik produzieren, sollten alle Prozentangaben dieselbe Anzahl Dezimalstellen aufweisen, die Grautöne der einzelnen Tortenelemente sollten sich unterscheiden, und die Schriftart der Grafik sollte mit der Schriftart des Textes identisch sein.

Nehmen Sie keine Bilder in wissenschaftliche Texte auf. Fotos von Politikern auf der Treppe eines Schlosses haben selbst dann nichts in wissenschaftlichen Texten verloren, wenn das

Foto aus Anlass eines Weltwirtschaftsgipfels gemacht wurde, dessen Ergebnisse Sie diskutieren. Es existiert nur eine Ausnahme von dieser Regel: Wenn das Foto ein wichtiges Indiz für Ihr Argument enthält, können Sie es in den Text integrieren. Beispielsweise dürfen Sie das berühmte Foto der KPdSU-Führer aufnehmen, auf dem Trotzki nach seiner Ermordung wegretuschiert wurde, wenn Sie den Umgang Stalins mit seinen politischen Konkurrenten diskutieren.

9.6.4 Literaturlisten

Literaturlisten müssen a) alle zitierten Arbeiten enthalten, b) alle nicht-zitierte Arbeiten nicht enthalten, c) ein schnelles Auffinden der Literatur erlauben und d) konsistent sein.

Typische Beispiele für Bücher in Literaturlisten sind:

Olson, Mancur (1965): The Logic of Collective Action, Harvard University Press, Cambridge.

Olson, Mancur, 1965, The Logic of Collective Action, Cambridge: Harvard University Press.

Damit geht natürlich auch

Olson, Mancur (1965): The Logic of Collective Action, Cambridge: Harvard University Press.

oder

Olson, Mancur. 1965. The Logic of Collective Action, Harvard University Press, Cambridge.

Wenn Sie ein von Autoren verfassten Text zitieren, trennen Sie deren Namen entweder mit einem „und" oder einem Schrägstrich /:

Scott, Gregory M./ Garrison, Stephen M., 2002, The Political Science Student Writer's Manual, Upper Saddle River: Prentice Hall, (4. Aufl.).

Scott, Gregory M. und Garrison, Stephen M., 2002, The Political Science Student Writer's Manual, Upper Saddle River: Prentice Hall, (4. Aufl.).

oder gelegentlich auch

Scott, Gregory M. und Stephen M. Garrison, 2002, The Political Science Student Writer's Manual, Upper Saddle River: Prentice Hall, (4. Aufl.).

Reziprok dazu geben Sie drei Autoren folgendermaßen an:

King, Gary/ Keohane, Robert/ Verba, Sidney, 1994, Designing Social Inquiry. Scientific Inference in Qualitative Research, Princeton: Princeton University Press.

King, Gary, Keohane, Robert und Verba, Sidney, 1994, Designing Social Inquiry. Scientific Inference in Qualitative Research, Princeton: Princeton University Press.

In einem solchen Fall wird manchmal der Vorname des zweiten Autors vor dessen Nachnamen gestellt:

King, Gary, Robert Keohane und Sidney Verba, 1994, Designing Social Inquiry. Scientific Inference in Qualitative Research, Princeton: Princeton University Press.

Bei mehr als drei Autoren werden nicht mehr alle Namen aufgeführt. Sie benennen den ersten Namen und ergänzen „und andere". (Damit verliert das Verfassen von Artikeln zu mehr als drei Autoren an individueller Rationalität für Autoren, deren Nachname nicht mit einem frühen Buchstaben beginnt.)

Bei Artikeln in Fachzeitschriften muss neben dem Erscheinungsjahr auch der Band, das Volumen angegeben werden.

Leamer, Edward, 1983, Let's take the Cons out of Econometrics, American Economic Review 73, 31-43.

Einige Journale verlangen zusätzlich nach der Heftnummer:

Leamer, Edward, 1983, Let's take the Cons out of Econometrics, American Economic Review 73: 4, 31-43.

Notwendig ist das nicht, da sich der Artikel zweifellos über die Seitenzahl auffinden lässt.

Gelegentlich werden Bücher und Aufsätze auch zusätzlich dadurch unterschieden, dass bei Büchern der Titel und bei Aufsätzen das Journal kursiv hervorgehoben werden:

King, Gary, Keohane, Robert und Verba, Sidney, 1994, *Designing Social Inquiry. Scientific Inference in Qualitative Research*, Princeton: Princeton University Press.

Leamer, Edward, 1983, Let's take the Cons out of Econometrics, *American Economic Review 73*, 31-43.

Bei Artikel aus Sammelbänden werden die Herausgeber genannt:

Salmon, Wesley C., 1990, Rationality and Objectivity in Science, or Tom Kuhn meets Tom Bayes, in: C. Wade Savage (Hrsg.): Scientific Theories Vol. 14, Minnesota: University of Minnesota Press, 175-204.

Wenn Sie neuaufgelegte Bücher zitieren, geben Sie auch das erste Erscheinungsjahr an

David, Michael, 1990/1968, Toward Honesty in Public Relations, Chicago: Condor .

Graue und unveröffentlichte Literatur wird wie Zeitschriftenartikel zitiert:

Franzese, Robert J., 2002, Partial Delegation and Shared Control of Monetary Policy, unveröffentlichtes Manuskript, präsentiert auf der ECPR Konferenz, Turin, 22.-27. März 2002.

Ist kein Zeitpunkt auf unveröffentlichten Papieren angegeben, kennzeichnen Sie diese mit o.J. – ohne Jahr.

Reden können Sie ebenfalls in die Literaturliste aufnehmen. Wenn die Rede veröffentlicht wurde, verfahren Sie wie mit einem Buch oder gegebenenfalls wie mit einem Sammelbandbeitrag. Wenn Sie die Rede mitgeschrieben haben, geben Sie neben dem Namen des Redners auch Ort und Zeit der Rede an, den Titel so sie einen hatte, und ergänzen in Klammern, dass es sich um eine eigene Mitschrift handelt. Zitieren Sie aus persönlich mitgeschriebenen Reden nur, wenn Sie keine andere Möglichkeit haben, eine entsprechende Information zu belegen.

Haben Sie Interviews durchgeführt, die Sie zitieren, geben Sie Name und Institution Ihrer Interviewpartner mit Ort und Zeitangabe in einem gesonderten Verzeichnis an. Auch Interviews mit anonym bleibenden Personen sind wissenschaftlich heikel, da diese Informationen gegen das Gebot der Replizierbarkeit verstoßen. Greifen Sie niemals auf anonyme Interviews zurück, wenn Sie die Information auch anders einholen und belegen können.

Artikel aus Tages- und Wochenzeitungen geben Sie mit dem Autorennamen quasi wie Zeitschriftenaufsätze an. Wenn der Autor unbekannt bleibt, führen Sie die Artikel unter dem Namen der Zeitung auf. Nehmen Sie Informationen nur aus angesehenen Zeitungen wie die Financial Times, die New York Times oder die Frankfurter Allgemeine Zeitung. Zeitungen wie der ‚Südkurier' oder die ‚Westfälische Rundschau' sind nur dann zitationsfähig, wenn die Information andernorts nicht publiziert wurde oder sich Ihre Arbeit direkt mit der Zeitung befasst, etwa weil Sie die Berichterstattung von Regionalzeitung vergleichen.

Zitierte Gesetze geben Sie ebenfalls in einer eigenen Liste an:

Declaratory Judgment Act, US Code 1952, Vol. 28, secs. 2201-02.

Neben diesen grundsätzlichen Regeln gibt es eine Vielzahl von Sonderregeln für Ausnahmefälle. Es würde den Rahmen dieses Buches sprengen, alle Ausnahmen exakt zu beschreiben. Falls Sie ein Problem eigenständig lösen wollen, orientieren Sie sich an Konsistenz und daran, Leser in die Lage zu versetzen, die von Ihnen benutzten Informationen zu finden. Wenn Sie sich unsicher sind, wie Sie ein spezifisches Problem lösen können, konsultieren Sie das Chicago Manual of Style oder Turabian (1996).

9.6.5 Gliederung

Bei der Erstellung von Gliederungen ist auf Konsistenz zu achten. Die spezielle Vorgehensweise ist Ihnen wiederum freigestellt.

Sie können Zahlen

1.
1.1.
1.1.1.

1.1.2.
1.2.
2.

oder Kombinationen aus Buchstaben und arabischen oder (wie hier) römischen Zahlen verwenden

A.
A.I.
A.I.i.
A.I.ii.
A.II.
B.

Sie dürfen sogar griechische Buchstaben benutzen:

A.
A.I.
A.I.a.
A.I.a.α
A.I.a.β
A.I.b
A.II.
B.

Eigentlich dominiert die erste Vorgehensweise alle anderen. Doch letztlich bleibt die Wahl Ihnen überlassen.

Beachten Sie, dass die Gliederungstiefe angemessen sein muss. Ich persönlich betrachte drei verschiedene Ebenen für beinahe alle Zwecke als ausreichend.

Bedeutend und keineswegs Ihnen überlassen ist allerdings, dass Sie – wenn Sie eine niedrigere Ebene vorsehen – diese immer mindestens zwei Unterpunkte aufweisen muss. Die folgende Gliederungspyramide beinhaltet somit einen *formalen Fehler,* da der Unterpunkt 1.1.1. kein Pendant besitzt:

1.
1.1.
1.1.1.
1.2.
2.

9.6.6 Formatierung

Auch Formatierungen (Sie ahnen es schon) müssen konsistent sein. Sie sollten nur *eine Schriftart für den gesamten Text*, eine Absatzformatierung für einen Typ Absatz, und eine Zeichengröße für einen Typ Absatz verwenden.

Allerdings kann Ihre Arbeit eine recht große Zahl an ‚Typen' aufweisen.

Neben dem Standardabsatz finden sich so viele unterschiedliche Überschriftdesign wie die Arbeit Gliederungsebenen aufweist, es finden sich eingerückte Absätze (Aufzählungen), Zitate, Tabellen- und Abbildungsunterschriften, vielleicht Gleichungen, Fußnoten, Kopfzeilen und so weiter. Für jede Absatzformatierung sollten Sie in dem Style eine eigene Formatvorlage definieren. Diese müssen Sie über den entsprechenden Schalter lediglich noch zuweisen. Auf diese Weise erzielen Sie die Konsistenz, die Ihre Formatierung aufweisen muss.

Das wichtigste Kriterium der Formatierung stellt die Lesbarkeit der Arbeit dar. Deshalb wählen Sie die Schriftart ausreichend groß. Serifenschriften wie die hier verwendete Times wirken lesbarer und gefälliger als serifenlose Schriften wie Arial.

Das wichtigste Kriterium der Formatierung stellt die Lesbarkeit der Arbeit dar. Deshalb wählen Sie die Schriftart ausreichend groß. Serifenschriften wie die im Buch verwendete Times wirken lesbarer und gefälliger als serifenlose Schriften wie die hier verwendete Arial.

Verzichten Sie unbedingt auf Spielereien wie schattierte Überschriften. Je schlichter eine Arbeit aussieht, desto solider wirkt sie.

Wenn Sie einzelne Worte oder Passagen im Text betonen wollen, werden diese kursiv gesetzt. Nehmen Sie keine Unterstreichungen vor.

Achten Sie bei Qualifizierungsarbeiten auf ausreichend große Ränder und wählen Sie einen großen Zeilenabstand. Gehen Sie davon aus, dass Ihr Gutachter Anmerkungen an den Rand schreiben will. Verhindern Sie dies nicht durch einen zu kleinen Rand. Drei Zentimeter Rand sind das Minimum und der Zeilenabstand sollte mindestens 18 Punkt, besser aber 22-24 Punkt betragen.

9.7 Der Umgang mit dem Schreibprogramm

Alle Hinweise in diesem Anhang orientieren sich an Microsoft Word©. Wenn Sie ein anderes Schreibprogramm benutzen, sollten ähnliche Kommandos vorhanden sein. Bei Satzprogrammen wie LATEX oder Pagemaker© sieht die Sache anders aus. Diese Programme weisen viele der hier vorgestellten Möglichkeiten nicht auf.

9.7.1 Hervorheben wichtiger Textstellen

1. Klicken Sie auf der Symbolleiste **Überarbeiten** auf **Hervorheben**.
2. Markieren Sie den Text bzw. die Grafik, die hervorgehoben werden soll.
3. Markieren Sie das nächste Element im Dokument, das hervorgehoben werden soll.
4. Um die Option zur Hervorhebung zu deaktivieren, klicken Sie erneut auf **Hervorheben**, oder drücken Sie ESC.

9.7.2 Anzeigen von Lesbarkeitsstatistiken

1. Klicken Sie im Menü **Extras** auf **Optionen** und anschließend auf die Registerkarte **Rechtschreibung und Grammatik**.
2. Aktivieren Sie das Kontrollkästchen Grammatik zusammen mit Rechtschreibung prüfen.
3. Aktivieren Sie das Kontrollkästchen **Lesbarkeitsstatistik anzeigen**, und klicken Sie dann auf **OK**.

9.7.3 Definition von Formatvorlagen

Formatvorlagen definiert man in Menüpunkt **Format**, **Formatvorlage**. Im Unterpunkt **Neu** können Sie neue Formatvorlagen definieren. Achten Sie darauf, dass neue Formatvorlagen in Word immer auf einer bestehenden Formatvorlage basieren. Je ähnlicher die neue und die alte Formatvorlage einander sind, desto weniger müssen Sie an der Vorlage ändern.

Änderungen nehmen Sie unter **Bearbeiten**, **Format** vor. Hier können Sie auf alle notwendigen Formatierungen zugreifen, so dass Sie über ausreichend viel Gestaltungsspielraum verfügen. Nutzen Sie diesen nicht zu Designspielereien.

Es kann sich lohnen, geänderte Formatvorlagen nicht in der Dokumentenvorlage „Standard" abzuspeichern (die Voreinstellung), sondern eine eigene Dokumentenvorlage zu definieren, beispielsweise „Diplom". Speichern Sie Ihr Dokument, damit keine Änderungen verloren gehen, dann speichern Sie es noch mal, diesmal aber als Dokumentenvorlage **Datei**, **Speichern unter...** , Dateityp: Dokumentenvorlage. Ändern Sie den Dateinamen, um Verwechselungen auszuschließen. Anschließend entfernen Sie den gesamten Text aus dem Dokument (etwa mit Strg +A, Entf.) und speichern die Dokumentenvorlage nochmals unter dem gleichen Namen. Dieses Verfahren ist nicht das schnellste, aber das sicherste.

Von nun an können Sie diese von Ihnen erstellte Dokumentenvorlage unter **Format**, **Design**, **Formatvorlagenkatalog** in der linken Spalte finden und jedem beliebigen Word-Dokument zuweisen.

9.7.4 Anlegen von Inhalts- und Abbildungsverzeichnissen

Wenn Sie Formatvorlagen wie in Kapitel 9.6.3. beschrieben angelegt haben, können Sie Inhalts-, Abbildungs-, und Tabellenverzeichnisse automatisch anlegen lassen. Dafür müssen zwei Bedingungen erfüllt sein: Die Gliederungsüberschriften müssen nach einem eindeutigen und durchgehaltenen Schlüssel zugewiesen worden sein. Beispielsweise müssen die Kapitelüberschriften mir dem Druckformat „Überschrift 1", die Abschnittsüberschriften mit „Überschrift 2" und die Unterabschnittüberschriften mit „Überschrift 3" verbunden sein. In diesem Fall erlaubt Ihnen das Programm, über die Befehlskette **Einfügen**, **Index und Verzeichnisse**, **Inhaltsverzeichnis** ein eben solches einzufügen. Wenn Ihre Formatnamen nicht der Microsoft-Voreinstellung entsprechen, können Sie in dem Menüpunkt **Optionen** Ihre Formatvorlagen mit der Verzeichnisautomatik verbinden. Für die Erstellung von Abbildungs- und Tabellenverzeichnissen gehen Sie analog vor.

10 Literatur

Akerlof, George A. (1970): The Market for Lemons: Quality Uncertainty and the Market Mechanism, Quarterly Journal of Economics 84, 353-374.

Becker, Howard S. (1986, 2007): Writing for Social Scientists, University of Chicago Press, Chicago.

Chicago Manual of Style (1993): University of Chicago Press, Chicago (14. Aufl.).

Cohen, David B. (2002) Surviving the Ph.D.: Hints for Navigating the Sometimes Stormy Seas of Graduate Education in Political Science, PS: Political Science and Politics 35:3, 585-588.

Coleman, James (2000): Foundations of Social Theory, Belknap Press, Cambridge.

Hawking, Stephen (1988): A Brief History of Time, Bantam Books, Toronto.

Hempel, Carl (1966): Philosophy of Natural Science, Prentice-Hall, Englewood Cliffs.

King, Gary (1995): Replication, Replication, PS: Political Science and Politics 38: 3, 443-499.

King, Gary, Robert Keohane und Sidney Verba (1994): Designing Social Inquiry. Scientific Inference in Qualitative Research, Princeton University Press, Princeton.

Leamer, Edward (1983): Let's take the Cons out of Econometrics, American Economic Review 73, 31-43.

Leamer, Edward (1985): Sensitivity Analysis would help, American Economic Review 75, 308-313.

Leech, Beth L. (2002): Interview Methods in Political Science, PS: Political Science & Politics 35, 663-688.

Olson, Mancur (1965): The Logic of Collective Action, Harvard University Press, Cambridge.

Plümper, Thomas und Christian W. Martin (2003): Democracy, Government Spending, and Economic Growth. A Political-Economic Explanation of the Barro-Effect, Public Choice 117, 27-50.

Plümper, Thomas und Eric Neumayer (2012): Model Uncertainty and Robustness Tests, unv. Manuskript, University of Essex and London School of Economics.

Plümper, Thomas und Frank Schimmelfennig (2007): Berufungsdeterminanten in der deutschen Politikwissenschaft, Politische Vierteljahresschrift 48, 97-117.

Plümper, Thomas und Christina Schneider (2007): Too much to die, too little to live. Unemployment, Higher Education Policies and University Budgets in Germany, Journal of European Public Policy 14, 631-653.

Popper, Karl (1963): Conjectures and Refutations, Routledge, London.

Salmon, Wesley C. (1990): Rationality and Objectivity in Science, or Tom Kuhn meets Tom Bayes, in: C. Wade Savage (Hrsg.): Scientific Theories Vol. 14, University of Minnesota Press, Minnesota, 175-204.

Schneider, Wolf (1999): Deutsch für Profis. Wege zum guten Stil, Goldmann, München.

Schopenhauer, Arthur (1977): Parerga und Paralipomena I, Suhrkamp, Frankfurt (Sämtliche Werke Band 4).

Scott, Gregory M./ Garrison, Stephen M. (2002): The Political Science Student Writer's Manual, Prentice Hall, Upper Saddle River, (4. Aufl.).

Tsebelis, George (2002): Veto-Players. How Political Institutions work, Cambridge University Press, Cambridge.

Tufte, Edward R. (2001): The Visual Display of Quantitative Information, Graphics Press, Cheshire, 2001, (2. Aufl.).

Turabian, Kate L. (1996/ 1937): A Manual for Writers of Term Papers, Theses, and Dissertations, Chicago University Press, Chicago (6. Aufl.).

van Evera, Stephen (1997): Guide to Methods for Students of Political Science, Cornell University Press, Ithaca.